Wolfgang Ziemer

Statistik für die wissenschaftliche Arbeit

erweiterte Neuauflage

Impressum

Bibliografische Information der Deutschen Nationalbibliothek:
Die Deutsche Nationalbibliothek verzeichnet diese Publikation in der Deutschen Nationalbibliografie; detaillierte bibliografische Daten sind im Internet über http://dnb.dnb.de abrufbar.

Verlag: WOLSUS GmbH, Vietenheide 72, D-41239 Mönchengladbach
Herstellung: BoD – Books on Demand, Norderstedt
Books on Demand GmbH, In de Tarpen 42, D-22848 Norderstedt

ISBN: 978-3-948515-04-1

Inhaltsverzeichnis

Nur ein weiteres Buch über Statistik?

Dieses Buch soll Lehrbuch und Ratgeber zugleich sein. Es ist ganz sicher nicht perfekt, doch es versetzt Sie in die Lage, die meisten wissenschaftlich-statistischen Arbeiten selbstständig bewältigen zu können.

Als Lehrbuch richtet es sich an alle, die sich zum ersten Mal mit Statistik auseinandersetzen oder ihre statistischen Fertigkeiten ausbauen wollen. Es führt in den gesamten Prozess des statistischen Arbeitens ein. Die vorgeschlagenen Tests gehen über die Inhalte der meisten Statistikvorlesungen hinaus und decken den gesamten Ablauf wissenschaftlicher Arbeiten ab. Aufgrund der leicht nachvollziehbaren Darstellung eignet es sich gleichermaßen als Grundlage für Vorlesungen und zum Selbststudium.

Als Ratgeber leitet es durch den gesamten Erstellungsprozess einer wissenschaftlich-statistischen Arbeit und beantwortet die typischen Fragen von Anfängern. Es erklärt, was man wann, warum man es und wie man es richtig macht.

In der Neuauflage wurde das Thema der Effektstärke bei einfachen Unterschiedstests zusätzlich aufgenommen, einige Abbildungen geändert und die Verwendung von Begriffen vereinheitlicht.

Ich wünsche Ihnen bei Ihrem persönlichen Vorhaben viel Erfolg!

Dr. Wolfgang Ziemer

Mönchengladbach 2021

1 Etwas Philosophie zu Beginn

Wissenschaft will Wissen schaffen. Aber was ist Wissen? Mit dieser Frage beschäftigen sich Philosophen schon seit der Antike. Wissen und Erkenntnis hängen von der menschlichen Wahrnehmung ab. Realisten nehmen an, dass die Realität unabhängig vom menschlichen Denken existiert und dass sie direkt oder indirekt beobachtbar ist (Abb.1). Neben der beobachtbaren existiert eine nicht beobachtbare Realität. Beide stehen miteinander in Wechselwirkung. Dies muss man jedoch philosophisch, also losgelöst von individuellen Vorstellungen, betrachten.

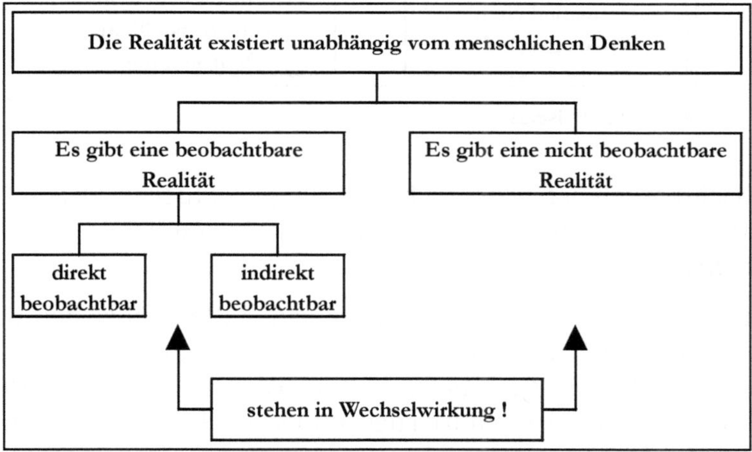

Abb. 1: Realismus

Ein göttliches Wesen ist immer ein Teil der nicht beobachtbaren Realität. Man kann es nicht mit menschlichen Sinnesorganen oder technischen Hilfsmitteln wahrnehmen. Daher kann man es nicht empirisch beobachten, also nicht zählen, messen oder wiegen. Unabhängig davon, ob wir selbst an ein göttliches Wesen glauben oder nicht, hat seine nicht beobachtbare Existenz konkrete Auswirkungen auf die beobachtbare Realität: Gläubige bauen Anbetungsstätten.

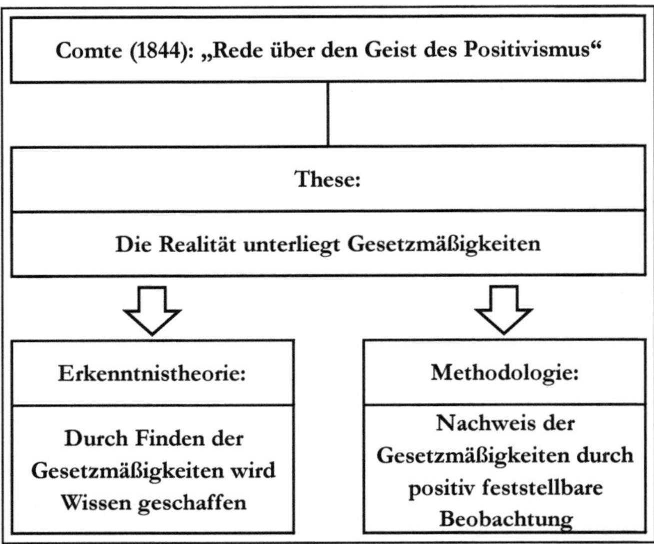

Abb. 2: Positivismus

Beobachtbarkeit ist aber auch eine Frage aktueller Erkenntnis. Heute kann man mit technischen Hilfsmitteln deutlich mehr wahrnehmen als früher.

Auguste Comte (1844) unterstellt in seiner „Rede über den Geist des Positivismus“, dass die beobachtbare Realität Gesetzmäßigkeiten unterliegt (Abb. 2). Er betrachtet die Welt mechanistisch. Demnach schafft man Wissen durch das Aufdecken dieser Gesetzmäßigkeiten. Hierfür muss man eine positivistisch geprägte Prüfung der angenommenen Gesetzmäßigkeiten vornehmen (Abb. 3). Methodisch belegt man diese Gesetzmäßigkeiten durch positiv festgestellte Beobachtungen. Dieses Wissen erklärt dann die Realität. Durch seine Forderung, dass man Wissen durch positiv festgestellte Beobachtungen begründen muss, ist Comte praktisch Urvater der modernen Statistik positivistischer Prägung.

Die logischen Positivisten der Wiener Schule gehen noch einen Schritt weiter. Da man die nicht beobachtbare Realität nicht wahrnehmen kann, betrachten sie diese nicht als Gegenstand ihrer Forschung (Schlick, 1932, 1959). Die rigorose Haltung der logischen

Positivisten wird gerne falsch verstanden und zum Anlass genommen, die Existenz der nicht beobachtbaren Realität zu leugnen. So wollen die logischen Positivisten jedoch nicht verstanden werden. Sie grenzen lediglich ihren Forschungsgegenstand ab.

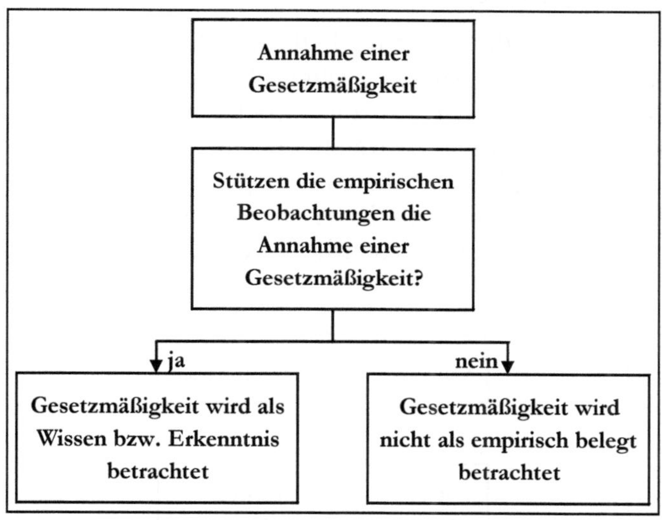

Abb. 3: Positivistische Erkenntnis

Popper (2005) hat später aufgezeigt, dass die Logik der Forschung nicht ausschließlich dem positivistischen Ansatz folgen darf, weil positiv feststellbare Evidenz fehlerbehaftet sein kann. Jede menschliche Erkenntnis kann sich im Nachhinein als falsch oder überholt erweisen, da Beobachtungen und Schlussfolgerungen falsch oder unvollständig sein können. Zudem kann sich die Realität ändern. Daher muss man jeder Erkenntnis mit Vorsicht begegnen und darf sie nur so lange als wahr betrachten, bis sie durch Beobachtungen widerlegt wird. Deshalb muss evidenzbasierte Forschung mit einer selbstkritischen Geisteshaltung einhergehen.

Ein Beispiel aus dem alten Paris im 18. Jahrhundert erläutert diesen Zusammenhang. Damals untermauerte man den Wahrheitsgehalt einer Aussage gerne, indem man sie als so sicher darstellte wie alle

Schwäne weiß sind. Bis dahin hatte man in Mitteleuropa nur weiße Schwäne beobachtet. Später sichtete man im australischen Outback schwarze Schwäne. Das bisherige Wissen musste neu definiert werden. Die Methodologie hatte bis dahin nur Beobachtungen aus Mitteleuropa berücksichtigt. Die Erkenntnis basierte auf unvollständigen Beobachtungen und war fehlerhaft.

Popper hat damit die heute noch aktuelle Idee des wissenschaftlichen Skeptizismus begründet. Testergebnisse darf man nur so lange als wahr betrachten, wie die zugrunde liegenden Daten statistisch signifikant sind oder nicht durch Beobachtungen widerlegt werden. Für diese Prüfung bedient man sich sogenannter Hypothesen. Der sich daraus ergebende statistische Prozess skeptischer Erkenntnisbildung (Abb. 4) folgt im Wesentlichen der Idee Poppers.

Abb. 4: Skeptische Erkenntnis

Heutzutage sind die meisten empirischen Arbeiten positivistisch geprägt. Es werden aber auch statistische Arbeiten unter anderen philosophischen Standpunkten erstellt. Relativ weit verbreitet ist zum Beispiel der des Pragmatismus. Der philosophische Standpunkt bestimmt, wie man wissenschaftliche Erkenntnis begründet. Daraus leitet man eine konkrete Methodologie ab. Die Auswahl statistischer Tests muss die Qualität der Erkenntnis entsprechend des philosophischen Standpunkts sicherstellen. Die Tests selbst folgen jedoch den mathematischen, neutralen Regeln. Bei ihrer Interpretation muss man dann Skepsis walten lassen.

2 Der Prozess

2.1 Die Prozessschritte

Dieses Buch beschreibt einen Prozess für statistische Arbeiten (Abb. 5), dem man gut folgen kann. Er richtet sich vornehmlich an Anfänger und führt in die Erstellung wissenschaftlicher Arbeiten ein. Soweit möglich vermeidet er sehr schwierige Problemstellungen. Man kann natürlich auch anderen Prozessen folgen. Insbesondere die Verwendung von Zeitreihen erfordert mehr oder weniger starke Abweichungen von dem hier vorgeschlagenen.

Die einzelnen Prozessschritte sind nicht in sich abgeschlossen. Bei der Planung des Prozesses kann es sein, dass man vorhergehende Prozessschritte überarbeiten muss, weil sie nicht genügend ausgearbeitet waren. Inhaltlich benötigt man für die einzelnen Schritte nicht nur mathematisch-statistische Methoden. In einigen kommen sie sogar nur ansatzweise vor.

Bei der Wahl eines Themas muss man sich im Grunde nur die Frage stellen, ob es statistisch bearbeitet werden kann oder muss. Bei der Literaturrecherche muss man andere Arbeiten verstehen. Für beides benötigt man ein entsprechendes Verständnis für Statistik. Die Theorieentwicklung und die Hypothesenformulierung wird durch Beachtung der mathematischen Aussagenlogik verbessert.

Die Datenerhebung zählt zwar zu den statistischen Methoden, hat aber nur wenig mit der mathematischen Statistik zu tun. Die Datenverarbeitung ist im Wesentlichen die technische Aufbereitung der Daten für mathematisch-statistische Anwendungen und daher hauptsächlich eine Fleißarbeit.

Bei der Datenbeschreibung beginnt die eigentliche Anwendung mathematisch-statistischer Methoden mit der formalen Beschreibung und Prüfung der Daten. Anschließend untersucht man die Voraussetzungen für die sich dann anschließende Datenauswertung und deren Bewertung.

Die meisten Schritte erfordern Kenntnisse der mathematisch-statistischen Methoden, der Voraussetzungen für ihre Verwendung sowie der Limitationen ihrer Ergebnisse. Wenn man Programme verwenden will, sind zusätzlich Kenntnisse des jeweils verwendeten Programms und dessen Ergebnisausgabe notwendig.

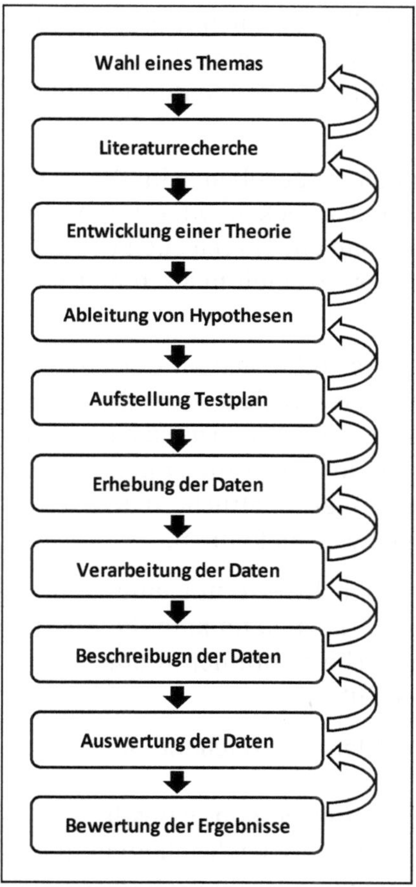

Abb. 5: Ein statistischer Arbeitsprozess

2.2 Wahl eines Themas

Ein Thema, das statistisch zu bearbeiten ist, kann man auf die unterschiedlichsten Arten finden. Saunders et al. (2009) beschreiben im Wesentlichen zwei Möglichkeiten. Zum einen kann man ein Thema durch rationales Nachdenken gewinnen. Hierzu orientiert man sich an den eigenen Stärken und Interessen oder lässt sich von anderen statistischen Projekten leiten. Themen können auch in Diskussionen oder durch eine Literaturrecherche entstehen. Zum anderen kann man ein Thema auch kreativ entwickeln, indem man zum Beispiel einfach Ideen sammelt, sich von persönlichen Präferenzen leiten lässt, Themenbäume durchsucht oder Brainstorming betreibt.

Themen können auch vorgegeben sein. Dies ist häufig bei Übungsaufgaben, zu Prüfungszwecken oder im Arbeitsumfeld der Fall. Möglichweise kann man ein Thema auch völlig frei wählen. Es empfiehlt sich jedoch, diese Freiheit nicht immer vollumfänglich auszunutzen.

Die Wahl des Themas sollte sich an der angestrebten Zielsetzung orientieren und für den Zweck, zu dem die Arbeit erstellt wird, von Interesse oder Nutzen sein. Wenn es sich um eine wissenschaftliche Prüfungsleistung handelt, muss man mit dem gewählten Thema den angestrebten Grad wissenschaftlicher Fähigkeiten und Fertigkeiten auch tatsächlich nachweisen können.

Am Anfang steht möglichweise nur eine mehr oder weniger vage Idee. Mit konkreten Fragen kann man die Ausrichtung des Themas auf den Zweck der Arbeit optimieren oder das Thema weiter verbessern (Lehmann, 2008):

i. Ist das Problem hinreichend klar formuliert und abgegrenzt?
ii. Ist die Zielsetzung eindeutig bestimmt?
iii. Besteht ein eindeutiges Problemverständnis?
iv. Welche wissenschaftlichen Methoden sollen zum Einsatz kommen?
v. Wie soll das Problem bearbeitet werden?

Diese Fragen muss man nicht schon zu Beginn beantworten. Man kann sie bei der weiteren Planung der folgenden Prozessschritte konkretisieren.

2.3 Literaturrecherche

Girod-Séville et al. (2001) beschreiben die mögliche Struktur einer statistischen Arbeit. Sie muss in den Kontext des bekannten Wissens eingebunden sein. Daher beginnt man immer mit einer ausgiebigen Literaturrecherche. Die wesentlichen Inhalte dieser Arbeit sind in Abbildung 6 zusammengefasst.

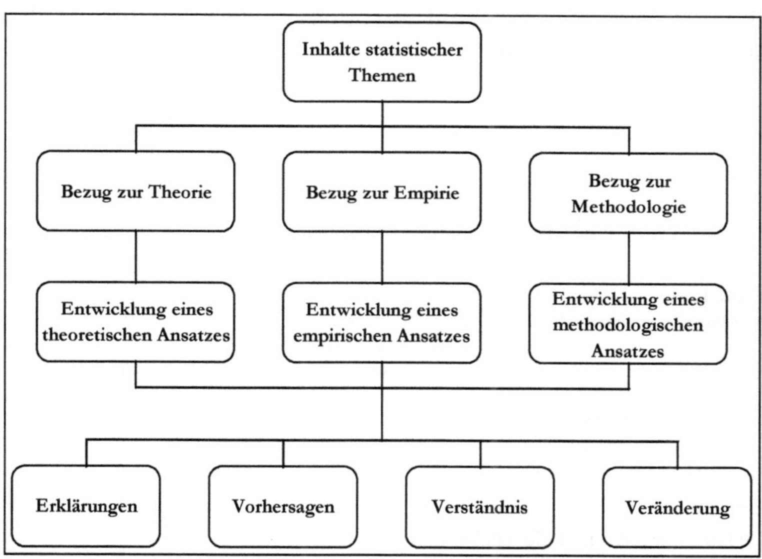

Abb. 6: Inhalte der Literaturarbeit

Zunächst sucht man zu seinem Thema in der Literatur Bezüge zur Theorie, zu den empirischen Ansätzen und zu den methodologischen Vorgehensweisen anderer Autoren. Je nach dem wissenschaftlichen Anspruch der eigenen Arbeit muss man hierbei den state-of-the-art der Wissenschaft, den vollständigen Stand der Wissenschaft oder einen darüber hinaus gehenden Ansatz herausarbeiten.

Anhand der in der Literatur gefundenen Muster entwickelt man einen eigenen theoretischen, einen empirischen und einen methodologischen Ansatz. Dabei verfolgt man ein konkretes Ziel oder auch mehrere konkrete Ziele gleichzeitig. Als mögliche Zielsetzungen kann man

i. Phänomene erklären,
ii. Entwicklungen vorhersagen,
iii. Situationen verstehen oder
iv. Zustände verändern wollen.

Hart (1998) beschreibt einige Leitfragen für die Literaturarbeit (Abb. 7). Darunter ist sowohl die Suche nach relevanter Literatur als auch ihre Bearbeitung zu verstehen.

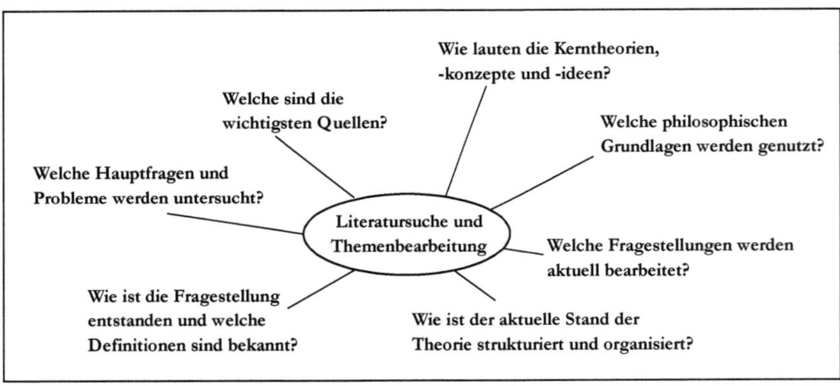

Abb. 7: Literatursuche und Themenbearbeitung

Für eine gute statistische Arbeit muss man die wichtigsten Quellen zum bearbeiteten Thema identifizieren. Sie zu finden kann eine besondere Herausforderung sein. Dafür benötigt man das Verständnis darüber, wie der Erkenntnisstand zum Thema strukturiert und organisiert ist. Weiter bestimmt man die untersuchten Hauptfragen und Probleme. Damit geht die Frage einher, wie die Fragestellung entstanden ist und welche Definitionen bereits bekannt sind. Selbstverständlich muss man auch herausarbeiten, welche Fragestellungen aktuell bearbeitet werden. Aus der Literatur sollte man eine Übersicht über die Kerntheorien, Kernkonzepte und Kernideen ableiten. Ebenso sollte man wissen, auf welchen philosophischen Grundlagen sie fußen.

Die Handlungsfelder bei der Bearbeitung einer Themenstellung sind in Abbildung 8 dargestellt. Die Felder beinhalten einige der üblichen Methoden der Analyse und der Synthese, sowie die wesentlichen Ergebnisse zur Erreichung der Verständlichkeit des untersuchten Problems, des vorhandenen Wissens und der aktuellen Theorie (Hart, 1998).

	Analyse	Synthese
Methoden	Auswählen Unterscheiden Untergliedern Aufbrechen	Integrieren Kombinieren Umformen Formulieren Reorganisieren
Ergebnisse	Verständnisbildung Erklärungsfähigkeit Abgrenzung Interpretation	Definitionen Klassifizierungen Beschreibungen Bezeichnungen Nutzen Wahrnehmung Problemlösung
	Verständlichkeit	Wissen/Theorie

Abb. 8: Handlungsfelder der Literaturarbeit

Die Analyse erfolgt durch Auswählen, Unterscheiden, Untergliedern und Aufbrechen des Problems oder der zugrunde liegenden Theorien. Durch sie macht man das Grundproblem zugänglich, indem man Verständnis bildet, Erklärungsfähigkeit herstellt, das Problem von anderen abgrenzt sowie Lösungsansätze darstellt und interpretiert. Die entsprechenden Ergebnisse sind Definitionen, Klassifizierungen, Beschreibungen, Bezeichnungen und Nutzen oder sie beschreiben Wahrnehmungen und Problemlösungen.

Die Synthese erfolgt durch Integrieren, Kombinieren, Umformen, Formulieren und Reorganisieren. Mit diesen Methoden leitet man aus den in der Analyse gefundenen Mustern einen eigenen theoretischen Ansatz ab.

Die Ergebnisse der Literaturrecherche stellt man möglichst sinnvoll und organisiert dar. Statistische Arbeiten sind in der Regel deduktiv. Das heißt, sie basieren auf einer Theorie und folgen inhaltlich weitgehend dem in Abbildung 9 kurz dargestellten Ablauf (Hart, 1998).

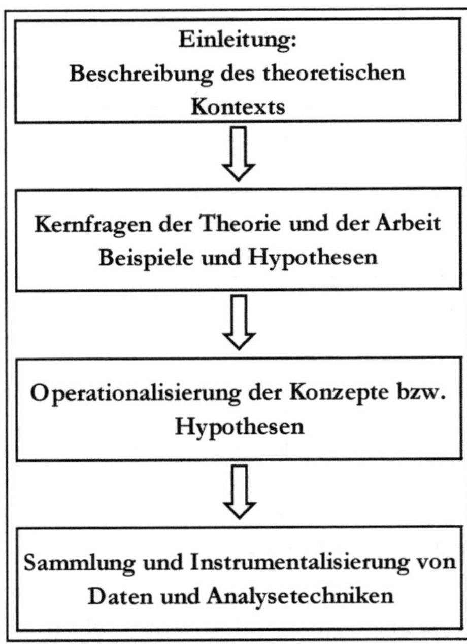

Abb. 9: Struktur der Literaturbeschreibung

Normalerweise beschreibt man einleitend zunächst den theoretischen Kontext der Arbeit und stellt eine zu prüfende Theorie auf. Danach diskutiert man die Kernfragen der Theorie und der Arbeit. Oft erläutert man sie anhand von Beispielen. Anschließend macht man die Konzepte oder Theorien durch Hypothesen überprüfbar und diskutiert die hierfür benötigten Beobachtungen.

Die Ergebnisse des Literaturstudiums braucht man nicht allumfassend darstellen. Eine systematische Wiedergabe der für die konkrete Arbeit erforderlichen Kerninformationen reicht aus. Das kann in knappen Worten erfolgen und darf auch nachvollziehbare Interpretationen von Quellen beinhalten. Zu Übungszwecken kann man die Literaturarbeit auch begrenzen.

Das Studium der Literatur sollte als Ergebnis einen theoretischen Kontext haben, aus dem man eine nachvollziehbare Theorie, einen empirischen Ansatz für die eigene Arbeit und eine konkrete Methodologie hierfür ableiten kann (Abb. 10). Letztlich begründet man die eigene Theorie, die empirischen Ansätze und Methodologie mit dem aktuellen Stand der Wissenschaft. Stimmen die eigenen Theorien, Methoden oder Maßstäbe nicht mit den in der Literatur verwendeten überein, sollte man dies nachvollziehbar begründen. Gründe könnten zum Beispiel Kritik an bisherigen Vorgehensweisen oder möglicherweise besser geeignete oder einfacher verfügbare Variablen sein.

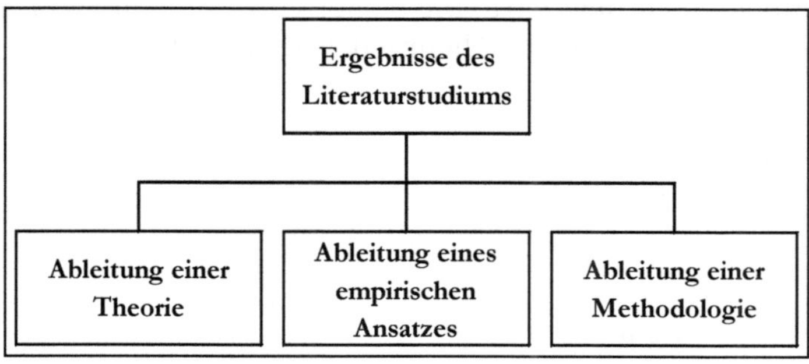

Abb. 10: Ergebnisse des Literaturstudiums

2.4 Entwicklung einer Theorie

Die aus dem Literaturstudium abgeleitete Theorie ist normalerweise der Mittelpunkt einer statistischen Arbeit. Saunders et al. (2009) definieren eine wissenschaftliche Theorie als Formulierung einer Beziehung zwischen Ursache und Wirkung von mindestens zwei Variablen. Man bedient sich entweder bestehender Theorien anderer Autoren oder formuliert selbst eine neue. Sie soll das Wissen zum untersuchten Phänomen als Muster beschreiben und muss sich daher in der nachfolgenden Arbeit bewähren.

Dabei spielt es keine Rolle, ob eine Theorie bereits empirisch bestätigt worden ist oder nicht. Sie kann zunächst wahr oder falsch sein (Peters, 2012). Den Wahrheitsgehalt von Theorien kann man meistens nicht unmittelbar feststellen, da sie häufig nur einen geringen Konkretisierungsgrad haben. Dann überprüft man ihn indirekt, indem man aus der allgemeinen Theorie konkrete Prognosen, sogenannte Hypothesen, ableitet. Anschließend überprüft man, ob die Prognosen tatsächlich zutreffen.

Die Gesetzmäßigkeit einer Theorie soll die beobachtbare Realität zutreffend beschreiben, erklären und vorhersagen. Im Sinne Poppers (2005) kann man sie jedoch nicht beweisen. Sie muss sich bewähren, und das tut sie, so lange sie nicht durch empirische Beobachtungen widerlegt wird. Die bisher vorliegenden empirischen Beobachtungen müssen die Theorie natürlich auch stützen.

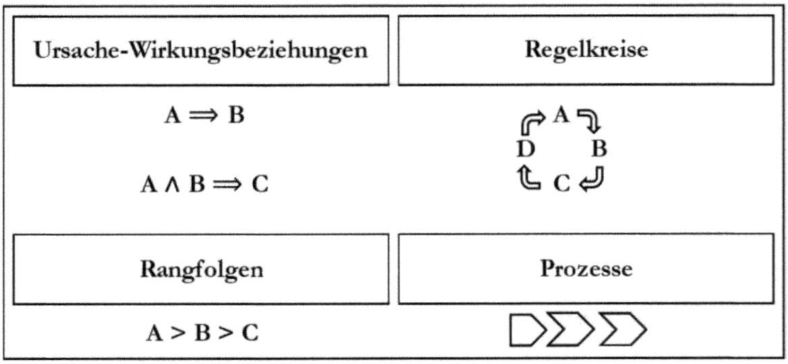

Ursache-Wirkungsbeziehungen	Regelkreise
$A \Rightarrow B$ $A \wedge B \Rightarrow C$	A B C D
Rangfolgen	**Prozesse**
$A > B > C$	

Abb. 11: Theorieformulierung

Im Verlauf einer wissenschaftlichen Arbeit leitet man also zuerst aus der Literatur eine Theorie ab oder formuliert eine neue. Dazu ist jede Darstellung geeignet, die eine Gesetzmäßigkeit auf wenige Variablen reduziert beschreibt. Mechanistische Zusammenhänge können zum Beispiel Ursache-Wirkungsbeziehungen, Regelkreise,

Rangfolgen, Prozesse oder Ähnliches sein. Abbildung 11 zeigt für einige Bespiele, wie man Theorien formal beschreiben kann. Es ist sehr hilfreich, wenn man bereits bei der Formulierung auf die logische Exaktheit der Aussagen achtet. Dies erleichtert die nachgelagerte Operationalisierung durch Hypothesen erheblich.

2.5 Ableitung von Hypothesen

Wenn der Wahrheitsgehalt einer Theorie nicht unmittelbar überprüft werden kann, leitet man aus ihr Hypothesen zur empirischen Überprüfung ab (Popper, 2005). Anschließend versucht man diese Prognosen durch empirische Beobachtungen zu falsifizieren, nicht jedoch sie als wahr zu beweisen. Gelingt dies nicht, kann man eine Hypothese also nicht widerlegen, gilt sie als bewährt.

Saunders et al. (2009) definieren eine Hypothese als eine nachprüfbare Behauptung, dass zwischen zwei oder mehr Variablen eine signifikante Beziehung oder ein signifikanter Unterschied besteht. Eine Hypothese muss demnach ebenfalls als Aussage formuliert und in ihren Teilen entweder wahr oder falsch sein. Die einzelnen Aussagen müssen eindeutig formuliert sein, damit man ihren Wahrheitsgehalt nachprüfen kann. Damit muss man die mathematische Aussagenlogik beachten. Peters (2012, p. 28) gibt zwei eindrucksvolle Beispiele für Aussagenverbindungen:

„A: Das Auto ist schwarz. ¬A: Das Auto ist nicht schwarz." Beide Teile dieser Aussagenkombination $A \wedge \neg A$ sind sicherlich immer wahr. Da es über diese Kombination hinaus keine weitere Möglichkeit gibt, ist diese Aussagenverbindung nachprüfbar.

Bei der Formulierung von Aussagenkombinationen, und damit auch von Hypothesen, sollte man jedoch vorsichtig sein. Sein zweites Beispiel macht dies deutlich: „A: Das Neugeborene ist ein Mädchen. ¬A: Das Neugeborene ist kein Mädchen." Diese Aussagenkombination ist zutreffend. Würde man jedoch „„A: Das Neugeborene ist ein Mädchen. ¬A: Das Neugeborene ist ein Junge" behaupten, wäre diese Aussagenverbindung nicht mehr wahr. Sie beinhaltet jetzt sprichwörtlich den im Philosophieteil beschriebenen schwarzen Schwan.

Eine Aussagenverbindung kann nur dann wahr sein, wenn die verbundenen Aussagen den gesamten Lösungsraum abdecken. Ein Neugeborenes muss aber nicht unbedingt ein eindeutig festliegendes Geschlecht haben, weil wir heutzutage das sogenannte dritte Geschlecht akzeptieren, das in dieser Aussagenkombination nicht berücksichtigt ist.

Nachdem man aussagenlogisch einwandfreie Hypothesen formuliert hat, verwendet man Beobachtungen für die Überprüfung ihres Wahrheitsgehalts. Aus positivistischer Sicht würde eine Theorie nur verifiziert und dürfte als wahr angenommen werden, wenn die Beobachtungen die Prognosen stützen. Popper (2005) weist darauf hin, dass Beobachtungen Hypothesen rein zufällig unterstützen könnten.

Ein dualer Studierender aus dem Finanzsektor könnte die Theorie aufstellen, dass Studierende im Durchschnitt mehr als 1.200 € monatliches Einkommen zur Verfügung haben. Daraus leitet er die konkrete Hypothese ab, dass alle dualen Studierenden mehr als 1.200 € monatliches Einkommen erzielen. Er macht eine entsprechende Umfrage an seiner Hochschule, ausschließlich unter Studierenden aus dem Finanzsektor, wertet diese nach allen Regeln der Kunst aus und findet seine Hypothese bestätigt. Daraufhin erklärt er seine Theorie als bewährt. Dieses Ergebnis könnte zufällig entstanden sein, weil die Beobachtungen aus irgendeinem Grund nicht ‚normal' sind. Im Beispiel unterliegt der Studierende einem sogenannten Bias. Seine eigenen Erwartungen bestimmen maßgeblich seine Wahrnehmung. Er hat nur duale Studierende aus dem Finanzsektor befragt, in dem überdurchschnittliche Gehälter gezahlt werden. Zur Vermeidung solcher falschen Schlussfolgerungen fordert Popper Skepsis bei allen Arbeitsschritten.

Saunders et al. (2009) definieren eine Nullhypothese als eine nachprüfbare Behauptung, dass zwischen zwei oder mehr Variablen keine signifikante Beziehung oder kein signifikanter Unterschied besteht. Mit der Nullhypothese überprüft man, ob die statistische Wahrscheinlichkeitsverteilung der gewählten Stichprobe mit der statistischen Wahrscheinlichkeitsverteilung einer Grundgesamtheit übereinstimmt. Kann man die Nullhypothese nicht falsifizieren, darf man sie als Arbeitsgrundlage verwenden. Kann man die Nullhypothese nicht nicht falsifizieren, weicht man auf die Gegenhypothese aus. Im Sinne Poppers wird eine Nullhypothese also niemals verifiziert, sondern immer nur nicht falsifiziert oder nicht nicht falsifiziert. Gleichwohl muss man die Tests und ihre Ergebnisse rational durchdringen, denn Skepsis bleibt das oberste Gebot bei der statistischen Arbeit.

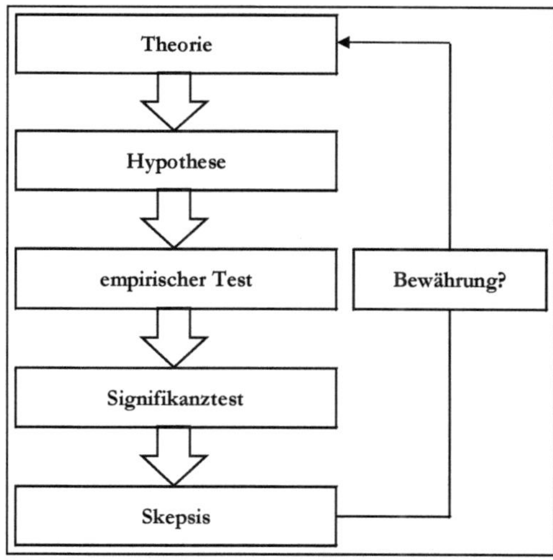

Abb. 12: Arbeit mit Hypothesen

Abbildung 12 zeigt den inhaltlichen Ablauf der Arbeit mit Hypothesen, wobei man das Signifikanzniveau zumeist als Bestandteil des eigentlichen mathematisch-statistischen Tests prüft oder als Vorgabe setzt.

2.6 Aufstellung Testplan

Die Aufstellung des Testplans ist sehr anspruchsvoll. Man muss die Wahl der konkreten Vorgehensweisen sehr gut fachlich begründen.

Die Auswahl aus bekannten Methoden, Variablen oder Prozessen unterliegt häufig sachlichen oder fachlichen Beschränkungen. Mit der mangelnden Verfügbarkeit von Daten kann man zum Beispiel die Wahl eines besser durchführbaren Weges begründen.

Nach Saunders et al. (2009) ist die Festlegung eines Testszenarios ein iterativer Prozess, der bis zur finalen Festlegung des Arbeitsplanes einem Regelkreis entspricht, der zuletzt in die Umsetzung mündet (Abb. 13). Zuerst definiert man die zugrunde liegenden Anforderungen. Daraus entwickelt man einen ersten Plan, der dann inhaltlich, fachlich und auf Umsetzbarkeit überprüft wird. Zeigt die Prüfung Schwächen, schärft man die entsprechenden Schritte nach bis man keine mehr entdeckt. Notfalls formuliert man sogar die Theorie neu oder steigt erneut in die Literaturrecherche ein.

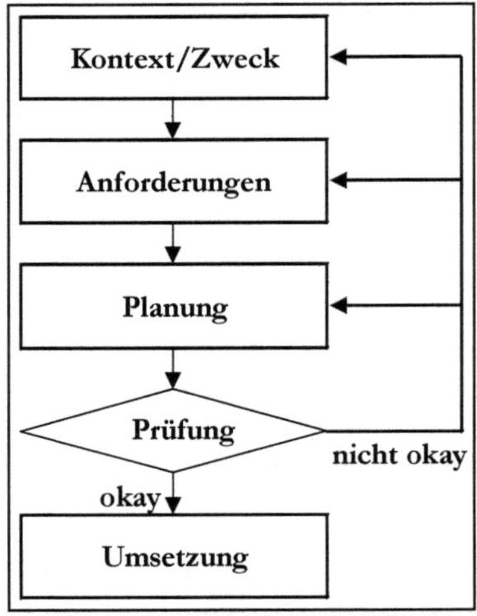

Abb. 13: Festlegung eines Testszenarios

Bei der Überprüfung muss man darauf achten, dass die benötigten Daten auch tatsächlich in der erforderlichen Qualität oder die beabsichtigten Testverfahren im verwendeten Programm verfügbar sind. Selbstverständlich muss man auch darauf achten, dass die Daten später alle Voraussetzungen für die beabsichtigten Tests erfüllen. Bei der Festlegung des Testplans kann man die spätere statistische Verteilung der Daten noch nicht kennen. Dem begegnet man am besten mit der Bestimmung alternativer Testverfahren für parametrische und nichtparametrische Daten.

Durch diesen iterativen Prozess wird der Testplan von einer Prüfung zur nächsten verbessert bis er endgültig ist. Damit sollte man abgesichert haben, dass alle geplanten Schritte auch tatsächlich umgesetzt werden können.

Die fertige Arbeit muss man verteidigen. Die Wahl von Methoden, Vergleichsmaßstäben und Variablen ist dabei einer der wichtigsten Kritikpunkte. Wenn in der Literatur zu dem Themenkreis der Arbeit bestimmte Methoden, Maßstäbe oder Variablen häufiger auftauchen, sollte man zumindest erwägen, diese ebenfalls zu verwenden oder die eigenen Maßstäbe gut begründen.

Zeitplan	Datenhygiene
Welche Aktion soll wann durchgeführt werden bzw. beendet sein?	Wie wird die Datenqualität gesichert?
Aussagefähigkeit	**Testverfahren**
Wie wird die Aussagefähigkeit der Arbeit sicher gestellt?	Sind die Testverfahren geeignet? Sind die Voraussetzungen für sie erfüllt?
Maßstäbe	**Ergebnissse**
Sind die Variablen geeignet? Unterliegen die Variablen Limitationen?	Wie wird die Ergebnisqualität gesichert? Wie werden die Ergebnisse kommuniziert?

Abb. 14: Aktionsfelder der Testplanung

Im Testplan werden viele Aktionen festgelegt (Abb. 14). Ein klarer Zeitplan ist unbedingt erforderlich, um den eigenen Arbeitsfortschritt steuern zu können. Jede statistische Arbeit unterliegt zeitlichen Limitationen. Daher muss sehr detailliert geplant werden, wann die einzelnen Schritte stattfinden und fertiggestellt sein sollen.

Die Aussagefähigkeit der Arbeit muss sicherstellt werden. Dafür muss im Vorhinein klar sein, welche Aussage man mit der Arbeit erzielen will. Strebt man eine generelle bzw. repräsentative oder nur eine konkrete Aussage an? Je allgemeiner die Aussage sein soll, desto höhere Anforderungen muss man an die Arbeit stellen. Zur Sicherstellung einer hohen Qualität der Ergebnisse bieten sich insbesondere drei Methoden an:

i. Die Verwendung einer repräsentativen Stichprobe,
ii. die sogenannte Triangulation und
iii. sogenannte Kontroll-Tests.

Mit einer repräsentativen Stichprobe schließt man aufgrund der Beobachtungen einer Teilmenge von Objekten einer Grundgesamtheit auf die Ergebnisse der Grundgesamtheit. Wie viele Beobachtungsobjekte man benötigt, hängt hauptsächlich von der Größe der Grundgesamtheit und dem sogenannten Konfidenzniveau ab. Die Tabelle zur Bestimmung der Stichprobengröße in Abbildung 15 gilt als einfache Faustregel. Das Konfidenzniveau gibt das Maß der Irrtumsfreiheit einer Aussage an. Ein Konfidenzniveau von 95% bedeutet, dass Stichproben in 95% aller Fälle sehr ähnliche Ergebnisse liefern und mit einem Signifikanzniveau von 5% nicht.

Bei der Triangulation verwendet man zwei oder mehr voneinander unabhängige Datenquellen, wie z.B. verschiedene Variablen, mehrere Datenerhebungen oder Datenerhebungsmethoden innerhalb einer Studie (Saunders et al., 2009). Einfach übersetzt bedeutet Triangulation das Aufhängen an drei Angeln. Man ermittelt das Ergebnis nicht nur anhand eines einzigen Tests oder einer einzigen Datengrundlage, sondern sichert es durch mehrere ab.

Mit einer Triangulation wirkt man dem sogenannten Bias bei der Datenerhebung und -auswertung entgegen und reduziert die eigenen Vorlieben oder Unvollkommenheiten bei der Auswahl von Datenquellen, Merkmalen und Erhebungsmethoden. Sie mündet in einen oder mehrere zusätzliche Tests und den Vergleich der Ergebnisse.

	benötigtes Konfidenzniveau			
Grundgesamtheit	95%	97%	98%	99%
50	44	48	49	50
100	79	91	96	99
150	108	132	141	148
200	132	168	185	196
250	151	203	226	244
300	168	234	267	291
400	196	291	343	284
500	217	340	414	475
750	254	440	571	696
1.000	278	516	706	906
2.000	322	696	1.091	1.655
5.000	357	879	1.622	3.288
10.000	370	964	1.936	4.899
100.000	383	1.056	2.345	8.762
1.000.000	384	1.066	2.395	9.513
10.000.000	384	1.067	2.400	9.595

Abb. 15: Repräsentative Stichprobengrößen

Mit Kontrolltests berechnet man die Regressionsergebnisse eines Parameters unter zusätzlicher Wirkung eines oder mehrerer weiterer Parameter. Hierdurch kann man die Veränderungen der Parameter unter Kontrolle anderer Variablen beobachten.

Diese Methoden kann man jedoch nicht immer nutzen. So kann man im medizinischen Umfeld häufig nur Vergleiche mit kleinen Gruppen vornehmen, bei denen eine Gruppe einem bestimmten Einfluss ausgesetzt ist und eine andere nicht. Falls man individuelle Wege wählt, sollte man dies möglichst nachvollziehbar begründen.

Maßstäbe beziehungsweise Variablen darf man nur vorsichtig verwenden. Sind die vorgesehenen Variablen wirklich geeignet, die Fragestellung zu beantworten oder sind andere möglicherweise besser geeignet? Unterliegen die gewählten Variablen Limitationen? Diese könnten vielfältiger Natur sein. Sie könnten zum Beispiel schlecht verfügbar sein. Dann könnte es Sinn machen, weniger gut geeignete, aber dafür verfügbare Variablen zu wählen. Wie generiert man die Daten? Ist der Prozess der Datenerhebung zuverlässig und wissenschaftlich akzeptabel? Wie kann man sicherstellen, dass die Daten fehlerfrei sind? Welche Natur haben die Daten? Wie will man mit Daten von außergewöhnlicher Qualität umgehen? Dies gilt für fehlende Daten, außergewöhnliche große Wertabweichungen und ähnliche Erscheinungen.

Welche mathematisch-statistischen Testverfahren möchte man verwenden? Sind die Voraussetzungen für ihre Anwendung überhaupt gegeben? Welchen Limitationen unterliegen die Testverfahren und wie kann man die Testergebnisse absichern? Welche Aussagen liefern die Ergebnisse der beabsichtigten Tests überhaupt?

Außerdem muss man festlegen, wie man berichten will. Wie möchte man den Ablauf der Arbeit und mögliche Störungen im Verlauf darstellen? In welcher Form sollen die verwendeten Daten beschrieben werden? Wie umfangreich will man über die Prüfungsverfahren, die Tests und Ergebnisse berichten?

Bei der Entwicklung des Testplans geht man wiederholt alle einzelnen Schritte des gesamten Arbeitsprozesses durch und überprüft sie immer wieder, damit am Ende ein Arbeitsplan aus einem Guss entsteht. Liegt er final vor, ist gesichert, dass man die beabsichtigte Studie auch tatsächlich durchführen kann.

2.7 Erhebung der Daten

Normalerweise kann man nicht die gesamte relevante Grundgesamtheit, die sogenannte Population, betrachten. Für eine Aussage über Studierende in Deutschland kann man wohl kaum alle Studierenden in Deutschland befragen. Ähnliche Restriktionen ergeben sich aus der Verfügbarkeit anderer Ressourcen, wie Zeit, Geld und so weiter. Daher weicht man auf eine sogenannte Stichprobe aus.

Daten für Stichproben kann man repräsentativ oder nicht repräsentativ erheben (Saunders et al., 2009). Das heißt, die Ergebung kann man nicht beurteilend oder beurteilend vornehmen (Abb. 16). Diese Methoden unterscheiden sich insbesondere durch eine unterschiedlich starke Einflussnahme seitens der Initiatoren der Erhebung.

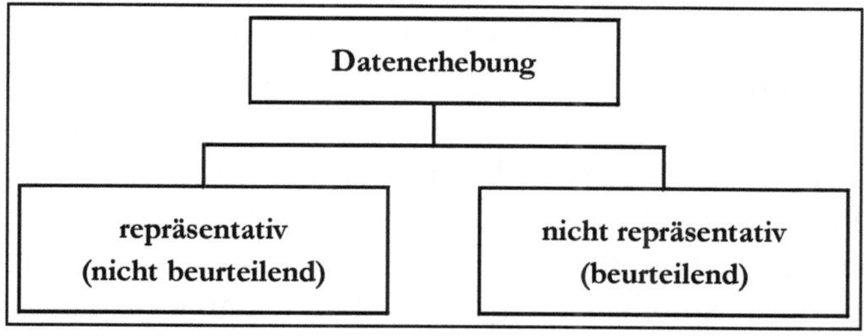

Abb. 16: Datenerhebung

Eine repräsentative Stichprobe kann man ein- oder mehrstufig erheben, wobei mehrstufig horizontal oder vertikal bedeutet (Abb. 17). Horizontal führt dies zu gleichen Informationen aus beispielsweise mehreren Bundesländern. Vertikal kann man ergänzende Informationen zur Erklärung vorangehender Muster sammeln. Bei einer repräsentativen Stichprobe entscheidet man nur noch, ob die Datenerhebung selbst als Zufallsstichprobe, systematische Stichprobe, geschichtete Stichprobe oder Clusterstichprobe erfolgt.

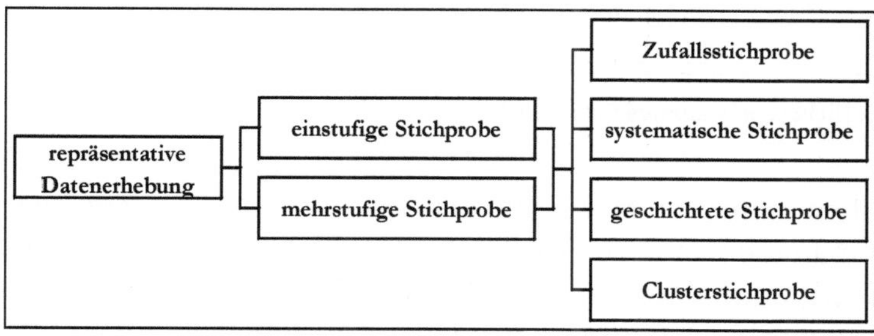

Abb. 17: Repräsentative Datenerhebung

Nimmt man mehr Einfluss und erhebt die Daten nicht repräsentativ, ergeben sich die Möglichkeiten aus Abbildung 18. Die Datenerhebung kann dann als Kontingentstichprobe, zielgerichtete Stichprobe, Schneeballstichprobe, Selbstauswahlstichprobe oder gar als einfache Stichprobe erfolgen.

Bei der zielgerichteten Stichprobe nimmt man besonders viel Einfluss, weil man damit zum Beispiel auf extreme Fälle, auf heterogene oder homogene Fälle, auf kritische Fälle oder für die untersuchte Situation typische Fälle abstellt. Ein Auswahlverfahren birgt immer die Gefahr, dass ein Bias zur subjektiven Beeinflussung der Datenbasis führt. Daher gilt die einfache Merkregel, dass man mit zunehmendem Einfluss mehr Skepsis walten lässt und eine klarere Argumentation benötigt.

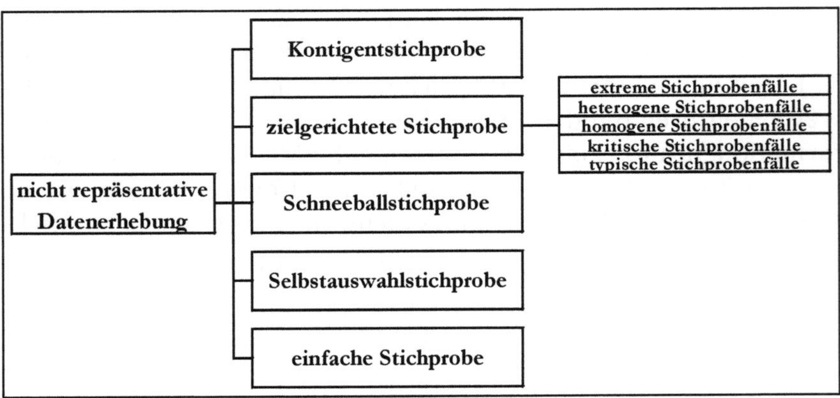

Abb. 18: Nicht repräsentative Datenerhebung

Nachdem man die Methodik der Datenerhebung festgelegt hat, muss man die weiteren Fragen aus Abbildung 19 beantworten. Mit der Bestimmung der Stichprobengröße beeinflusst man die Aussagefähigkeit der Arbeit. Die Mindeststichprobengröße legt man im Hinblick auf die gewünschte Aussagefähigkeit, die gegebenen Möglichkeiten und die beabsichtigten Tests fest.

Die gewünschte Zahl an Beobachtungen ist jedoch nicht zwangsläufig auch die Zahl der Rückläufer einer Umfrage. Man fordert daher entsprechend mehr Beobachtungen ein. Wenn man beispielsweise 100 Rückläufe bei einer erwarteten Rückläuferquote von 25% benötigt, verteilt man 400 Fragebögen.

Abb. 19: Fragen bei der Datenerhebung

Daten kann man primär oder sekundär erheben. Primärdaten sind selbst gesammelte Daten. Diese kann man zum Beispiel durch tatsächliche Beobachtungen, Interviews oder Fragebögen erheben. Dafür benötigt man ein ausreichendes Zeitbudget. Sie haben den Vorteil, genau die gewünschte Fragestellung zu beantworten.

	Vorteile	Nachteile
Primärdaten	passen genau zur Fragestellung	hoher Erhebungsaufwand
Sekundärdaten	geringer Erhebungsaufwand erleichtern große Stichproben	passen in der Regel nur bedingt zur Fragestellung

Abb. 20: Datenerhebungsportfolio

Alternativ kann man Sekundärdaten verwenden, die von anderer Seite gemacht und zur Verfügung gestellt werden. Sie können zum Beispiel von Forschern, aus Datenbanken oder auch aus firmeninternen Datensammlungen stammen. Sie sind jedoch meistens nicht passgenau für den eigenen Test. Dennoch verwendet man sie gerne, weil sie den Datenerhebungsprozess vereinfachen und größere

Stichproben erleichtern. Diesen Zusammenhang stellt Abbildung 20 als Portfolio dar.

Bei der Erhebung von Primärdaten muss man insbesondere auf die Fragenqualität achten. Dies gilt für alle möglichen Erhebungsformen. Pallant (2007) beschreibt am Beispiel einer Befragung, wie einfache Fragen manchmal nicht passgenau sein können (Abb. 21). Die einfache Frage „Rauchen Sie?“, für die in der Planung die Antwortmöglichkeiten ‚ja‘ oder ‚nein‘ vorgesehen sind, kann zu Irritationen bei den Befragten führen. Diese könnten im später durchgeführten Interview die Gegenfrage stellen, was denn wohl gemeint sei: Zigaretten, Zigarren oder gar Marihuana? So kann sich eine Fragestellung oder vorgegebene Antwortmöglichkeit als ungenau erweisen.

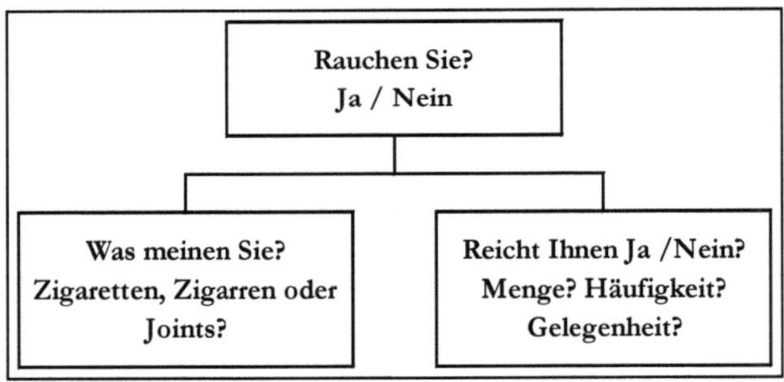

Abb. 21: Fragenqualität

Auf der anderen Seite könnte die Frage zu begrenzt gestellt sein, wenn man eigentlich wissen will, wie viel oder zu welchen Gelegenheiten geraucht wird. Diese Beispiele zeigen, dass man bei der Formulierung der Fragen sehr vorsichtig sein muss. Dies erklärt auch die Wichtigkeit der Datenerhebung und der Fragestellungen bei der Verteidigung einer statistischen Arbeit.

Die Erhebung von Primärdaten unterscheidet sich nach der Beobachtungsmethode (Abb. 22). Wir alle haben schon Beobachter gesehen, die am Straßenrand stehen und vorbeifahrende Autos zählen. Dies ist eine echte Beobachtung, bei der Beobachter lediglich auf die Situation blicken ohne selbst beteiligt zu sein. Bei einer Interviewsituation sind Beobachter an der Beobachtungssituation durch Interaktion, zum Beispiel durch Befragung, beteiligt. Alternativ kann man Beobachtungen auch durch indirekte Befragung, etwa durch Selbstauskünfte in Fragebögen, sammeln.

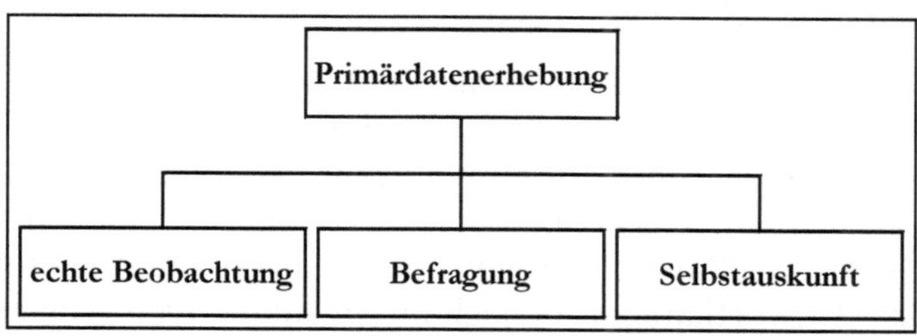

Abb. 22: Methoden der Primärdatenerhebung

Die Datenerhebung liefert sowohl endogene als auch exogene Variablen. Endogene Variablen betreffen die untersuchten Wirkungen. Sie bilden die Ergebnisse ursächlicher Einflüsse ab. Die exogenen Variablen repräsentieren die Ursachen. Sie sind unabhängige Eingangsvariablen. Endogene Variablen sind abhängig, wenn ein unmittelbarer Zusammenhang zwischen exogenen und endogenen Variablen besteht. Man sollte nicht von abhängigen und unabhängigen Variablen, sondern von endogenen und exogenen Variablen sprechen falls endogene Variablen nicht gleichzeitig auch abhängig sind.

Unmittelbare Abhängigkeiten endogener von exogenen Variablen sind messbare Zusammenhänge, deren Ursache-Wirkungszusammenhang man als Formel darstellen kann. Wenn man zum Beispiel erwartet, dass die Höhe der Miete durch die Wohnungsgröße bestimmt wird, ist Wohnungsgröße die exogene und Miete die endogene Variable.

Exogene Variablen können aber auch nur gruppenunterscheidende Merkmale sein. Man kann eine Stichprobe nach Geschlecht unterteilen und die Merkmale der Gruppen vergleichen. Für den Vergleich, ob ein Arzt mehr verdient als eine Ärztin, wäre das Geschlecht die exogene Variable. Es kann zwar ursächlich für Gehaltsunterschiede sein, aber man wird voraussichtlich keinen formelmäßigen Zusammenhang bilden können.

In Fragebögen verwendet man unterschiedliche Fragekategorien (Abb. 23). Offene Fragen beginnen als sogenannte w-Fragen typischerweise mit wer, wie, wo, weshalb, warum und so weiter. Ohne fest vorgegebene Antwortkategorien ermöglichen sie Freitextantworten, deren weitere Verarbeitung erhöhte Anforderungen stellt.

Bei Listenabfragen gibt man konkrete Antwortkategorien vor und lässt normalerweise keine abweichenden Antworten zu. Mit kategorialen Fragen erhebt man abgestufte Antwortmöglichkeiten auf einem einheitlichen Schema. Hierfür verwendet man typischerweise Skalen. Bei Rangfolgefragen bittet man die Interviewten, vorgegebene Antwortkategorien nach ihrem subjektiven Wertempfinden zu sortieren. In Bewertungsfragen fragt man die Stärke der Übereinstimmung mit einer Antwortskala und bei Wertefragen konkrete Zahlenwerte ab.

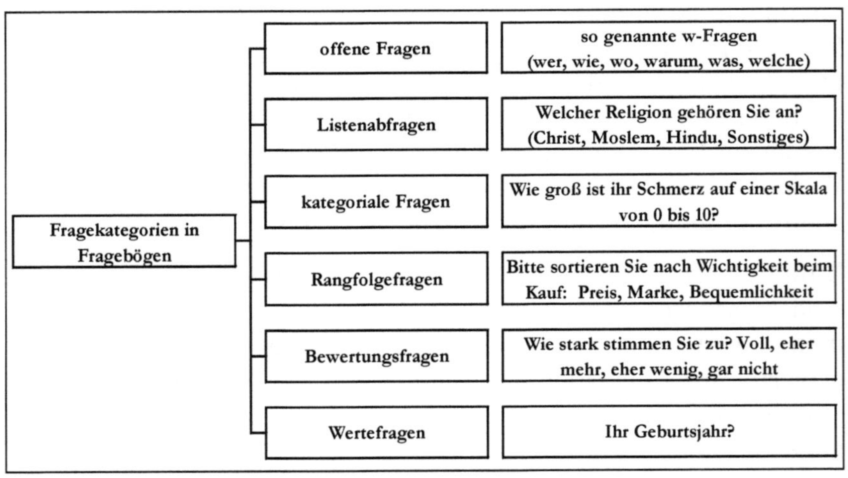

Abb. 23: Fragenkategorien

Sekundärdaten sind bereits von Anderen erhoben worden. Daher muss man sich fragen, wie man an die Daten kommt und welche

Qualität sie haben. In Deutschland kann man unter anderem über www.destatis.de an Daten kommen, die von öffentlichen Stellen erhoben worden sind. Man kann auch auf Datenbanken wie zum Beispiel Hoppenstedts Firmendatenbank zugreifen. Wie auch immer, jede Quelle muss man zunächst auf ihre Zuverlässigkeit prüfen.

Sekundärdaten darf man auf keinen Fall unreflektiert verwenden, wenn man nachvollziehbare und verlässliche Ergebnisse erzielen möchte. Man sollte wenigstens hinterfragen, woher die Daten stammen. Außerdem muss man sich auch mit der Verfügbarkeit benötigter Variablen und den damit möglichen Tests befassen.

In der Planung betrachtet man nach der Datenerhebung die weitere Verarbeitung der Daten. Wenn man bereits bei der Durchführung ist, können jetzt die Daten erhoben werden.

2.8 Verarbeitung der Daten

Normalerweise erhebt man die Daten bereits strukturiert. Das heißt, man hält bei der Erhebung Leitlinien ein. Das können zum Beispiel Antworten auf im Vorhinein festgelegte Fragen, Fragebögen oder Beobachtungsprotokolle sein. Im nächsten Schritt erfasst man die erhobenen Daten im genutzten Statistikprogramm. Diesen Vorgang nennt man codieren.

Codieren bedeutet, die relevanten Informationen strukturiert entsprechend der Bereitstellungsregeln des Statistikprogramms zu erfassen. Normalerweise macht man das in Tabellenform. Ausprägungen wie ja/nein kann man auf verschiedene Art erfassen: ja/nein, a/b oder einfach 1/0. Dies hängt vom eingesetzten Statistikprogramm ab. Auf jeden Fall muss man die Datenerfassung so vornehmen, dass die Daten eindeutig bezeichnet und damit wieder lesbar sind. Wegen der direkten Wechselwirkung mit dem eingesetzten Statistikprogramm muss man sich spätestens an dieser Stelle mit dessen Funktionsweise vertraut machen.

Ein typischer Fragebogen auf Kreuzfahrtschiffen verdeutlicht die Probleme in diesem Zusammenhang. Dort stellt man gerne Fragen mit einer Klassifizierung von 1 bis 5 oder 1 bis 7, wie zufrieden man mit einem bestimmten Restaurant war. Die Klassifizierung steht für das Antwortspektrum von sehr unzufrieden bis sehr zufrieden. Zusätzlich gibt es dann auch häufig die Ausprägung ‚keine Antwort' beziehungsweise ‚trifft nicht zu' für die Gäste, die genau dieses Restaurant nicht besucht haben. Es ist von der Leistungsfähigkeit des verwendeten Statistikprogramms abhängig, ob man nun eine oder zwei Variablen erfassen muss.

Typische Fehlersituationen beim Codieren ergeben sich sowohl aus der Bearbeitung als auch aus den Daten selbst. Daten können falsch protokolliert oder einfach fehlerhaft in die Codierung übertragen worden sein. Solche Fehler sollte man bereits während der ersten Datenaufbereitung finden. Besondere Aufmerksamkeit erfordern dabei die in Abbildung 24 dargestellten, fehlenden Werte (Kohler et al., 2012).

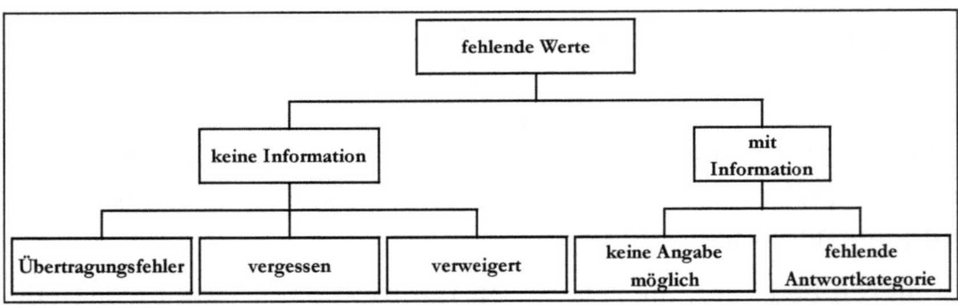

Abb. 24: Fehlende Werte

Werte können aus unterschiedlichen Gründen fehlen. Möglicherweise lässt das Beobachtungsobjekt keine Beobachtung zu oder es handelt sich um einen Übertragungsfehler seitens des Beobachters oder Beobachtungsobjekts. Es kann eine unbeantwortete Frage in einem Fragebogen sein, weil die Antwort vergessen oder bewusst nicht gegeben wurde. Es kann aber auch eine Information vorliegen, warum Werte fehlen. Es kann zum Beispiel eine Antwortkategorie ‚keine Antwort' oder ‚trifft nicht zu' geben oder eine erforderliche Antwortkategorie fehlen. Dann muss man entscheiden, wie man mit dem Datensatz umgehen will. Will man ein einheitliches Kennzeichen oder doch verschiedene Codes nutzen? Will man den Datensatz als Ganzes verwerfen oder hat man eine sinnvolle Möglichkeit dem Mangel abzuhelfen? Alle diese Entscheidungen sollte man wiederum beschreiben und begründen.

Die in Abbildung 25 dargestellten Datentypen können in einer Studie vorkommen (Matthäus et al., 2016). Sie beeinflussen die spätere Testauswahl.

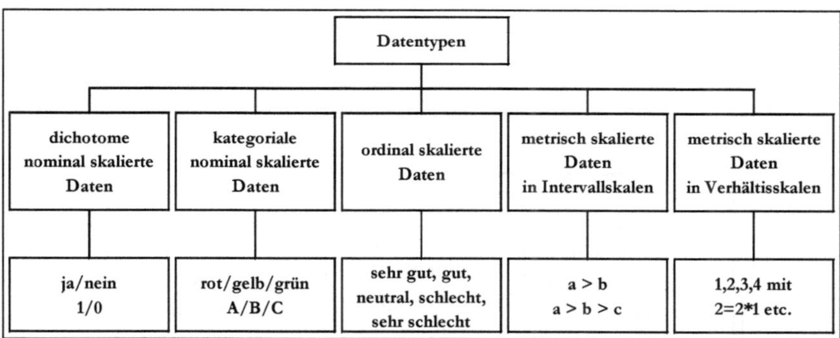

Abb. 25: Datentypen

Nominal skalierte Daten sind kategoriale Merkmale. Das kann männlich/weiblich oder rot/gelb/grün sein. Mit ihnen kann man nicht rechnen. Sie sind dichotom, wenn sie nur zwei Ausprägungen haben, also etwa ja oder nein beziehungsweise 1 oder 0. Ordinal skalierte Daten beschreiben Rangfolgen. Diese können zum Beispiel auf höher/niedriger oder zuerst/zuletzt beruhen. Sie werden gerne metrisch erfasst, ohne dass es sich um tatsächlich berechenbare Unterschiede handelt. Metrisch skalierte Daten in Intervallskalen beschreiben Daten, die man zwar sinnvoll interpretieren aber nicht völlig berechnen kann. Man kann sagen, dass 20 Grad wärmer ist als 10 Grad. Man kann auch berechnen, dass es doppelt warm ist, aber der Mensch empfindet 20 Grad nicht als doppelt so warm wie 10 Grad. Metrisch skalierte Daten in Verhältnisskalen beschreiben messbare Daten, mit denen man unter allen Umständen rechnen kann. 4 Kinder sind doppelt so viel wie 2 Kinder oder 200 Euro sind doppelt so viel wie 100 Euro.

2.9 Beschreibung der Daten

Abbildung 26 nennt die wesentlichen Ziele der deskriptiven Statistik. Zuerst beschreibt man die wesentlichen Charakteristika der Daten. Dafür gibt es gibt keine feste Vorschrift. Man orientiert sich als best practice an dem, was in der Literatur zum Themenfeld üblich ist. Daneben berücksichtigt man aber auch die Besonderheiten der eigenen Arbeit.

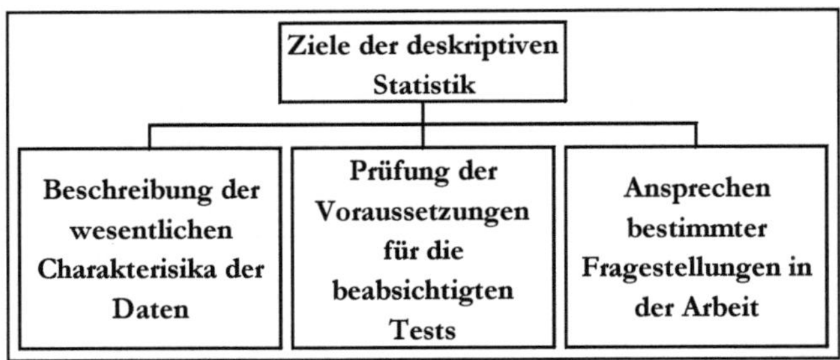

Abb. 26: Ziele der deskriptiven Statistik

Es gibt aber einige Elemente, die in einer Beschreibung regelmäßig auftauchen. Man beschränkt sich jedoch bei der deskriptiven Statistik auf das im konkreten Fall sinnvolle. Solche Elemente sind:

i. Name der Variablen
ii. Typ der Variablen
iii. Stückzahl
iv. Minimum
v. Maximum
vi. Mittelwert
vii. Median
viii. Standardabweichung
ix. Schiefe
x. Wölbung

Die Beschreibung erfolgt meistens in Tabellenform, da sie komprimiert über die wesentlichen Charakteristika der Daten informiert. Man sollte Beschreibungen nicht in viele kleine Diagramme zerlegen, weil es die Arbeit schwerer lesbar macht. Sollte es für das Verständnis der komprimierten Darstellung notwendig sein, kann man sie durch wenige zusätzliche Diagramme ergänzen.

Zusätzlich prüft man mit einer deskriptiven Analyse (Abb. 27), ob die beabsichtigten Tests zulässig sind. Dafür müssen die Daten bestimmte Voraussetzungen erfüllen. Wenn ein Test für kategoriale Daten beabsichtigt ist, müssen sie die richtige Anzahl von Kategorien aufweisen und dürfen nicht kontinuierlich sein. Wenn ein Test Daten einer gleichverteilten Grundgesamtheit voraussetzt, muss man dies zuvor prüfen. Ist ein Zusammenhangstest geplant, sollte man zeigen, dass dieser berechtigt ist. Falls Unterschiedstests vorgesehen sind, sollte man vorher prüfen, ob dem keine Zusammenhänge entgegenstehen.

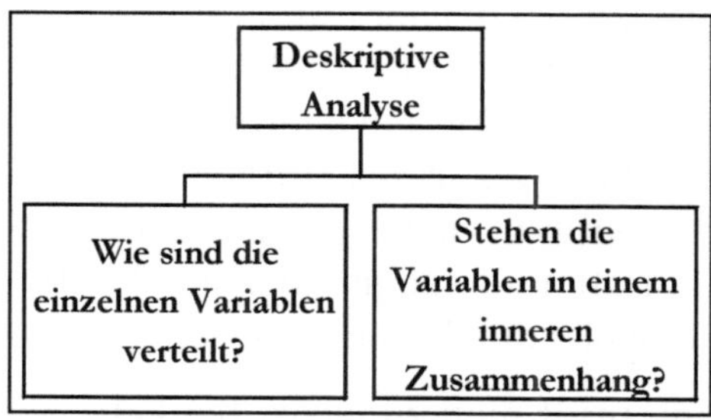

Abb. 27: Deskriptive Analyse

Bis hierher hat man eine Theorie entwickelt und zu ihrer Überprüfung Hypothesen formuliert. Man hat Variablen und einen Testplan festgelegt. Nach Pallant (2007) darf man jetzt nicht unmittelbar mit der Prüfung der Hypothesen beginnen. Vorher muss man sicher sein, dass die Daten fehlerfrei sind und innerhalb einer sinnvollen Nutzungsspanne liegen. Außerdem kann sich bei der Datenbeschreibung und der erforderlichen Datenhygiene (Abb. 28) ergeben, dass man im Rahmen der Datenanalyse bestimmte Punkte,

Werte, Variablen oder Konstellationen im weiteren Verlauf der Arbeit besonders betrachten muss.

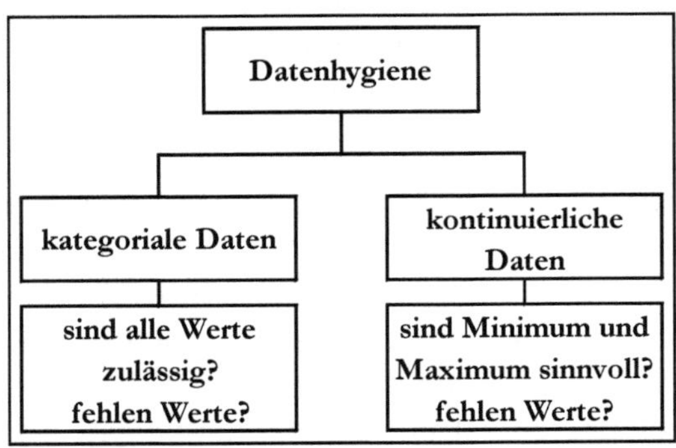

Abb. 28: Datenhygiene

Noch vor der Beschreibung der Daten sucht man bei der ersten Datenhygiene zunächst fehlerhafte oder falsche Werte und berichtigt sie. Dies kann man bereits bei der Aufbereitung der Daten, während der Codierung, machen. Pevalin et al. (2009) weisen darauf hin, dass es manchmal notwendig sein kann Variablen umzuformen und nennen als Beispiel die Währungsumrechnung. Häufig bildet man Kategorien über kontinuierliche Werte, wenn die beabsichtigten Tests kategoriale Daten vorsehen, aber nur kontinuierliche Daten vorliegen (zum Beispiel die Bildung von Altersklassen).

Bei der Codierung prüft man zunächst bei kategorialen Variablen, ob alle Werte zulässig sind und ob eventuell Werte fehlen. Für kontinuierliche Daten kann man einfach überprüfen, ob das Minimum und das Maximum sinnvoll sind oder ob möglicherweise Werte fehlen.

Damit ist der Gedanke der vorgelagerten Prüfung aber keineswegs abgeschlossen. Er muss sich weiter durch die anschließende deskriptive Statistik ziehen (Abb. 29). Statistiker nutzen die deskriptive Statistik nicht nur zur Beschreibung der Daten, sondern auch um eine tiefgehende Datenhygiene zu betreiben.

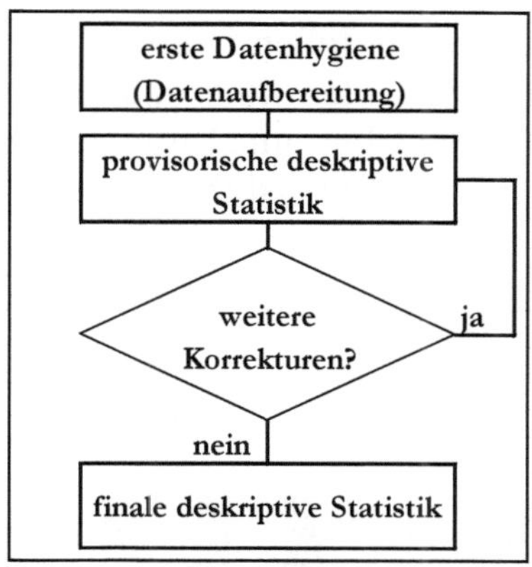

Abb. 29: Ablauf der deskriptiven Statistik

Normalerweise gibt man in der Datenbeschreibung die Lagemaße Minimum und Maximum an. Für kategoriale Variablen kann man so über die Anzahl der Kategorien und für kontinuierliche Variablen implizit über die Spannweite der Variablen informieren und eine Plausibilisierung der Extremwerte ermöglichen. Für kategoriale Variablen gibt man häufig den Modalwert und für kontinuierliche Variablen den Mittelwert und den Median an. In der Regel gibt man nur für kontinuierliche Variablen die Varianz oder die damit mathematisch unmittelbar verbundene, empirische Standardabweichung an. Beide beschreiben die Verteilung der Werte um den Mittelwert. Mit der Angabe der Schiefe kann man Auskunft über die seitliche Verschiebung der Daten von ihrem Mittelwert geben und mit der Angabe der Wölbung die Steilheit der Dichtefunktion beschreiben.

Die rein mathematische Betrachtung von Schiefe und Wölbung ist manchmal schwer vermittelbar. Dann kann man zum besseren Verständnis auch graphische Möglichkeiten nutzen. Besonders wichtige Darstellungen sollte man im Text der Arbeit platzieren. Ansonsten reicht eine Wiedergabe im Anhang, falls man nicht ganz darauf verzichten möchte.

Für die graphische Beschreibung und Analyse von Variablen kann man verschiedene Werkzeuge nutzen. Einzelne Variablen kann man mit einem Histogramm darstellen (Abb. 30). Es stellt die Häufigkeitsverteilung einer Variablen innerhalb vorgegebener Klassengrenzen dar. Die Wahl der Ober- und Untergrenzen der Klassen sind entscheidend für ihr Erscheinungsbild.

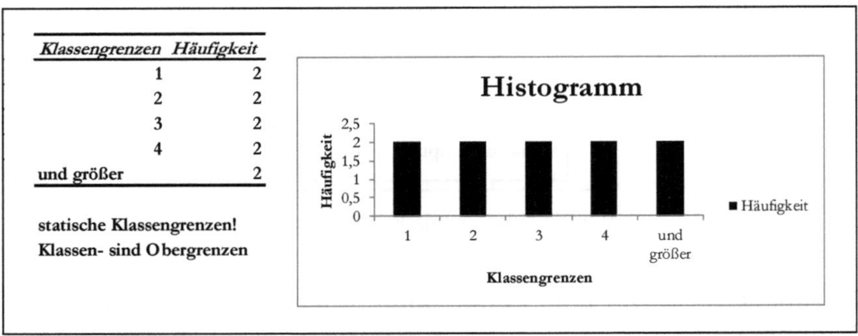

Klassengrenzen	*Häufigkeit*
1	2
2	2
3	2
4	2
und größer	2

Abb. 30: Histogramm

Ein Scatterplot ist eine einfache 2-Wege-Graphik für zwei zusammenhänge Variablen (Abb. 31). Die Punktwolken eignen sich besonders zur Visualisierung von Zusammenhängen.

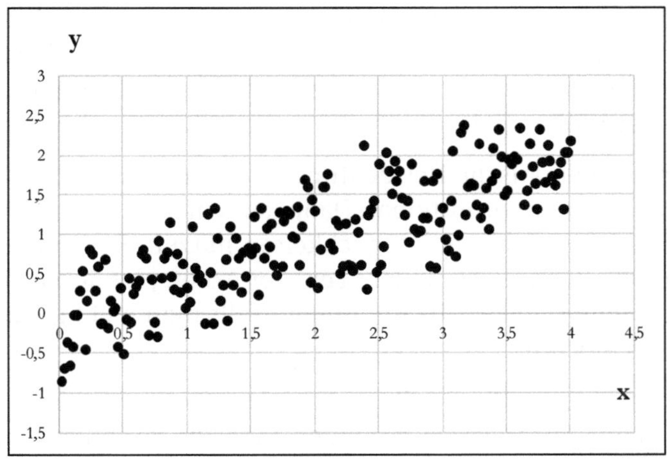

Abb. 31: Scatterplot

Die graphische Beschreibung der Daten einer Variablen kann man auch mittels sogenannter Box- und Whiskerplots vornehmen (Kohler et al., 2012). Manchmal werden sie auch nur kurz Boxplot oder Kastengrafik genannt. Sie bestehen aus einem Kasten, zwei sogenannten Whiskern nebst Zäunen und Markern (Abb. 32).

Unter- und oberhalb der Box befinden sich jeweils 25% der Werte der Variablen. Der angezeigte Datenwert x ist der Mittelwert, darüber liegt die Medianlinie. Aus der Box ragen die durch Zäune begrenzten Whisker. Die Zäune liegen auf dem 1,5-fachen des Quartilsabstands. Der untere Zaun beschreibt den niedrigsten Wert, der ≥ dem 1. Quartil minus des 1,5-fachen des Quartilsabstands ist. Der obere Zaun beschreibt den höchsten Wert, der ≤ dem 3. Quartil plus dem 1,5-fachen des Quartilsabstands ist. Das Quartil wird später behandelt.

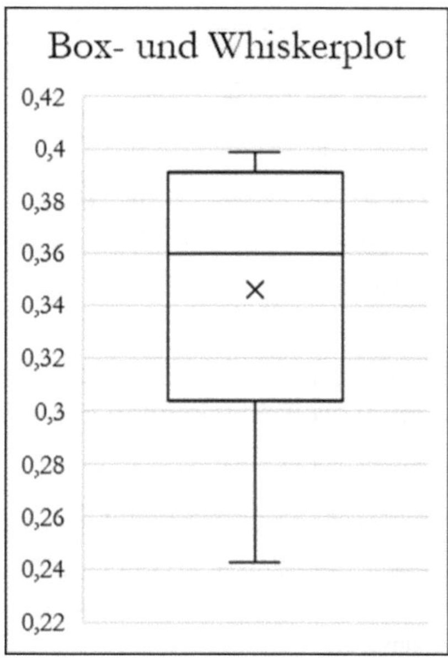

Abb. 32: Box- und Whiskerplot

Pallant et al. (2007) definieren Ausreißer als Werte, die mehr oder weniger deutlich über oder unter den übrigen Werten einer Variablen liegen. Sie können richtige oder falsche Werte sein, befinden sich jedoch so weit außerhalb der Bandbreite der anderen Werte, dass auch richtige Werte extremen Einfluss auf das Ergebnis statistischer Tests haben und es daher verfälschen könnten.

Die Schwierigkeit im Umgang mit Ausreißern besteht darin, dass man nicht kategorisch sagen kann, wie damit umzugehen ist. Der Grund dafür ist, dass dies von der mit der statistischen Arbeit angestrebten Aussage und der grundsätzlichen Verwendung der Variablen abhängt. Diesbezügliche Entscheidungen sollte man gut begründen.

Zur Erkennung von Ausreißern stehen unter anderen die in Abbildung 33 zusammengefassten Methoden zur Verfügung.

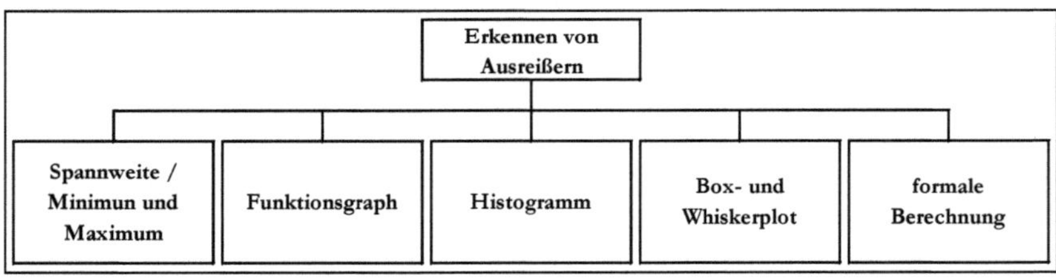

Abb. 33: Erkennen von Ausreißern

Anhand der Variablen Gehalt aus der Datentabelle in Abbildung 34 wird gezeigt, wie man Ausreißer erkennen kann.

Variable	Typ	Anzahl	Minimum	Maximum	Mittelwert	Median	Std.Abw.
Gehalt	kontinuierlich	25	800	6.000	2.288	2.100	961
Geschlecht	kategorial	25	-	-	-	-	-

Abb. 34: Formale Datenbeschreibung

Zunächst kann man versuchen, Ausreißer über die Betrachtung von Spannweite, Minimum und Maximum zu erkennen. Bei von einem

Mittelwert von 2.288 und einer Standardabweichung von 961 ist zu erwarten, dass die meisten Fälle innerhalb der Spannbreite einer Standardabweichung von 2.288 ± 961, also 1.327 bis 3.249 liegen. Relativ viele weitere Fälle dürften in den Spannen zweier Standardabweichungen von 366 bis 1.327 und von 3.249 bis 4.210 liegen. Einzelne Fälle könnten unterhalb von 366 oder oberhalb von 4.210 liegen und besonders einflussreich sein, da nur 25 Variablenwerte vorliegen. Diese Methode funktioniert, aber man kann Ausreißer nur durch hohen intellektuellen Einsatz erkennen.

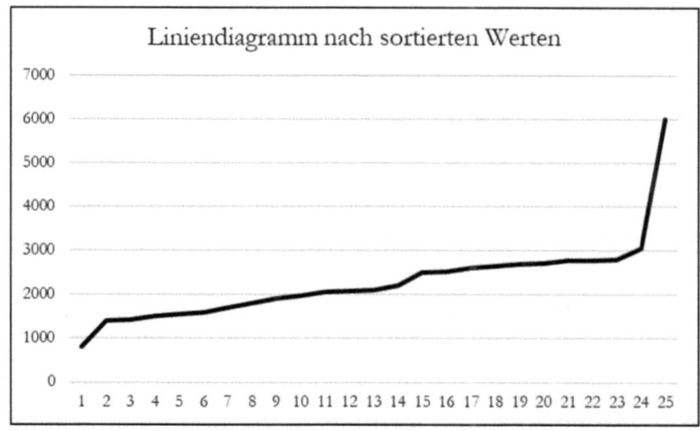

Abb. 35: Liniendiagramm nach sortierten Werten

Abbildung 35 zeigt den Versuch Ausreißer mittels eines einfachen Liniendiagramms für nach Größe sortierte Werte zu suchen. Man kann leicht erkennen, dass es sowohl bei dem kleinsten, als auch bei dem größten Wert einen mehr oder minder ausgeprägten Knick im Kurvenverlauf gibt. Der Knick beim höchsten Wert ist offensichtlich stark ausgeprägt, so dass hier vermutlich ein Wert von besonderem Einfluss vorliegt.

In Abbildung 36 wird versucht, Ausreißer anhand einer Kurve für kumulierte Werte zu ermitteln. Der recht harmonische Kurvenverlauf zeigt lediglich beim höchsten Wert einen leichten, kaum erkennbaren Knick und legt nahe, dass lediglich der höchste Wert den Charakter eines Ausreißers hat.

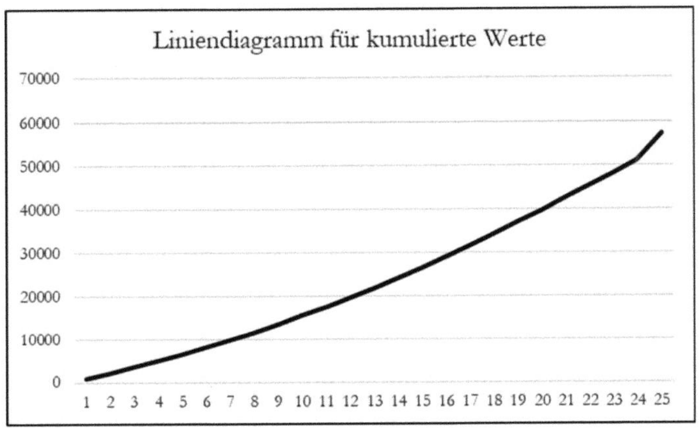

Abb. 36: Liniendiagramm für kumulierte Werte

Für geringere Datenmengen scheinen diese Methoden recht brauchbar zu sein. Insbesondere das Liniendiagramm nach sortierten Werten zeigt an, wo größere Abweichungen einzelner Werte von der Masse vorliegen. Allerdings kann man nicht erkennen, ob sich die Werte innerhalb oder außerhalb der Spanne von zwei Standardabweichungen befinden. Das Liniendiagramm für kumulierte Werte hat zudem die Limitation, dass es für Variablen mit sehr vielen Werten oder für Variablen mit sehr hohen Werten offensichtlich schlechter Auskunft gibt. Funktionsgraphen sollte man daher immer mit anderen Methoden koppeln.

In Abbildung 37 wird die Suche nach Ausreißern mittels eines Histogramms beschrieben. Zunächst generiert man ein einfaches Histogramm. Die Werte der Variablen Gehalt scheinen aufgrund der gewählten Klassengrenzen völlig gleichverteilt zu sein. An dieser Stelle darf die Gleichverteilung auf die Klassen nicht mit der Normalverteilung verwechselt werden. Dort würde die mittlere Klasse den höchsten und die äußeren Klassen die niedrigsten Balken ausweisen.

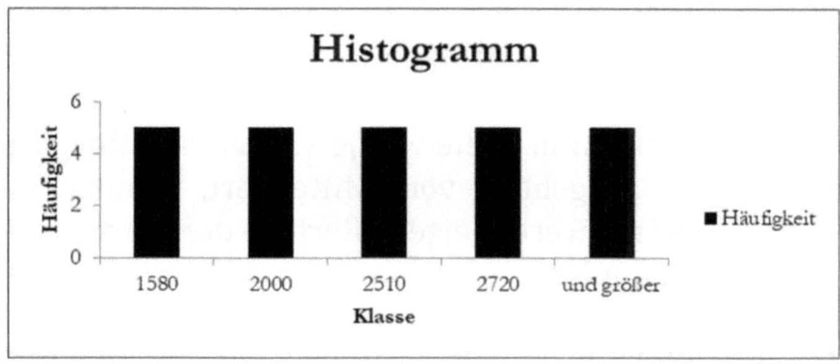

Abb. 37: Einfaches Histogramm für Gehalt

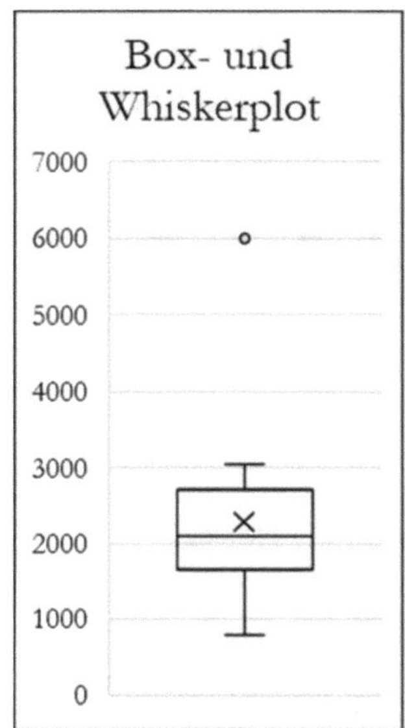

Abb. 38: Boxplot für Gehalt

Box- und Whiskerplots sind ein sehr anschauliches Werkzeug zur Identifizierung von Ausreißern, weil Werte außerhalb der Zäune als einzelne Punkte dargestellt werden. In Abbildung 38 kann man auf den ersten Blick erkennen, dass der höchste Wert von 6.000 deutlich außerhalb der Spannweite liegt und daher voraussichtlich besonderen Einfluss hat.

Man kann Ausreißer auch formal berechnen. Zum Beispiel kann man Histogramme verwenden, indem man die Klassengrenzen ausgehend vom Mittelwert einer Variablen bestimmt. In Abbildung 39 werden Klassengrenzen in Höhe von je ½ Standardabweichung in beide Richtungen, ausgehend vom Mittelwert, benutzt. Dadurch wird sichtbar, dass mehrere Werte außerhalb der normalen Wertebreite von ca. 2 Standardabweichungen vorliegen. Die bisherige Aussage, dass nur der höchste Wert ein Wert von besonderem Einfluss ist, muss unter Umständen relativiert werden. Den untersten Wert sollte man auch genauer betrachten.

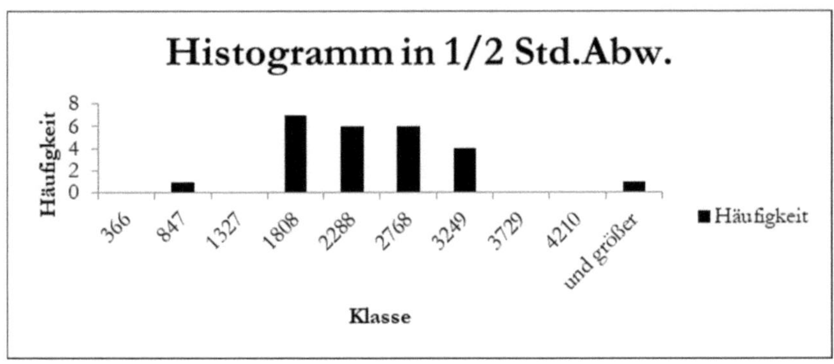

Abb. 39: Histogramm nach Standardabweichung

Bei größeren Datenmengen kann man sich nicht mehr gut alle Werte einzeln ansehen. Dann sind formale mathematische Methoden besser geeignet. Hierfür bieten sich eine Reihe von Testverfahren an, von denen einige im mathematisch-statistischen Teil vorgestellt werden. Eine weitere Methode ist das Ausschließen aller Werte, deren sogenanntes dfbeta einen besonderen Einfluss auf den Regressionskoeffizienten hat. Kohler et al. (2012) beschreiben sie für das Programm Stata.

Das Erkennen von Ausreißern beziehungsweise von Werten mit besonderem Einfluss auf spätere Testergebnisse ist nicht immer einfach. Leider gibt es auch keine allgemeingültige Regel für deren Behandlung. Die vorherigen Beispiele verwenden Gehälter einer Firma. Dabei ist das kleinste Gehalt das einer Teilzeitkraft und das größte Gehalt das der Abteilungsleitung. Hier muss man den Umgang mit den Ausreißern davon abhängig machen, welche Aussage man treffen möchte. Soll das formale Durchschnittsgehalt gezeigt werden oder sollen nur die normalen Gehaltsstrukturen ohne Teilzeit- und Führungskräfte dargestellt werden? Man könnte zum Beispiel auch das Teilzeit- auf ein Vollzeitgehalt umrechnen, müsste aber die Umformung wiederum beschreiben und begründen.

2.10 Auswertung der Daten

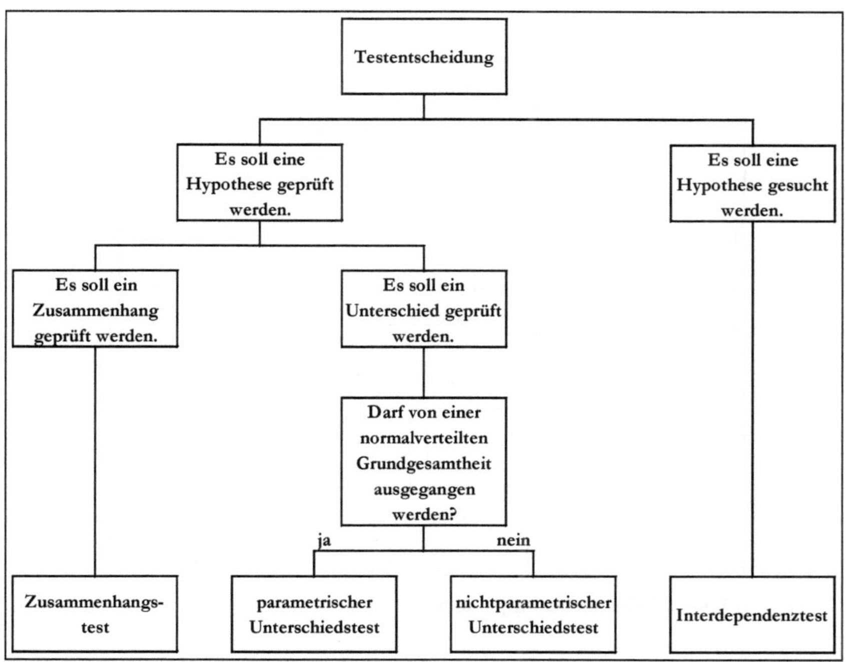

Abb. 40: Testentscheidungen

Wenn man die Daten geprüft und beschrieben hat, darf man die eigentlichen mathematisch-statistischen Tests durchführen. Dazu muss man die in Abbildung 40 dargestellten Entscheidungen treffen. In den meisten Fällen benötigt man Testentscheidungen für das Prüfen von Hypothesen. Dann entscheidet man zwischen der Prüfung von Zusammenhängen oder Unterschieden.

Zusammenhangstests verwendet man, wenn die Hypothesen Zusammenhänge erwarten oder verneinen. Das Bestehen oder Nichtbestehen eines Zusammenhangs kann man zuvor in einer graphischen Analyse zeigen. Bei der Prüfung eines Zusammenhangs muss man die Skalierung der Variablen beachten (Abb. 41). Die Grundregel lautet, dass man einen Zusammenhang nur zwischen Variablen gleicher Skalierung ermitteln darf. Deshalb muss man den Test auf die Variable mit der geringeren Skalierung abstellen.

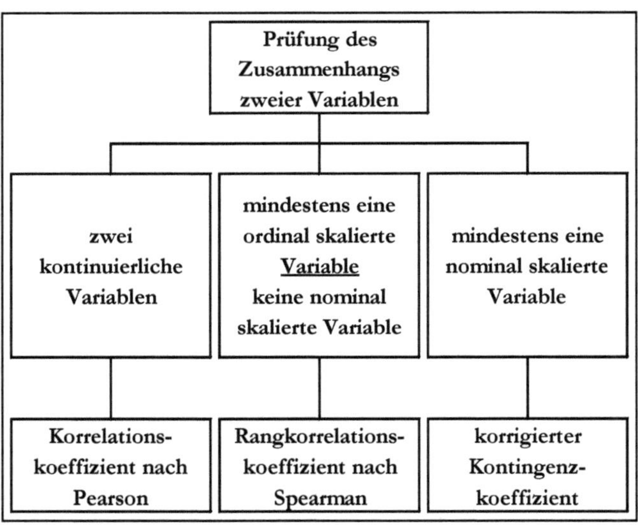

Abb. 41: Zusammenhangsprüfung

Den linearen Zusammenhang zweier kontinuierlicher Variablen kann man mit dem Korrelationskoeffizienten nach Pearson, den linearen Zusammenhang von mindestens einer ordinal skalierten und einer weiteren, nicht nominal skalierten Variablen mit dem Rangkorrelationskoeffizienten nach Spearman und den linearen Zusammenhang bei Vorliegen mindestens einer nominal skalierten Variablen mit dem korrigierten Kontingenzkoeffizienten messen.

Die Tests liefern oft nur ein technisch ungerichtetes Maß für den Zusammenhang. Daher muss man sehr genau überlegen, welche Variable endogen und welche exogen ist. Die Richtung des Zusammenhangs kann man meistens nur durch rationales Nachdenken und Argumentieren bestimmen. Man muss sich jedoch vor einem Scheinzusammenhang hüten. Dieser liegt zum Beispiel vor, wenn man für die Herstellung von Kraftfahrzeugen den Zusammenhang ermittelt, dass man vier Reifen pro zwei Scheinwerfern benötigt. Das ist zwar mathematisch richtig, aber die benötigte Zahl beider Bauteile hängt tatsächlich von einer anderen Variablen, und zwar der Zahl der zu bauenden Fahrzeuge, ab.

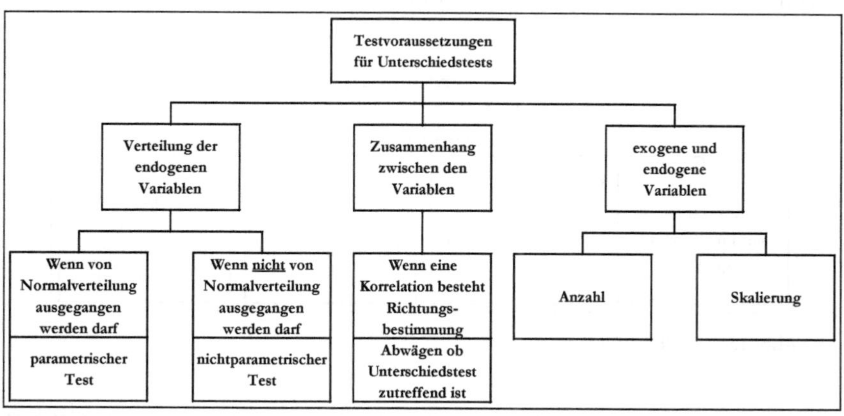

Abb. 42: Voraussetzungen für Unterschiedstests

Unterschiede prüft man, wenn die Hypothesen Unterschiede oder keine Unterschiede erwarten (Abb. 42). Die mathematisch-statistischen Tests setzen hierfür eine bestimmte Beschaffenheit der endogenen Variablen voraus. Wenn die endogenen Daten einer normalverteilten Grundgesamtheit entstammen, darf man einen parametrischen Test verwenden. Andernfalls muss man auf einen nichtparametrischen Test ausweichen. Außerdem benötigen Unterschiedstests exogene Variablen für die Unterscheidung nach Gruppen. Hierfür sind kontinuierliche Variablen nicht geeignet, es sei denn, man unterteilt sie künstlich in Kategorien. Unterschiedstests verbieten sich jedoch, wenn ein Zusammenhang der exogenen und endogenen Variablen den beabsichtigten Test korrumpieren würde.

Hypothesen sucht man nur, solange man noch keine Muster kennt oder erwartete Muster unklar sind. In diesen Fällen hat man eine Theorie, möglicherweise auch eine vage Hypothese, kann sie aber noch nicht exakt modellieren. Man sucht nach vermuteten Mustern oder versucht sie auf eine geringere Zahl von Variablen zu reduzieren. Typische Methoden hierfür sind die Faktoranalyse, die Clusteranalyse oder die multidimensionale Skalierung. Diese explorativen Methoden benötigt man eher für fortgeschrittene Themenstellungen. Sie sind für die Zielsetzung dieses Buches nicht relevant und werden daher hier nicht weiter betrachtet.

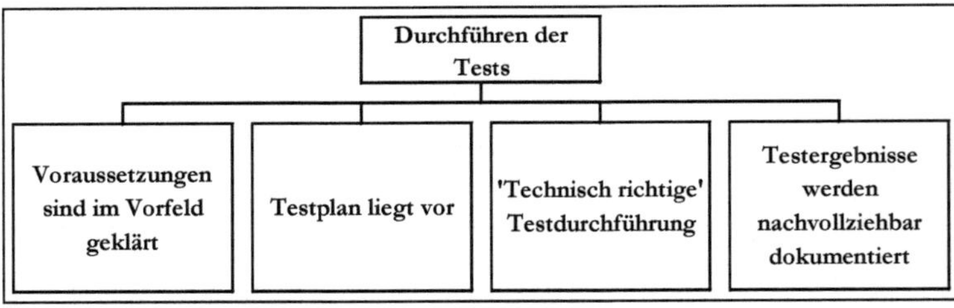

Abb. 43: Testdurchführung

Wenn man die Voraussetzungen für die Tests im Vorfeld geprüft hat und der Testplan vorliegt, kann man die beabsichtigten Tests durchführen (Abb. 43). Dabei muss man darauf achten, die Tests technisch richtig durchzuführen und die Testergebnisse nachvollziehbar zu dokumentieren.

2.11 Bewertung der Ergebnisse

Nachdem man alle vorhergehenden Schritte sorgfältig abgearbeitet hat, fasst man die dokumentierten Ergebnisse zusammen. Die Testergebnisse dürfen natürlich nicht für sich alleine stehen bleiben und müssen zunächst interpretiert werden. Zuletzt ordnet man die Ergebnisse in den wissenschaftlichen Kontext, der sich im Vorfeld bei der Literaturrecherche ergeben hat, ein (Abb. 44).

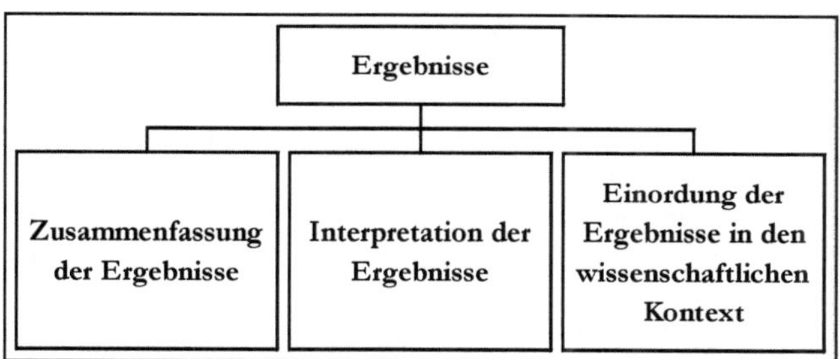

Abb. 44: Ergebnisse

Die Ergebnisse sollte man möglichst strukturiert zusammenfassen. Außerdem sollte man die wesentlichen Testergebnisse zielgerichtet in Bezug auf die Absicht der Studie darstellen. Unwesentliche Ergebnisse darf man auslassen und Details kann man in den Anhang verschieben.

Bei der Interpretation von Tests und Testergebnissen sollte man hinsichtlich ihrer Aussagefähigkeit skeptisch sein, muss diese aber unbedingt technisch richtig vornehmen. Tests werden auf der Basis stark reduzierter Modelle durchgeführt, da man nur ganz wenige Variablen einbezieht. Dadurch kann es sein, dass man andere, möglicherweise für den Sachverhalt wesentliche Variablen, ausschließt. Das muss man bei der Interpretation der Tests und Testergebnisse immer berücksichtigen.

Daneben muss man die grundsätzliche Konzeption statistischer Tests beachten. Entwickler eines mathematisch-statistischen Tests kennen die fallbezogenen Hypothesen nicht. Sie entwickeln einen

Test rein theoretisch, also zum Beispiel um das Bestehen oder das Fehlen eines Unterschieds oder Zusammenhangs zu prüfen. Daher kann man ein und das gleiche Testverfahren für unterschiedliche Praxistests verwenden. Man muss prüfen, ob sich eine konkret vorliegende Arbeitshypothese mit der Grundkonzeption des anzuwendenden Tests deckt oder ob diese gegenläufig sind. Dann muss man die Aussage des mathematisch-statistischen Tests in Bezug auf die Hypothese überleiten.

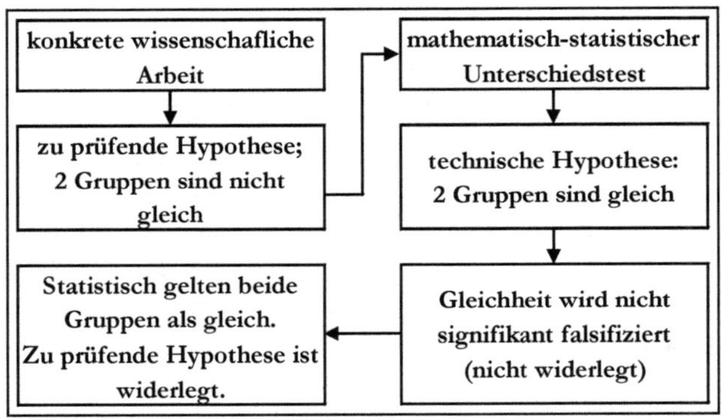

Abb. 45: Überleitung von Testergebnissen

Abbildung 45 beschreibt das Überleiten von Testergebnissen. In einer konkreten wissenschaftlichen Arbeit möchte man die Hypothese prüfen, dass die endogenen Merkmale zweier Gruppen nicht gleich sind. Die Konstruktion des technischen Unterschiedstests geht jedoch von der statistischen Gleichheit der Gruppen aus. Wenn man die Gleichheit der Gruppen statistisch nicht signifikant falsifiziert, hat man dessen Nullhypothese nicht widerlegt. Da der technische Test das Gegenteil der fachlichen Hypothese prüft, muss man diese im Gegenzug als widerlegt betrachten.

Bei der Interpretation muss man zudem die Limitationen der Statistik beachten. Taleb (2014) beschreibt in Anlehnung an den Philosophen Roussel ein besonderes Problem der statistischen Sichtweise. Man verwendet Daten der Vergangenheit für Prognosen und betrachtet diese tendenziell als sicher.

Er erläutert dies am sogenannten Truthahn-Problem (Abb. 46). Ein junger Truthahn wird in einem Gehege ausgesetzt. Täglich kommt der Bauer und bringt Futter. Anfänglich ist der Truthahn ängstlich. Im Laufe der Zeit wird er jedoch immer zuversichtlicher. Der Bauer kommt jeden Tag und bringt neues Futter. Daher gewinnt der Truthahn immer fester an Überzeugung, dass der Bauer nur dazu da ist, ihm Futter zu bringen und dass es immer so weitergehen wird. Doch dann kommt der Thanksgiving-Day. Es tritt das für den Truthahn undenkbare Ereignis ein: Er soll geschlachtet werden. Der Bauer ergreift ihn und der Wert seiner Zuversicht sinkt nun augenblicklich auf den Wert Null.

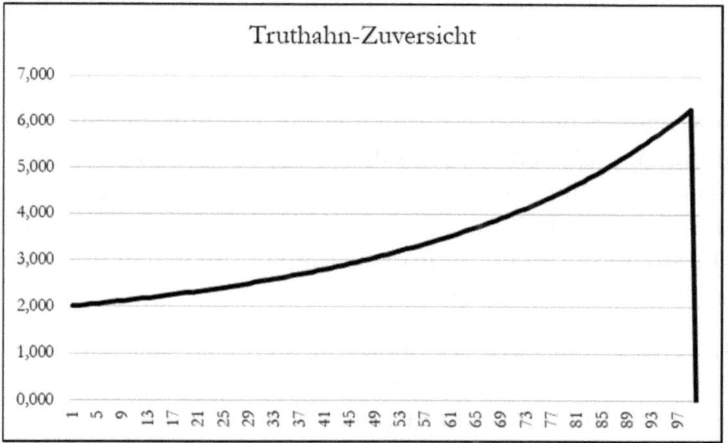

Abb. 46: Truthahn-Zuversicht

Dieses Beispiel verdeutlicht ein typisches Problem der Statistik. Außergewöhnliche Vorkommnisse sind in Wirklichkeit normal. Statistische Methoden können sie jedoch nicht hinreichend berücksichtigen. Man betrachtet sie als Störfaktor für die mathematisch-statistische Berechnung und eliminiert sie bewusst als Ausreißer. Ein weiterer Grund statistische Prognosen mit großer Skepsis zu betrachten.

Folgende außergewöhnliche Ereignisse sind statistisch problematisch:

i. Irrtum führt zu falschen Prognosen.
ii. Bekannte Risiken sind nicht planbar.
iii. Unsicherheit, Unwissenheit oder unvollständiges Wissen können in Modellen nicht ausreichend berücksichtigt werden.
iv. Unordnung, Chaos, Zufall und Unruhen können als plötzlich auftretende Ereignisse nur schlecht oder gar nicht erfasst werden.
v. Ergebnisstreuung, Volatilität, Variabilität und Entropie führen zu nicht einheitlichen Datenerscheinungen.
vi. Veränderungen im Zeitablauf oder mehr oder weniger bekannte Stressoren sind schlecht prognostizierbar.

Betrachtet man zum Beispiel Wirtschaftskrisen, weiß jeder, dass gewisse Muster in der wirtschaftlichen Entwicklung mögliche Krisen ankündigen. Trotzdem kann niemand sagen, ob oder wann eine solche Krise tatsächlich eintritt. Zuviel unterliegt dem Chaos, dem Zufall, der Unwissenheit, der Unsicherheit, dem Mangel an verlässlichen Daten und so weiter. Alle diese Dinge kann man in statistischen Modellen nicht zuverlässig erfassen.

Zuletzt ordnet man die Ergebnisse in den sich aus der Literaturrecherche ergebenden wissenschaftlichen Kontext ein. Das heißt, man stellt die Übereinstimmungen mit und Abweichungen von dem aktuellen Stand der Theorie zum Thema dar. Wenn möglich gibt man Hinweise zu weiteren interessanten Forschungsideen und reflektiert die verwendeten Methoden.

3 Zeitreihen

3.1 Besonderheiten von Zeitreihen

Zeitreihen sind zeitlich geordnete Folgen von Beobachtungswerten. Es sind wiederholte Beobachtungen zu mehreren Zeitpunkten. Das können zum Beispiel Verkaufszahlen einzelner Mitarbeiter für die Jahre 2010 bis 2016 oder die Anzahl der Krankmeldungen einzelner Abteilungen in den Monaten Januar bis August 2015 sein. Sie kommen in zwei Arten vor:

i. als tatsächliche Beobachtungswerte oder
ii. als Indexwerte.

Abbildung 47 zeigt beide am Beispiel von Werten für die Jahre 2010 bis 2016. In der zweiten Spalte stehen sie als tatsächliche Beobachtung und in der dritten als Indexzahl. Für die Bildung eines Indexes nimmt man den Beginn der Periode als 100% und stellt alle folgenden Jahre als prozentuale Veränderung zu diesem ersten Indexwert, nicht jedoch zum jeweiligen Vorgänger, dar.

Jahr	Brutto-Werte	Index
2010	2.354.862.495	100,0
2011	2.383.120.845	101,2
2012	2.413.734.057	102,5
2013	2.437.282.682	103,5
2014	2.463.186.170	104,6
2015	2.472.605.620	105,0
2016	2.491.444.520	105,8

Abb. 47: Werte in Zeitreihen

Bei der Verwendung von Zeitreihen sind fehlende Werte besonders problematisch, weil man Veränderungen an Daten tunlichst vermeiden sollte. Daher muss man entscheiden, wie man mit ihnen umgehen will (Kohler et al., 2012). Dabei muss man beachten, dass die Entscheidung alle Werte des jeweiligen Beobachtungsobjekts betrifft (Abb. 48).

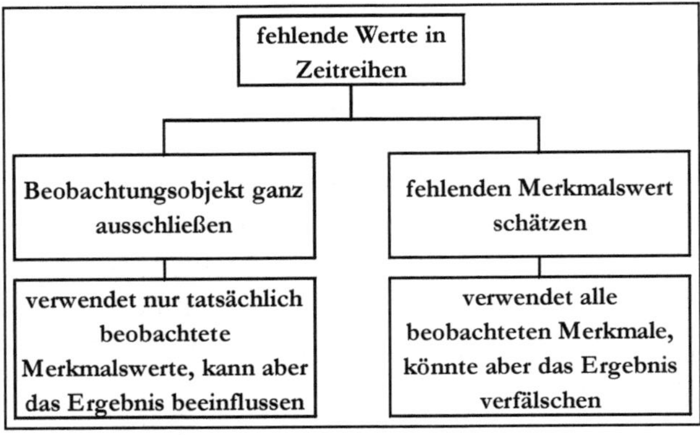

Abb. 48: Fehlende Werte in Zeitreihen

Man kann natürlich ganz auf die Zeitreihe eines Beobachtungsobjekts mit fehlenden Werten verzichten. Damit vermeidet man einen negativen Einfluss des fehlenden Wertes auf das Ergebnis. Andererseits fehlen dann auch die tatsächlichen Beobachtungen für die anderen Zeitpunkte.

Alternativ kann man den fehlenden Wert auf der Basis der anderen Beobachtungsobjekte schätzen. Dazu errechnet man anhand ihrer mittleren Abweichungen einen fiktiven Merkmalswert, der praktisch keinen Einfluss auf das Ergebnis hat und dadurch die Verwendung aller anderen Werte dieser Zeitreihe erlaubt.

3.2 Das Zeitreihenmodell

Zeitreihen stellt man zumeist mit dem additiven Zeitreihenmodell dar (Abb. 49). Es besteht aus vier Teilkomponenten:

1. Die Trendkomponente gibt die langfristige Entwicklung der Zeitreihe wieder. Sie ist in der Regel linear und basiert auf dem exogenen Faktor Zeit.
2. Die zyklische Komponente verläuft wellenförmig und repräsentiert mittelfristige Konjunkturschwankungen.
3. Die Saisonkomponente beinhaltet kurzfristige Schwankungen, zum Beispiel für Sommer, Herbst, Winter und Frühling.

4. Die Zufallskomponente enthält unregelmäßige Effekte. Dies können zum Beispiel Einmal-Effekte wie Katastrophen oder Stromausfälle oder plötzlich auftretende Schocks wie Finanzkrisen sein.

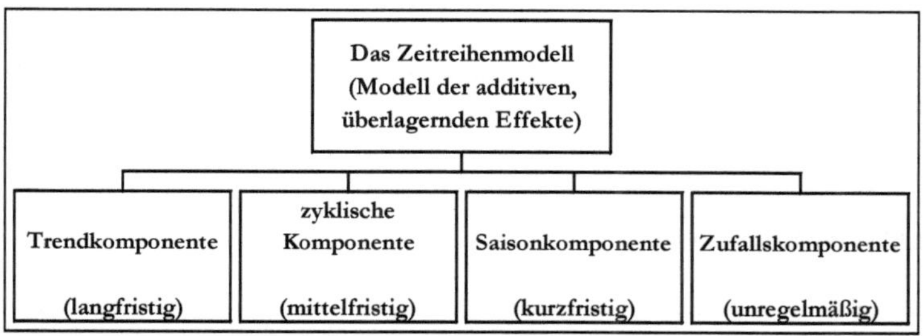

Abb. 49: Zeitreihenmodell

Bei der Arbeit mit Zeitreihen ist es relativ leicht, bekannte Komponenten zu addieren. Man kann jedoch nur sehr schlecht aus einer vorliegenden Zeitreihe die einzelnen Komponenten ableiten. Dazu braucht man Vereinfachungen, wodurch die abgeleiteten Zeitreihen ungenau werden.

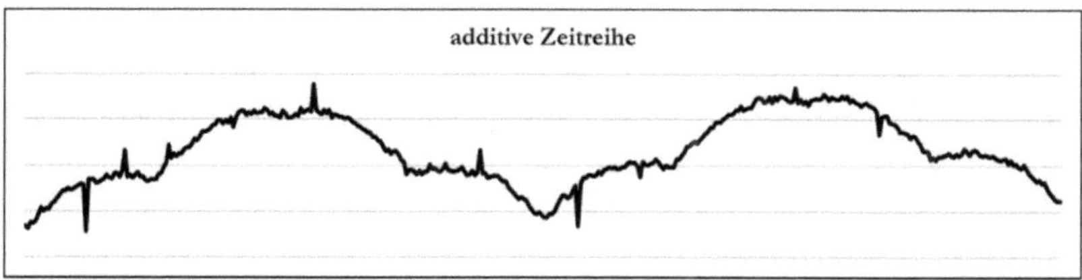

Abb. 50: Die additive Zeitreihe

Abbildung 50 zeigt eine additive Zeitreihe. Sie ist die Summe der in den Abbildungen 51 bis 54 dargestellten Zeitreihen. Die großen Wellenbewegungen der Zyklen und die unregelmäßigen Ereignisse in den kleinen Spitzen sind auf den ersten Blick erkennbar. Die darin enthaltene lineare Trendkomponente aus Abbildung 51 kann man schwach erkennen, weil der Kurvenverlauf insgesamt leicht ansteigt.

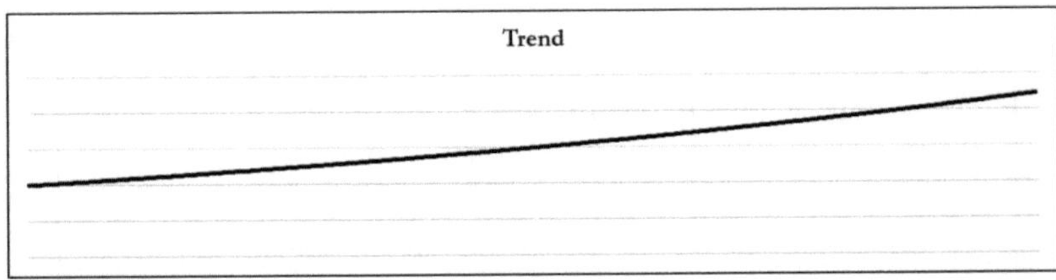

Abb. 51: Trendkomponente

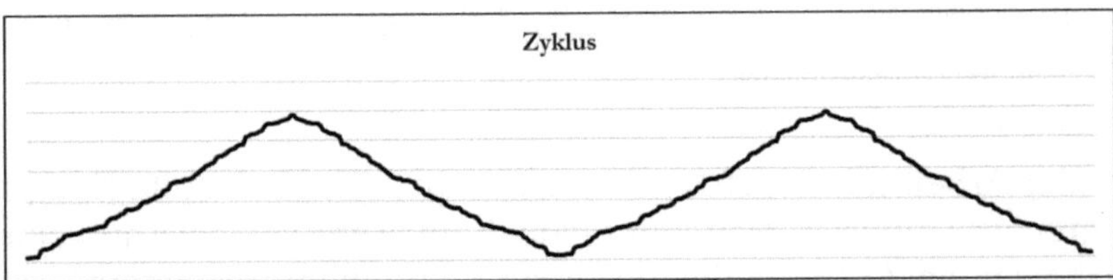

Abb. 52: Zykluskomponente

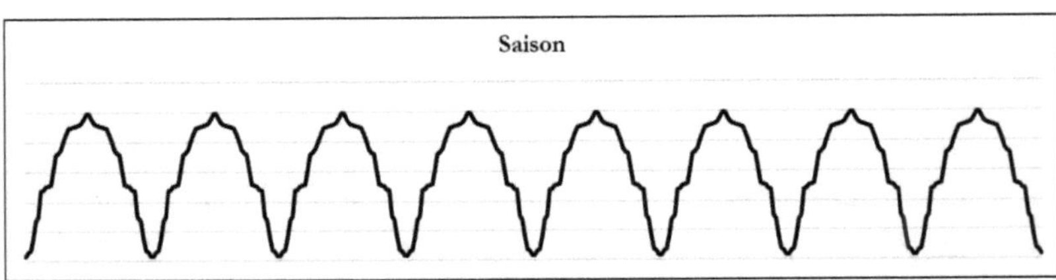

Abb. 53: Saisonkomponente

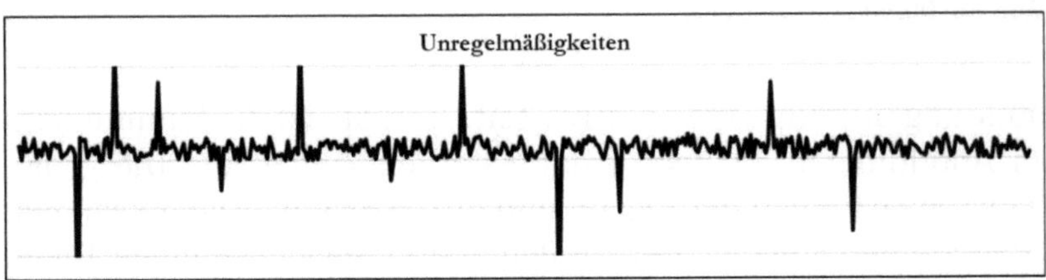

Abb. 54: Zufallskomponente

Die Zyklen aus Abbildung 52 kann man in der additiven Zeitreihe sehr deutlich erkennen. Sie scheinen optisch sogar das bestimmende Element zu sein. Das muss aber nicht immer so sein. Die Saisonkomponente aus Abbildung 53 kann man nur sehr schlecht in der additiven Zeitreihe wiederfinden. Die zufälligen Ereignisse aus Abbildung 54 generieren viele kleine Ausschläge im Kurvenverlauf.

Zeitreihen kann man auf zwei Arten darstellen (Abb. 55). Für die sogenannte breite Darstellung benötigt man spezielle Analysemethoden. Die lange Darstellung erlaubt Tests für nicht als Zeitreihe geführte Beobachtungen, wobei man die Periode als zusätzliche Variable aufnimmt. Zeitreihenanalysen werden hier nicht vorgestellt, da die lange Darstellung für die meisten Fragestellungen ausreicht.

"breite" Darstellung

Filiale	Umsatz 2014	Umsatz 2015	Umsatz 2016
Stuttgart	100	200	300
München	110	210	310
Frankfurt	120	220	320

"lange" Darstellung

Filiale	Jahr	Umsatz
Stuttgart	2014	100
Stuttgart	2015	200
Stuttgart	2016	300
München	2014	110
München	2015	210
München	2016	310
Frankfurt	2014	120
Frankfurt	2015	220
Frankfurt	2016	320

Abb. 55: Zeitreihendarstellung

4 Codieren

Nachdem man die Daten erhoben hat und bevor man diese in einem Programm oder manuell auswerten kann, müssen sie aufbereitet werden (Pallant, 2007; Pevalin et al., 2009). Das nennt man Codieren. Normalerweise bringt man die Daten in die Form einer auswertbaren Tabelle. In den Spaltenköpfen werden Namen für die Variablen und in der ersten Spalte Namen oder Nummern für die Datensätze vergeben. Die Felder in den Schnittpunkten der Zeilen und Spalten füllt man mit den jeweiligen individuellen Merkmalsausprägungen der Beobachtungsobjekte.

Beobachtungsobjekt	Alter	Haarfarbe	Größe
Müller	26	blond	1,75
Meier	34	schwarz	1,68
Schulze	42	braun	1,89

Abb. 56: Datentabelle

Abbildung 56 ist ein Beispiel für eine Datentabelle. In der ersten Spalte kennzeichnet man die Beobachtungsobjekte mit ihrem Namen. Die Spaltenbeschriftung der weiteren Spalten steht für die jeweiligen Variablen Alter, Haarfarbe und Größe. In den Schnittpunkten von Beobachtungsobjekten und Variablen stehen die konkreten Merkmalsausprägungen. So kann man der Tabelle entnehmen, dass das Beobachtungsobjekt Müller blonde Haare hat. Dies klingt recht einfach und logisch. Doch selbst bei dieser scheinbar unproblematischen Datenaufbereitung kann man viel falsch und sich dadurch das Leben unnötig schwer machen.

Die Beobachtungsobjekte müssen eindeutig bezeichnet und einmalig sein. Das Beispiel in Abbildung 56 legt dies im Grunde auch schon nahe. Aber was macht man, wenn ein Name mehrfach vorkommt? Die zusätzliche Verwendung der Vornamen wäre naheliegend. Aber auch diese können doppelt vorkommen. Fortlaufende Nummern sind die einfachste Methode dies zu vermeiden. Den Namen nimmt man dann in einer weiteren Spalte auf. So sind die Datensätze aber eineindeutig gekennzeichnet.

Kurzbezeichnung	Langbezeichnung
Bildung	Höchster erreichter formaler Bildungsabschluss
Einkommen	Zu versteuerndes Familieneinkommen
Wohn	Wohnungseigentum

Abb. 57: Referenztabelle

Die Bezeichnung der Variableneigenschaften scheint keine große Schwierigkeit zu sein. Man muss aber zweierlei in Betracht ziehen. Erstens muss die Eigenschaft hinreichend und verständlich bezeichnet sein und zweitens muss man die Bezeichnung für Darstellungen verwenden können. Eine Variable ‚höchster erreichter formaler Bildungsabschluss' ist inhaltlich eindeutig definiert. Für die Beschriftung von Tabellen oder statistischen Tests ist sie aber unhandlich. Daher nutzt man gerne Kurzbezeichnungen. Dafür benötigt man eine Referenztabelle für Kurz- und Langbeschriftungen, die man auch darstellen sollte (Abb. 57). Die meisten Statistikprogramme bieten dazu eine Stammdatenverwaltung an. Kurzbezeichnungen sollten kurz und möglichst selbsterklärend sein. Andernfalls könnte man während der späteren Arbeit die Übersicht verlieren.

Beim Füllen der Datentabelle können typische Fehler auftreten. Oft erfasst man die Merkmalsausprägungen nicht in Klartext und benötigt auch hierfür eine Referenztabelle. Abbildung 58 ist eine mögliche Referenztabelle für das Merkmal Haarfarbe. Beim Eintragen der Daten muss man nun darauf achten, dass man nur tatsächlich definierte Ausprägungen verwendet.

Eine Fehlerquelle für spätere statistische Tests ist, wenn man definierten Codes später keinen einzigen Wert zuordnet. Dies kann zu falschen Ergebnissen für Gruppenvergleiche bei der gleichzeitigen Verwendung vorhandener und nicht vorhandener Ausprägungen führen. Ein Unterschiedstest über mehrere, tatsächlich gleiche

Gruppen ergibt in diesem Fall Ungleichheit, weil zusätzlich eine leere Gruppe im Test berücksichtigt wird.

Code	Merkmalsausprägung
1	Blond
2	Schwarz
3	Braun

Abb. 58: Referenztabelle für Haarfarbe

Fehlende Werte haben das Potential für falsche Entscheidungen (Kohler et al., 2012). Erstens entscheidet man, ob man den Datensatz mit dem fehlenden Wert überhaupt verwendet will. Wenn nicht, muss man den gesamten Datensatz löschen. Andernfalls entscheidet man, ob man den fehlenden Wert durch einen mathematisch neutralen Wert ersetzen will oder nicht. Wenn man den Datensatz beibehalten will ohne den fehlenden Wert zu ersetzen, muss man die Vorschriften des verwendeten Statistikprogramms beachten. Manchmal darf ein Feld nicht einfach leer bleiben, sondern muss zum Beispiel mit Punkten, bestimmten Buchstaben oder Zahlenwerten gefüllt werden. Das kann wiederum Auswirkungen auf die Auswertungen des Statistikprogramms haben. So könnte zum Beispiel die Berechnung des arithmetischen Mittels zu einem fehlerhaften Ergebnis führen, wenn fehlende Werte durch Zahlen ersetzt und diese nicht automatisch bei der Berechnung eliminiert werden.

5 Daten verstehen

5.1 Natur von Daten

Wenn man statistische Daten sinnvoll beschreiben und verwenden will, muss man ihre Natur verstehen (Abb. 59). Die Kombinatorik befasst sich mit dem Zählen von Ereignissen. Die Wahrscheinlichkeitsrechnung analysiert die Häufigkeit des Eintretens der Ereignisse und ihre Verteilung beschreibt den Charakter der zugrunde liegenden Ereignisse.

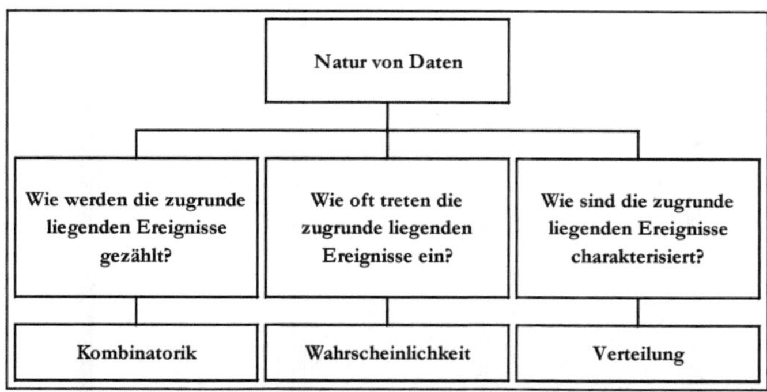

Abb. 59: Natur von Daten

5.2 Kombinatorik

Die Kombinatorik befasst sich mit dem Zählen von Ereignissen (Matthäus et al., 2016). Die einfachsten Formen sind das Zählen von Ereignissen und die Berechnung ihrer prozentualen Wahrscheinlichkeit. Wenn einfaches Zählen nicht mehr sachgerecht ist, muss man andere Zählweisen anwenden.

Abbildung 60 verdeutlicht das Fundamentalprinzip der Kombinatorik. Wenn Zaunfelder mit den drei links dargestellten Mustern (n_1) wahlweise mit den beiden oben dargestellten Schmuckemblemen (n_2) versehen werden, kann man die Anzahl der möglichen Kombinationen durch die einfache Multiplikation $n_1 * n_2$ ermitteln.

$$n_1 * n_2 = 3 * 2 = 6.$$

Diese einfache Rechnung kann man auch auf weitere Kombinationen ausdehnen. Die Möglichkeit (n_3) zusätzlich zwischen roten und braunen Zaunfeldern zu wählen, berechnet man mit

$$n_1 * n_2 * n_3 = 3 * 2 * 2 = 12.$$

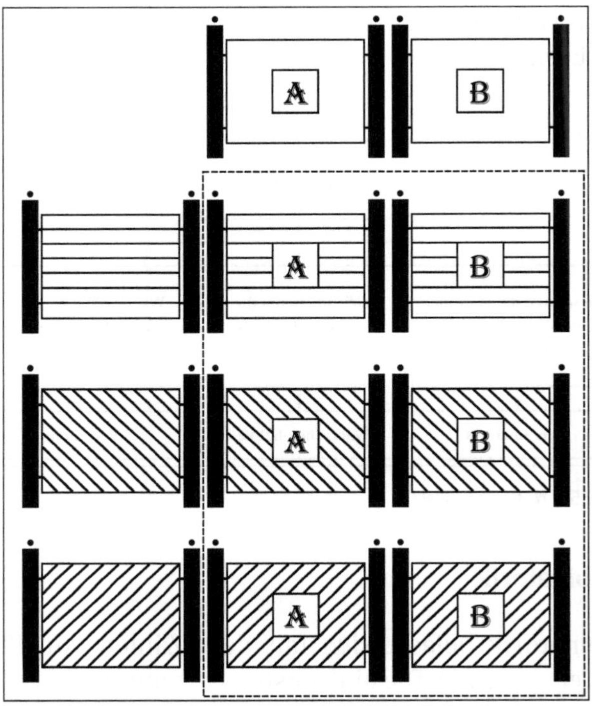

Abb. 60: Fundamentalprinzip der Kombinatorik

Permutationen sind die Anzahl (n) der möglichen Kombinationen, in der Dinge angeordnet werden können. Abbildung 61 zeigt die sechs verschiedenen Reihenfolgen in denen man drei verschiedene Zaunelemente anordnen kann. Mathematisch bestimmt man Permutationen mit der Fakultät:

$$n! = 3! = 3 * 2 * 1 = 6 \text{ Möglichkeiten.}$$

Bei der Auswahl einer festen Anzahl aus einer bestimmten Anzahl von Optionen, führen zwei Einschränkungen zu vier Fallgruppen. Zum einen darf man nur einfach oder mehrfach auswählen. Zum anderen zählt die Reihenfolge der Auswahl als Unterschied oder nicht.

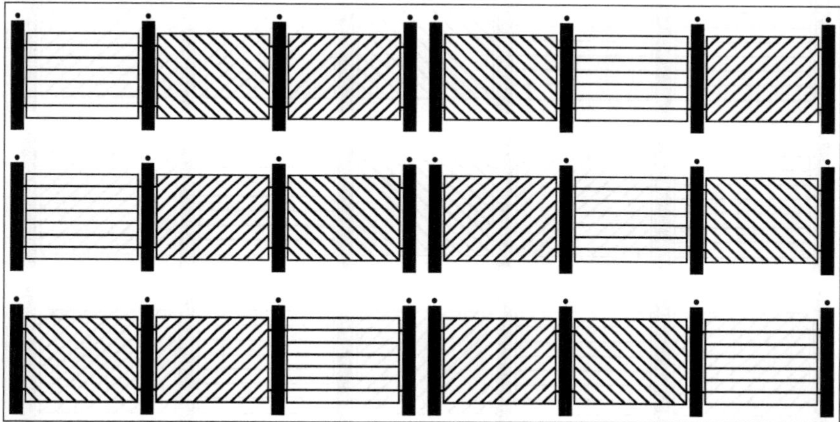

Abb. 61: Permutationen

Abbildung 62 zeigt die Mehrfachauswahl mit Beachtung der Reihenfolge am Beispiel von fünf Zaunfeldern (k) aus drei Mustern (n). Wenn man die Muster in beliebiger Reihenfolge und in beliebiger Menge verwenden darf und jede mögliche Kombination als Unterschied zählt, kann man die Anzahl der Kombinationsmöglichkeiten mathematisch mit

$n^k = 3^5 = 243$ berechnen.

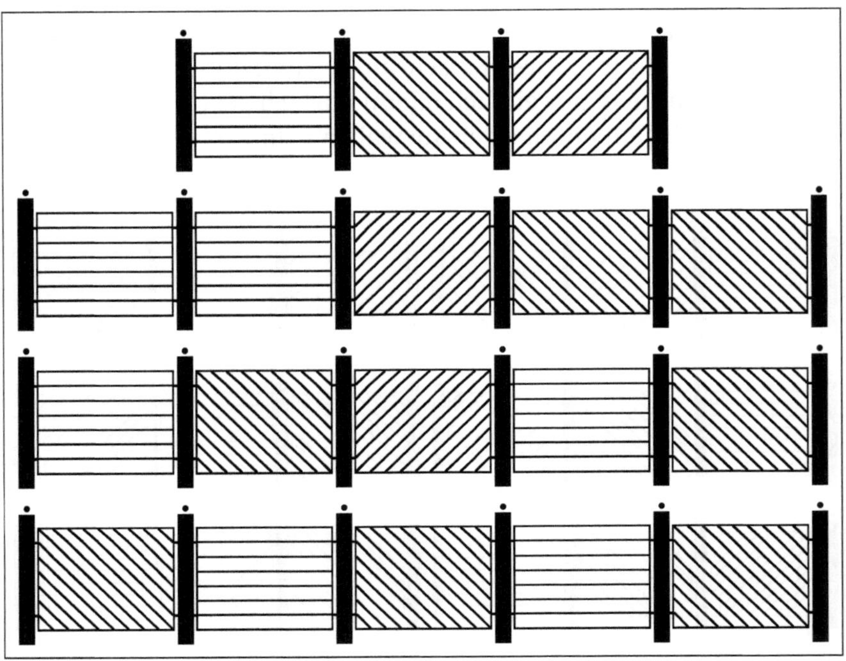

Abb. 62: Mehrfachauswahl mit Reihenfolge

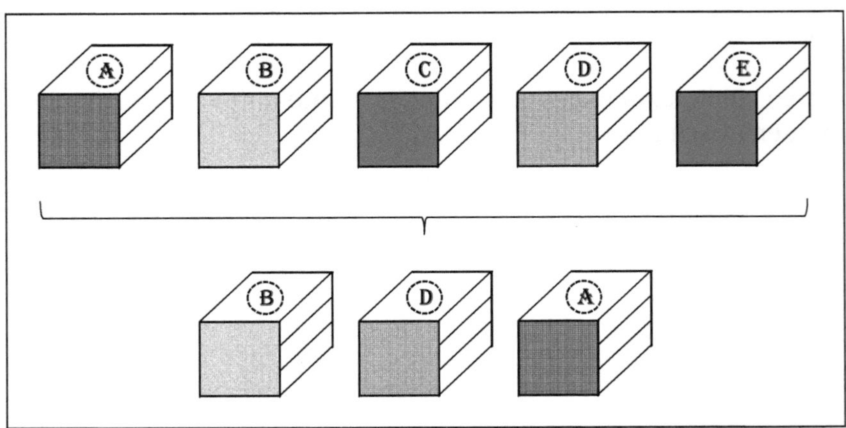

Abb. 63: Einmalauswahl mit Reihenfolge

Abbildung 63 illustriert die Einmalauswahl mit Beachtung der Reihenfolge. Wenn man eine Pralinenschachtel mit drei (k) nur jeweils einmal aus fünf (n) verschiedenen auswählbaren Buchstabenpralinen bestücken will und die Reihenfolge der Pralinen in der Schachtel als Unterschied zählt, hat man $5 * 4 * 3 = 60$ Kombinationsmöglichkeiten. Die mathematische Beschreibung lautet:

$$n * (n-1) * \ldots * (n-(k-1)) \text{ oder kurz:}$$

$$\frac{n!}{(n-k)!}$$

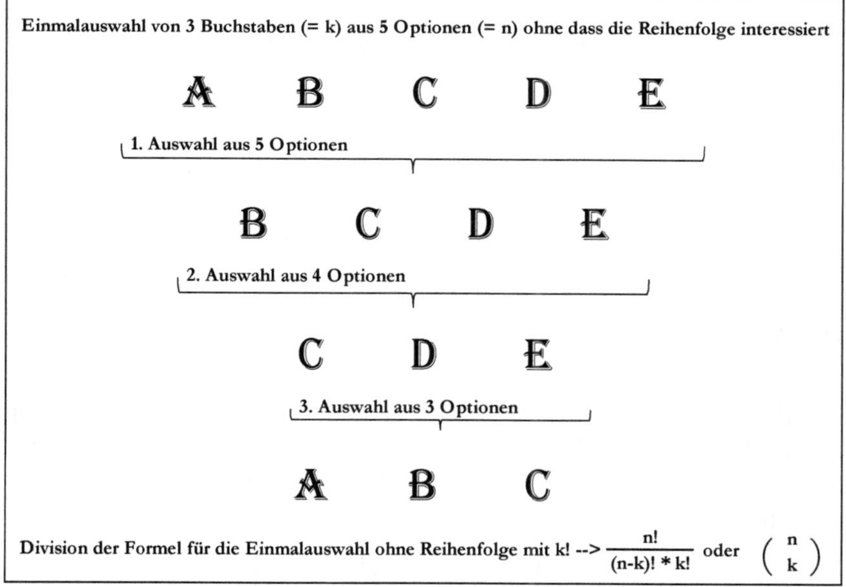

Abb. 64: Binominalkoeffizient

Abbildung 64 erläutert die Einmalauswahl ohne Beachtung der Reihenfolge. Wenn man drei Buchstaben in eine Buchstabensuppe gibt, schwimmen diese umher und halten keine feste Reihenfolge. Hat man zu Beginn fünf Buchstaben zur Verfügung und gibt den ersten in die Suppe, bleiben für die folgende Auswahl nur noch vier Buchstaben übrig. Verteilt man 5 nur einmalig wählbare Optionen (n) auf 3 Positionen (k), kann man die Anzahl der möglichen Kombinationen mit dem Binominalkoeffizienten berechnen:

$$\frac{n!}{(n-k)! * k!} = \binom{n}{k}$$

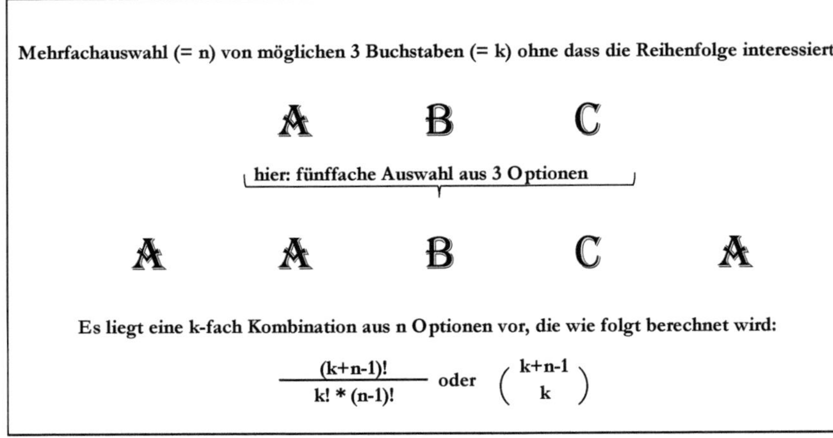

Mehrfachauswahl (= n) von möglichen 3 Buchstaben (= k) ohne dass die Reihenfolge interessiert

A B C

hier: fünffache Auswahl aus 3 Optionen

A A B C A

Es liegt eine k-fach Kombination aus n Optionen vor, die wie folgt berechnet wird:

$$\frac{(k+n-1)!}{k! * (n-1)!} \text{ oder } \binom{k+n-1}{k}$$

Abb. 65: Mehrfachauswahl ohne Reihenfolge

Abbildung 65 zeigt die Mehrfachauswahl ohne Berücksichtigung der Reihenfolge für 3 mögliche Optionen (n), aus denen insgesamt 5 mal (k) ausgewählt wird. In derartigen Fällen kann man die Anzahl der möglichen Kombinationen wie folgt ermitteln:

$$\frac{(k+n-1)!}{k! * (n-1)!} \text{ oder } \binom{k+n-1}{k}$$

Abbildung 66 zeigt eine Zuordnungstabelle der Kombinatorik für die Ermittlung der Anzahl möglicher Ereignisse. Sie fasst die vier Auswahlmöglichkeiten zusammen.

	Berücksichtigung der Reihenfolge	
	ja	nein
Mehrfach-auswahl	n^k	$\binom{k+n-1}{k}$
Einmal-auswahl	$\frac{n!}{(n-k)!}$	$\binom{n}{k}$
	für n Optionen und k-fache Auswahl	

Abb. 66: Zuordnungstabelle der Kombinatorik

5.3 Wahrscheinlichkeit

Die Statistik arbeitet mit Wahrscheinlichkeiten, die ihrerseits untrennbar mit dem Zufall verbunden sind (Matthäus et al., 2016). Zufallsexperimente erfassen den Zufall sowie die Wahrscheinlichkeit des Eintreffens zufälliger Ereignisse (Abb. 67). Sie sind Versuche, die unter genau festgelegten Bedingungen durchgeführt werden, beliebig oft wiederholbar sind und deren Ergebnis im Rahmen der Versuchsbedingungen ungewiss ist. Ein typisches Beispiel ist das Würfeln mit einem normalen, nicht manipulierten Spielwürfel. Das Ergebnis jedes einzelnen Wurfs ist zufällig, nicht vorhersehbar und ergibt Augenwerte von 1 bis 6.

Vom zufälligen Ereignis unterscheidet man das sichere Ereignis, bei dem das Ergebnis zwingend immer gleich ist, und das unmögliche Ereignis, dessen Ergebnis niemals eintreten kann. Das sichere Ergebnis bei einem Würfel, der auf allen Seiten nur ein Auge hat, ist zwingend immer 1 und das unmögliche Ereignis bei einem normalen Spielwürfel ist zum Beispiel die 7, die niemals gewürfelt werden kann.

Die Wahrscheinlichkeitsrechnung zeigt hinter dem Zufall verborgene Regeln und Gleich- oder Ungleichmäßigkeiten des Auftretens zufälliger Ereignisse auf. Dies gilt für einstufige, als auch mehrstufige Zufallsexperimente sowie für das Auftreten bestimmter Kombinationen in einer bestimmbaren Anzahl. Man drückt den Zufall in

Wahrscheinlichkeiten, die man berechnen und mit denen man rechnen kann, aus.

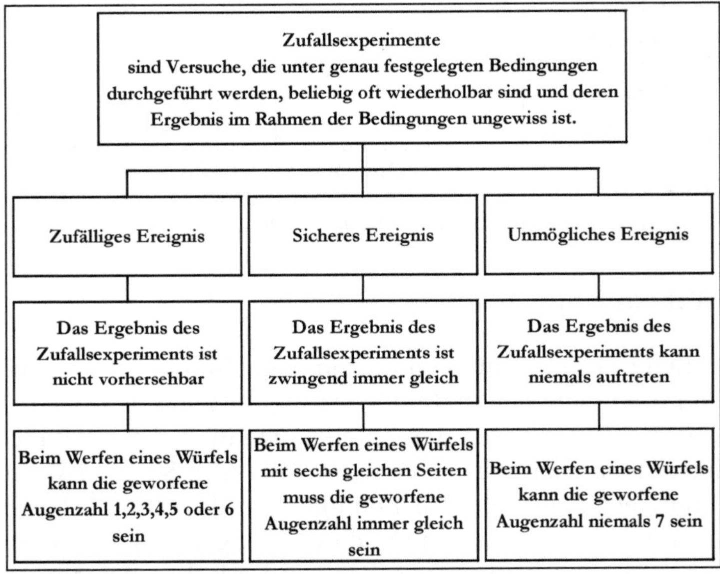

Abb. 67: Zufallsexperimente

Die klassische Definition der Wahrscheinlichkeit stammt von Laplace, der die Wahrscheinlichkeit für das Eintreten des Ereignisses A formal definiert hat:

$$P(A) = \frac{\text{Anzahl der für A günstigen Fälle}}{\text{Anzahl der möglichen Fälle}}$$

Fälle sind die Ereignisse der einzelnen Versuche eines Zufallsexperimentes, wobei A das betrachtete Ereignis ist. Die Wahrscheinlichkeit P(A) beschreibt die Häufigkeit des Eintretens des Ereignisses A und wird in einem Kontinuum von 0 bis 1, für 0% bis 100%, dargestellt. Abbildung 68 zeigt ein Beispiel für A = Sonnentage.

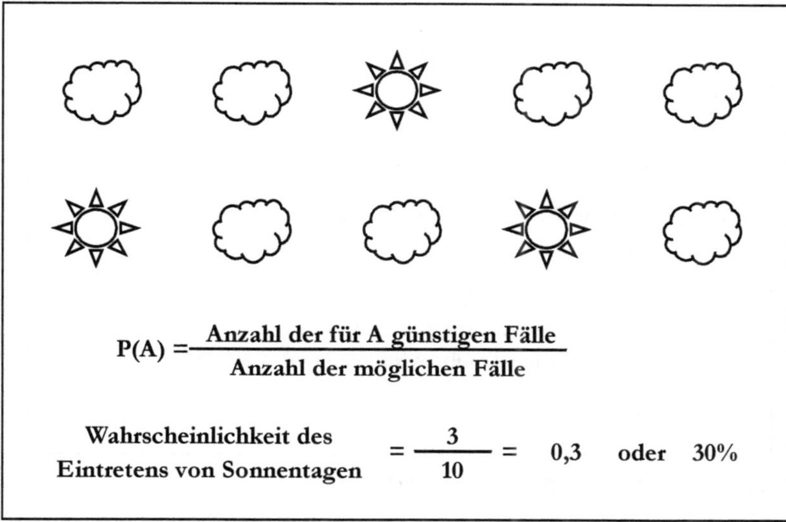

Abb. 68: Wahrscheinlichkeit nach Laplace

Die Definition von Laplace setzt voraus, dass die Ereignisse die gleiche Chance auf Realisierung haben. Das entspricht meistens nicht der Realität. Kolmogoroff hat dieses Problem durch die axiomatische Zuordnung reeller Zahlen für die Wahrscheinlichkeit der Ereignisse gelöst:

1. P ist nichtnegativ: $0 \leq P \leq 1$
2. P ist normiert: $P(S) = 1$
3. P ist additiv: $P(A \cup B) = P(A) + P(B)$, wenn $A \cap B = \{\}$

S ist in diesem Zusammenhang das sichere und B das zu A alternative Ereignis. Damit lässt sich ausdrücken, dass $P(B) = P(A') = 1 - P(A)$ ist, und der Additionssatz für Wahrscheinlichkeiten bilden: $P(A \cup B) = P(A) + P(B) - P(A \cap B)$. Abbildung 69 zeigt hierzu ein Beispiel.

In der Praxis begegnet man häufig bedingten Wahrscheinlichkeiten. Sie treten auf, wenn das Ergebnis des ersten Durchgangs eines Zufallsexperimentes das Ergebnis des zweiten Durchgangs und aller weiteren Durchgänge beeinflusst.

In einem Obstkorb befinden sich:

100 grüne Trauben
150 rote Trauben
jeweils die Hälfte sind kernlos

Wie groß ist die Wahrscheinlichkeit, dass eine grüne oder eine kernlose Traube zufällig aus dem Obstkorb genommen wird?

P(eine grüne Traube wird gezogen) = 100/250
P(eine kernlose Traube wird gezogen) = 125/250
P(eine kernlose grüne Traube wird gezogen) = 50/250

Ergebnis: 100/250 + 125/250 - 50/250 = 175/250 = 0,75

Abb. 69: Additionssatz für Wahrscheinlichkeiten

Abbildung 70 zeigt ein Beispiel für die bedingte Wahrscheinlichkeit in einem zweistufigen Zufallsexperiment. In einem Obstkorb liegen 8 Äpfel. Davon sind 2 wurmstichig. Man nimmt in zwei Durchgängen jeweils einen Apfel aus dem Obstkorb, ohne dass der erste Apfel wieder zurückgelegt wird.

Die Wahrscheinlichkeit für den ersten Durchgang kann man einfach berechnen. Sie beträgt $P(A_1) = \frac{2}{8}$. Die Wahrscheinlichkeit des zweiten Durchgangs hängt vom Ergebnis des ersten Durchgangs ab. Sie beträgt $P(A_2/A_1) = \frac{1}{7}$, wenn man im ersten Durchgang einen wurmstichigen Apfel entnimmt. Hat man jedoch keinen wurmstichigen Apfel erwischt, beträgt sie $P(A_2/A_1') = \frac{2}{7}$. Das Ergebnis des ersten Durchgangs bedingt also das Ergebnis des zweiten Durchgangs.

Formal bedeutet bedingte Wahrscheinlichkeit, die Wahrscheinlichkeit des Eintretens des Ereignisses A_2 unter der Voraussetzung, dass das Ereignis A_1 bereits eingetreten ist.

$$P(A_2/A_1) = \frac{P(A_1 \cap A_2)}{P(A_1)}, P(A_1>0).$$

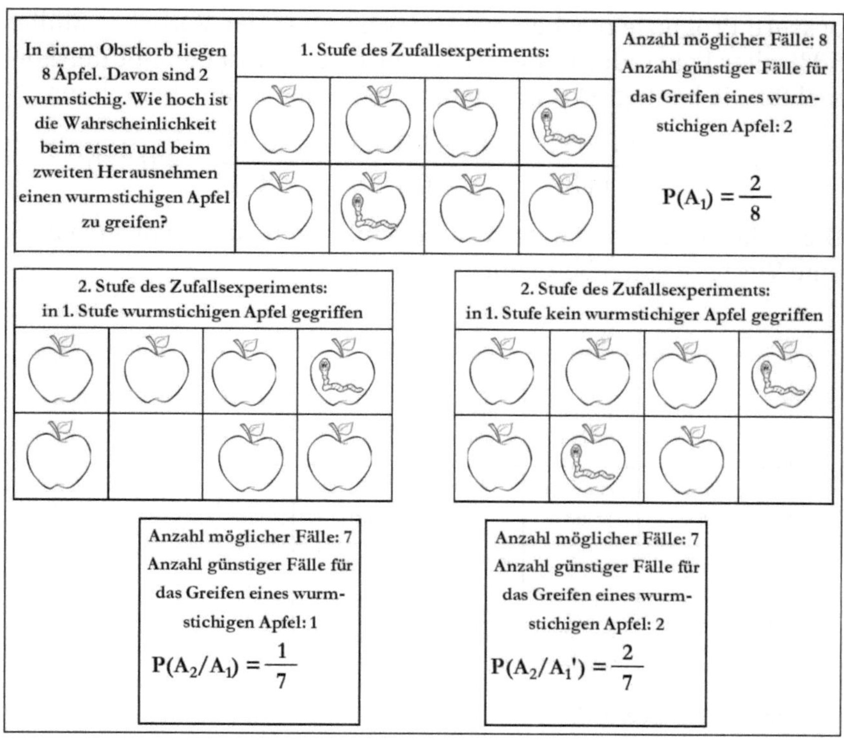

Abb. 70: Bedingte Wahrscheinlichkeit

In Büdelsdorf gibt es 2 Verleiher von insgesamt 60 Elektrofahrrädern. Beide lassen alle Reparaturarbeiten bei dem einzigen ortsansässigen Reparaturbetrieb ausführen. Die Elektrofahrräder sehen zwar gleich aus, haben aber unterschiedliche Batterien. 30% der Fahrräder haben die Batterie von Barta und 70% die Batterie von Vosch. Der Verleiher Müller besitzt 40% und der Verleiher Schmitz 60% der Verleihfahrräder. Nun meldet der Verleiher Müller ein Fahrrad zur Reparatur an und der Reparaturbetrieb möchte wissen, mit welcher Wahrscheinlichkeit es sich um ein Modell mit der Batterie von Barta handelt.

Generell wäre die Wahrscheinlichkeit 30%, da 30% der Fahrräder die Batterie von Barta haben. Der Auftrag kommt aber von Verleiher Müller und mit dieser Information kann der Reparaturbetrieb eine bessere Prognose machen, weil er weiß, dass der Verleiher Müller 50% aller Fahrräder mit einer Batterie von Barta hat. Mit der Formel für die bedingte Wahrscheinlichkeit kann er nun berechnen:

$$P(A|B) = \frac{P(A \cap B)}{P(B)} = \frac{P(0{,}3 \cap 0{,}5)}{0{,}4} = \frac{0{,}3 * 0{,}5}{0{,}4} = 0{,}375$$

Die isolierte oder bedingte Wahrscheinlichkeit kann man auch über eine Vierfeldertafel berechnen (Abb. 71).

	Batterie Barta	Batterie Vosch	Rand-wahrschein-lichkeit	isolierte (bedingte) Wahrschein-lichkeit für Barta	Wahrschein-lichkeit für Vosch
Verleiher Müller	50% = 9 (= 15%)	somit bleibt = 15 (= 25%)	40% der Räder = 24	0,375	0,625
Verleiher Schmitz	50% = 9 (= 15%)	somit bleibt = 27 (= 45%)	60% der Räder = 36	0,25	0,75
Randwahr-scheinlichkeit	30% aller Räder = 18	70% aller Räder = 42	60 Fahrräder insgesamt		

Abb. 71: Vierfeldertafel

Zufallsvariablen haben eine hohe betriebswirtschaftliche Bedeutung. Zum Beispiel bei der Planung von Reisekosten:

Die Controllerin der Power-Verkauf GmbH stellt fest, dass die Verkäufer für ihre Dienstreisen auf immer gleichen Strecken sehr unterschiedliche Reisekosten abrechnen. Aus den Belegen ermittelt sie:

Für die Strecke von Hamburg nach Frankfurt nutzen die Verkäufer regelmäßig die Bahn. Meistens zahlen sie den vollen Fahrpreis von 120 €, manchmal nutzen sie ein Spar-Ticket für 80 €. Für die Strecke vom Bahnhof zum Kunden nehmen sie meistens eine Taxe für 20 € und manchmal den Bus für 6 €. Daraus ergeben sich 4 Kombinationen:

Normalpreis Bahn	+ Taxi =	120 €	+ 20 €	= 140 €
Normalpreis Bahn	+ Bus =	120 €	+ 6 €	= 126 €
Sparpreis Bahn	+ Taxi =	80 €	+ 20 €	= 100 €
Sparpreis Bahn	+ Bus =	80 €	+ 6 €	= 86 €

Die Kombination ist eine Zufallsvariable, wenn die Bundesbahn die Spar-Tickets an drei zufällig wechselnden Arbeitstagen die Woche verkauft. Dann können die Verkäufer mit einer Wahrscheinlichkeit von 3 aus 5 (= 0,6) ein Sparticket erwerben. Oder sie müssen mit einer Wahrscheinlichkeit von 2 aus 5 (= 0,4) ein Normalticket kaufen. Wenn sie bei 1 von 5 (= 0,2) Reisen den Bus nehmen, müssen sie mit einer Wahrscheinlichkeit von 0,8 das teure Taxi wählen.

Wenn die Ereignisse tatsächlich unabhängig sind, kann man die Wahrscheinlichkeiten mit einer Tabelle ermitteln (Abb. 72). In der Praxis gewinnt man solche Tabellen z.B. auch über das Zählen von Reisekostenbelegen. Man muss jedoch darauf achten, dass die Summe der Einzelwahrscheinlichkeiten immer 1, also 100%, ergibt.

		€	€	P/Bahn	P/Restweg	Wahrscheinlichkeit P/Bahn * P/Restweg
Normalpreis Bahn	Taxi	120	20	0,4	0,8	0,32
Normalpreis Bahn	Bus	120	6	0,4	0,2	0,08
Sparpreis Bahn	Taxi	80	20	0,6	0,8	0,48
Sparpreis Bahn	Bus	80	6	0,6	0,2	0,12

Abb. 72: Wahrscheinlichkeitsermittlung

Stochastisch unabhängige Ereignisse sind wiederholte Zufallsexperimente, deren Ergebnisse nicht vom vorherigen Durchgang abhängen. Ihre Wahrscheinlichkeit kann man einfach kalkulieren. Wenn ein Handballspieler beim Siebenmeterwurf eine Torquote von 6 Treffern aus 10 Würfen hat, kann man berechnen, wie oft er einen Siebenmeter werfen muss, um mit 95%iger Wahrscheinlichkeit mindestens 1 Tor zu erzielen. Dazu ermittelt man zuerst die entgegengesetzte Wahrscheinlichkeit:

$$P(\text{kein Tor}) = 1 - P(\text{Tor})$$

$$P(\text{kein Tor}) = 1 - 0{,}6 = 0{,}4$$

Dann löst man folgende Ungleichung:

$$1 - (0{,}4)^n \geq 0{,}95$$

Die Berechnung zeigt, dass der kritische Wert von 0,95 bei $n = 4$ zuerst überschritten wird:

$$1 - (0{,}4)^3 = 0{,}94 \text{ und } 1 - (0{,}4)^4 = 0{,}97$$

Er muss also vier Mal werfen, um mit 95%iger Wahrscheinlichkeit ein Tor zu erzielen.

5.4 Zufallsgrößen

5.4.1 Formen von Zufallsgrößen

Zufallsgrößen (Abb. 73) können in drei Formen auftreten (Matthäus et al., 2016):

1. Der Fußballschiedsrichter wirft bei der Seitenwahl eine Münze hoch, fängt sie auf und legt sie in seiner geöffneten Hand ab. Kopf oder Zahl, rein zufällig geworfen, gefangen und abgelegt bestimmt, wer den Anstoß oder die Seitenwahl hat. Beim Münzwurf gibt es nur die beiden Ergebnisse Kopf oder Zahl. Das statistische Synonym ist 1 oder 0, Ja oder Nein und so weiter. Solche Zufallsergebnisse nennt man dichotom oder binär, weil sie nur zwei Ausprägungen haben.
2. Eine Einschätzung auf einer Skala kann ganzzahlige Werte von zum Beispiel 1 bis 10 annehmen. Das ergibt endlich viele konkrete, zählbare Werte. Solche Zufallsergebnisse nennt man diskret.
3. Geldbeträge sind eine beliebig große Angabe, die zumindest theoretisch ohne Sprünge ist. Man kann selbst ihre kleinste Einheit, den Cent, rechnerisch weiter unterteilen. Die Höhe ist auch nicht begrenzt, so dass man unüberschaubar viele Werte angeben kann. Eine solche Zufallsgröße nennt man stetig.

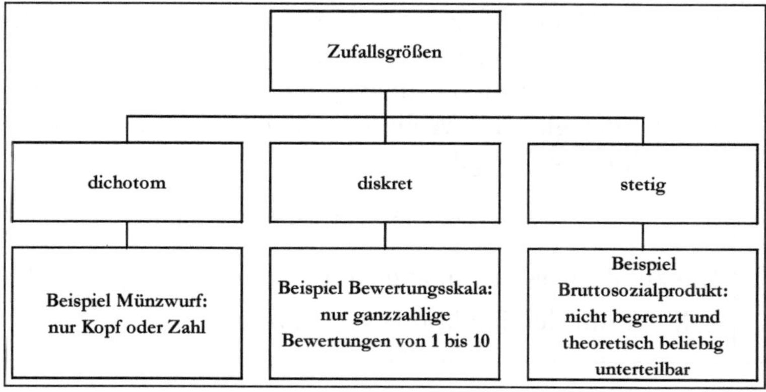

Abb. 73: Zufallsgrößen

5.4.2 Verteilung dichotomer Zufallsgrößen

Mit der Verteilungsfunktion beschreibt man die jeweiligen Abschnittswahrscheinlichkeiten einer Zufallsgröße. Für eine dichotome Zufallsvariable lautet sie:

$$P(X \leq x) = \begin{cases} 0, & \text{für } x < 0 \\ \frac{1}{2}, & \text{für } 0 \leq x < 1 \\ 1, & \text{für } x \geq 1 \end{cases}$$

Ihre Herleitung erfolgt nach dem grundlegenden Prinzip der Erstellung von Verteilungsfunktionen. Die Wahrscheinlichkeit beträgt

0,	wenn die Menge der zulässigen Werte $Z = \{0,1\}$ beträgt und die möglichen Werte nur kleiner 0 sein können ist die Lösungsmenge $L = \{\}$. Die Zufallsgröße kann jedoch niemals $\{\}$ sein. Daraus folgt, dass alle $X < 0$ nur eine Wahrscheinlichkeit von 0 haben.

$\frac{1}{2}$,	wenn die Menge der zulässigen Werte Z = {0,1} beträgt und die möglichen Werte größer oder gleich 0 und kleiner 1 sein können, ist die Lösungsmenge L = {0}. Aufgrund der Erwartung gleicher Wahrscheinlichkeiten für die dichotome Zufallsgröße gilt: $$P(X = 0) = \frac{1}{2}, P(X = 1) = \frac{1}{2}$$ Die Zufallsgröße kann aber nur 0 sein. Daher haben alle $0 \leq X < 1$ nur den Funktionswert von $\frac{1}{2}$.

1,	wenn die Menge der zulässigen Werte Z = {0,1} beträgt und die möglichen Werte größer oder gleich 1 sein können, ist die Lösungsmenge L = {1}. Aufgrund der Erwartung gleicher Wahrscheinlichkeiten für die dichotome Zufallsgröße gilt: $$P(X = 0) = \frac{1}{2}, P(X = 1) = \frac{1}{2}$$ Die Wahrscheinlichkeit der Zufallsgröße ergibt sich aus der Addition der aufgelaufenen Einzelwahrscheinlichen: $$P(X) = P(X = 0) + (P(X = 1)$$ $$P(X) = \frac{1}{2} + \frac{1}{2} = 1$$ Somit haben alle $X \geq 1$ den Funktionswert von 1.

Aus diesen Überlegungen ergibt sich die Verteilungsfunktion einer dichotomen Variablen (Abb. 74). Diese Zweipunktverteilung ist eine Treppendarstellung mit zwei Sprüngen.

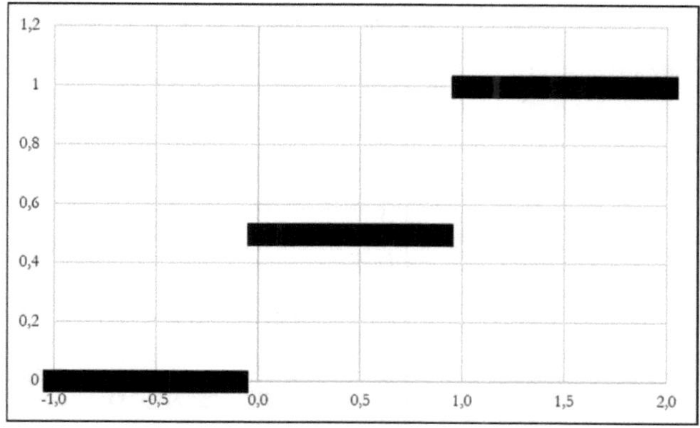

Abb. 74: Dichotome Verteilungsfunktion

Abbildung 75 fasst die Herleitung der additiven, dichotomen Verteilungsfunktion noch einmal in Zahlenwerte.

Der Graph:				1	1
		0,5	0,5		
	0				
Einzelwerte	**X < 0**	**X = 0**	**0 < X < 1**	**X = 1**	**X > 1**
Einzel-wahrscheinlich-keiten	**0**	**0,5**	**0**	**0,5**	**0**
additive Wahrscheinlich-keit	**0**	**0,5**	**0,5**	**1**	**1**

Abb. 75: Herleitung dichotomer Verteilung

5.4.3 Nicht dichotome diskrete Zufallsgrößen

5.4.3.1 Verteilung diskreter Zufallsgrößen

Die Verteilungsfunktion einer nicht dichotomen, diskreten Zufallsgröße für einen Spielwürfel lautet:

$$P(X \leq x) = \begin{cases} 0, & \text{für } x < 1 \\ \frac{1}{6}, & \text{für } 1 \leq x < 2 \\ \frac{2}{6}, & \text{für } 2 \leq x < 3 \\ \frac{3}{6}, & \text{für } 3 \leq x < 4 \\ \frac{4}{6}, & \text{für } 4 \leq x < 5 \\ \frac{5}{6}, & \text{für } 5 \leq x < 6 \\ 1, & \text{für } x \geq 6 \end{cases}$$

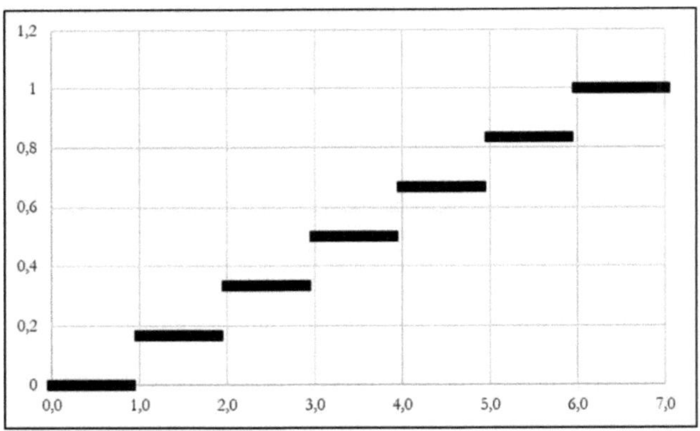

Abb. 76: Diskrete Verteilungsfunktion

Die Verteilungsfunktion nimmt ebenfalls die Form einer Treppe an (Abb. 76). Abbildung 77 zeigt ihre Herleitung anhand von Zahlenwerten.

Der Graph:	0	0,17	0,17	0,33	0,33	0,50	0,50	0,67	0,67	0,83	0,83	1,00	1,00
Einzelwerte	X<1	X=1	1<X<2	X=2	2<X<3	X=3	3<X<4	X=4	4<X<5	X=5	5<X<6	X=6	X>6
Einzel-wahrscheinlich-keiten	0	0,17	0	0,17	0	0,17	0	0,17	0	0,17	0	0,17	0
additive Wahrscheinlich-keit	0	0,17	0,17	0,33	0,33	0,50	0,50	0,67	0,67	0,83	0,83	1,00	1,00

Abb. 77: Herleitung diskreter Verteilung

5.4.3.2 Poisson-Verteilung

Die Verteilungsfunktion nicht dichotomer, stochastisch unabhängiger Zufallsereignisse entspricht der sogenannten Poisson-Verteilung. Diese Ereignisse sind durch die Häufigkeit ihres Eintretens gekennzeichnet. Hierzu zählen zum Beispiel die Anzahl der Autoverkäufe in einem Autohaus pro Arbeitstag, die Zahl von Anrufen in einer Telefonzentrale pro Minute oder die Zahl der Autounfälle an einer bestimmten Kreuzung pro Jahr. Statistisch wird die Häufigkeitsverteilung des Eintritts des Zufallsereignisses pro Teileinheit betrachtet.

Wenn ein Juwelier sein Geschäft an 280 Tagen im Jahr geöffnet hat und 1.680 Trauringe pro Jahr verkauft, sind das im Durchschnitt 6 Trauringe pro Tag. Er verkauft aber nicht jeden Tag exakt 6 Stück. Es gibt Tage, an denen er weniger, Tage an denen er genau 6 Stück aber auch Tage an denen er mehr als 6 Stück verkauft. Eine solche Häufigkeitsverteilung unterliegt der Poisson-Verteilung mit dem wesentlichen Parameter λ. Dieser ist im Beispiel der Durchschnitt von 6 Stück. Formal lautet ihre Wahrscheinlichkeit:

$$P_\lambda(k) = \frac{\lambda^k * e^{-\lambda}}{k!}$$

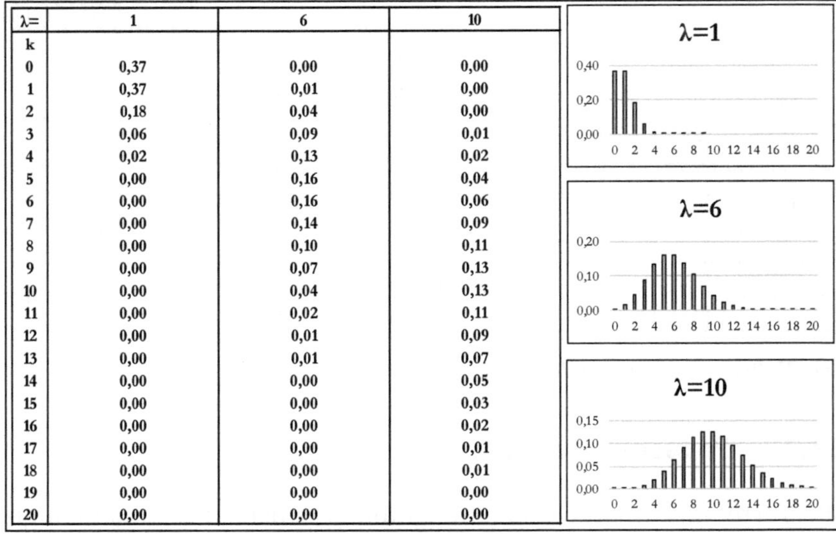

λ=	1	6	10
k			
0	0,37	0,00	0,00
1	0,37	0,01	0,00
2	0,18	0,04	0,00
3	0,06	0,09	0,01
4	0,02	0,13	0,02
5	0,00	0,16	0,04
6	0,00	0,16	0,06
7	0,00	0,14	0,09
8	0,00	0,10	0,11
9	0,00	0,07	0,13
10	0,00	0,04	0,13
11	0,00	0,02	0,11
12	0,00	0,01	0,09
13	0,00	0,01	0,07
14	0,00	0,00	0,05
15	0,00	0,00	0,03
16	0,00	0,00	0,02
17	0,00	0,00	0,01
18	0,00	0,00	0,01
19	0,00	0,00	0,00
20	0,00	0,00	0,00

Abb. 78: Poisson-Verteilung

Abbildung 78 stellt die Wahrscheinlichkeiten der Poisson Verteilung für λ=1, λ=6 und λ=10 sowohl in einer Wertetabelle, als auch als Säulendiagramm dar. Die Werte sind im Rahmen der zulässigen Werte für k > 0 beidseitig und gleichmäßig abnehmend um den Mittelwert verteilt. Bei λ =1 können die Wahrscheinlichkeiten jedoch nur einseitig abnehmen. Die dem obigen Juwelierbeispiel entsprechende Darstellung für λ=6 zeigt, dass der Juwelier wahrscheinlich an 16% seiner Arbeitstage genau 6 Trauringe, an 16% seiner Öffnungstage 5 Trauringe und an 4% seiner Arbeitstage sogar 10 Trauringe verkauft.

Wenn man den Erwartungswert λ nicht kennt, kann man ihn mit einer Zufallsstichprobe schätzen. Die Schätzung für λ im Juwelierbeispiel ist 1.680 Stück / 280 Verkaufstage = 6.

5.4.3.3 Binominal-Verteilung

Die Binominal-Verteilung erfasst aus statistischer Sicht die Wahrscheinlichkeit kurzfristiger Ergebnisse einer begrenzten Anzahl binärer Zufallsexperimente unter Kenntnis des langfristigen Durchschnittsergebnisses. Ein klassisches Beispiel ist der Wettkampfschütze, der bei 1.000 Schüssen mit einer Wahrscheinlichkeit von p = 0,8, also 80%, sein Ziel trifft. Die Fehlerquote ist jedoch nicht immer gleich verteilt. Er trifft also nicht genau mit jedem 5. Schuss daneben. Die binominale Wahrscheinlichkeitsverteilung bestimmt man formal mit:

$$P(X \leq x) = \sum_{k=0}^{x} \binom{n}{k} p^k (1-p)^{n-k}$$

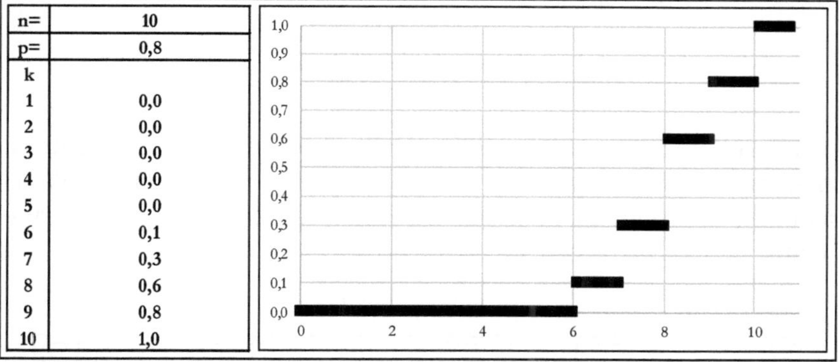

n=	10
p=	0,8
k	
1	0,0
2	0,0
3	0,0
4	0,0
5	0,0
6	0,1
7	0,3
8	0,6
9	0,8
10	1,0

Abb. 79: Binominal-Verteilung

Abbildung 79 zeigt die Verteilungsfunktion für die Trefferwahrscheinlichkeit für einen Durchgang mit 10 Schüssen. Dieser zufolge trifft der Schütze mit einer Wahrscheinlichkeit von p_6=0,1 somit mindestens sechs Mal und mit einer Wahrscheinlichkeit von p_{10}=0,2 Mal.

5.4.3.4 Hypergeometrische Verteilung

Die hypergeometrische Verteilung ist die Wahrscheinlichkeitsfunktion von stochastisch nicht unabhängigen Zufallsereignissen. Eintretende Zufallsereignisse verändern die mögliche Lösungsmenge nachfolgender Ereignisse.

In einer Pralinenschachtel liegen 20 (N=20) äußerlich gleich aussehende Pralinen. Davon haben 12 keine und 8 jeweils eine Nuss (M=8). Naschkatzen können nicht erkennen, welche Praline mit und welche ohne Nuss ist. Wie hoch ist die Wahrscheinlichkeit, dass eine Naschkatze 2 (x=2) Pralinen mit Nuss erwischt, wenn sie 4 Pralinen (n=4) isst?

Die Zufallsergebnisse sind offensichtlich nicht stochastisch unabhängig. Durch die Entnahme einer Praline verringert sich der Zufallsraum von 20 auf 19 folgende Optionen und auf 11 und 8 oder 12 und 7 Pralinen ohne und mit Nuss. Eine derartige Versuchsanordnung unterliegt der hypergeometrischen Verteilung, die man formal folgendermaßen beschreibt:

$$P(X = x) = \frac{\binom{M}{x}\binom{N-M}{n-x}}{\binom{N}{n}}$$

Das Ergebnis dieses stochastisch abhängigen Zufallsexperiments ist in Abbildung 80 dargestellt. Die Naschkatze wird mit einer Wahrscheinlichkeit von ca. 38% bei 4 Entnahmen 2 Nusspralinen erwischen.

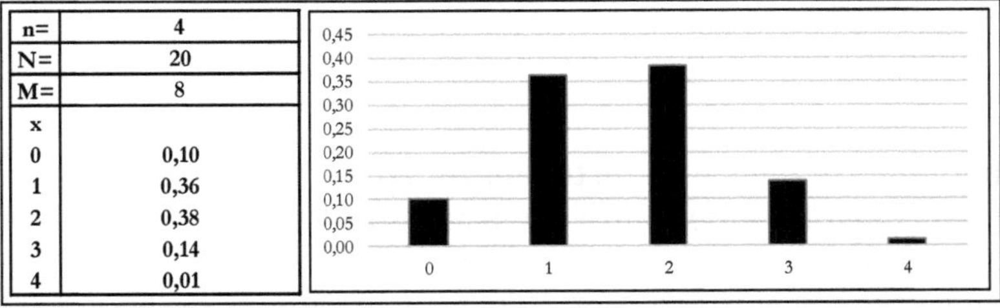

n=	4
N=	20
M=	8
x	
0	0,10
1	0,36
2	0,38
3	0,14
4	0,01

Abb. 80: Hypergeometrische Verteilung

5.4.4 Stetige Zufallsgrößen

5.4.4.1 Verteilungsfunktion stetiger Zufallsgrößen

Abbildung 81 zeigt den Graphen des additiven prozentualen Wachstums mit folgender, stetiger Funktion:

$$f(x) = \begin{cases} 0, & \text{für } x \leq 0 \\ \frac{2}{x}, & \text{für } 0 < x < 8 \\ 1, & \text{für } x \geq 8 \end{cases}$$

Der Graph erfüllt alle Voraussetzungen einer Verteilungsfunktion:

i. Der Wertebereich liegt innerhalb des Intervalls [0,1].
ii. Die Funktionswerte sind niemals fallend, sondern entweder gleichbleibend oder monoton steigend.
iii. Dies gilt für alle $-\infty < x < \infty$.

Der Graph kann somit als Verteilungsfunktion von f(x) betrachtet werden, der die Eigenschaften der ihr zugehörigen Zufallsgröße X beschreibt. Sie ist jedoch stetig und besitzt unendlich viele Werte. Daher kann man die Wahrscheinlichkeiten nicht mehr an konkreten Einzelwerten ablesen.

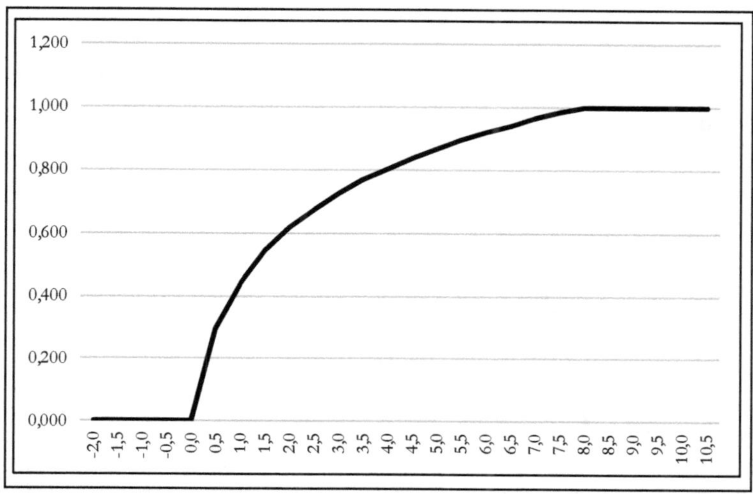

Abb. 81: Stetige Funktion

Die Verteilungsfunktion wächst für unendlich viele Werte monoton innerhalb der Grenzen von einschließlich 0 bis 1. Der Zuwachs für einzelne Δ tendiert gegen 0. Nun treten folgende Intervall-Wahrscheinlichkeiten an die Stelle der konkreten Einzelwahrscheinlichkeiten:

$$\text{Linkswahrscheinlichkeit: } P(X \leq x_1) = P(X < x_1)$$

$$\text{Rechtswahrscheinlichkeit: } P(X \geq x_2) = P(X > x_2)$$

$$\text{Dazwischenwahrscheinl.: } P(x_1 \leq X \leq x_2) = P(x_1 < X < x_2)$$

Abbildung 82 demonstriert das Ablesen der Intervallwahrscheinlichkeiten an der Verteilungsfunktion:

$$\text{Links: } P(X \leq x_1) = P(X \leq 2) = 0{,}616$$

$$\text{Rechts: } P(X \geq x_2) = P(X \geq 5) = 0{,}866$$

$$\text{Mitte: } P(x_1 \leq X \leq x_2) = P(2 < X < 5) = 0{,}866 - 0{,}616 = 0{,}15$$

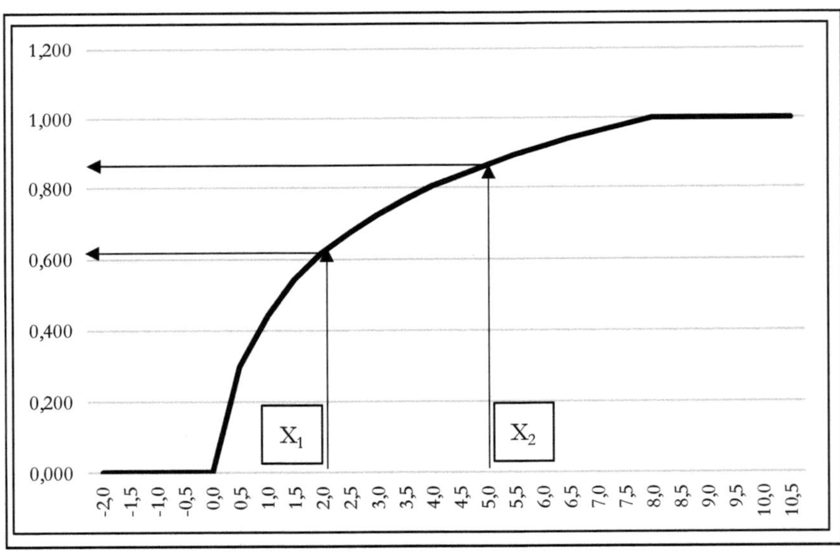

Abb. 82: Ablesen der Intervallwahrscheinlichkeit

Abbildung 83 stellt die simplifizierte, zugehörige Dichtefunktion dar. Man kann deutlich die Werte

$$\lim_{x\to 0}\frac{2}{x} = +\infty; x > 0 \quad \text{und} \quad \lim_{x\to \infty}\frac{2}{x} = 0; x > 0$$

erkennen. Die Verteilungsfunktion dieser stetigen Zufallsgröße beginnt zunächst mit hohen prozentual-anteiligen Zuwächsen, die immer kleiner werden bis dann bei p = 1 keine Zuwächse mehr hinzukommen.

Abb. 83: Dichtefunktion

5.4.4.2 Exponentialverteilung

Die Exponentialverteilung ist eine besondere Form der stetigen Verteilung, die man bei Zeitabläufen verwendet. Sie lautet formal:

$$f_x(x) = \begin{cases} 0; & x < 0 \\ \lambda e^{-\lambda x}; & x \geq 0 \end{cases}$$

5.4.5 Normalverteilung

Die Normalverteilung stetiger Zufallsdaten beschreibt Daten, die

i. eine Häufung um einen bestimmten Wert haben,
ii. deren Abweichungen beidseitig dieses Wertes etwa gleich ist, und
iii. außerhalb eines bestimmten Bereiches praktisch keine Werte mehr aufweisen.

Wenn Besucher eines Tierparks herumfliegende Vögel schätzen, sind die Schätzungen meist sehr ähnlich. Manche schätzen etwas mehr, manche etwas weniger. Viel zu hohe oder viel zu niedrige Werte werden kaum geschätzt, und wenn, dann war die Schätzung möglicherweise nicht ernsthaft. Man kann wahrscheinlich eine Häufung um einen mittleren Wert feststellen. So kann man sich eine Normalverteilung vorstellen.

Die Dichtefunktion der Standardnormalverteilung mit dem Erwartungswert $\mu = 100$ und der Standardabweichung $\sigma = 20$ lautet:

$$f_x(x) = \frac{1}{\sqrt{2\pi}} e^{-\frac{x^2}{2}}$$

Abbildung 84 stellt diese normalverteilte Dichtefunktion und ihre Verteilungsfunktion dar. Man kann gut erkennen, dass die Dichtefunktion stetig ist und bei $\mu = 100$, dem Erwartungs- beziehungsweise Mittelwert, ein Maximum hat. Die Verteilungsfunktion hat bei $\mu = 100$ einen Wendepunkt. Bis zu diesem Punkt steigt die Dichte, um danach abzunehmen. Dieser Punkt liegt auf

$$P(X \leq \mu) = P(X > \mu) = 0{,}5.$$

Abbildung 85 bildet eine Standardnormalverteilung mit den Parametern $\mu = 0$ und $\sigma = 1$ ab. Der Erwartungswert $\mu = 0$ liegt in der Mitte des Graphen. Somit liegt die Wahrscheinlichkeit für Werte kleiner 0 bei $P(X) = 0{,}5$.

Auf dem Erwartungswert $\mu \pm 1\sigma$, der mathematischen Standardabweichung, liegt beidseitig des Erwartungswertes ein Wendepunkt der Dichtefunktion. Bei $\mu - 3\sigma$ verlässt der Graph die Nulllinie und bei $\mu + 3\sigma$ erreicht er P(X)=1. Die Wahrscheinlichkeit für Werte außerhalb $\pm$ 3σ beträgt nur 0,3%. Daher erwartet man dort regelmäßig keine Werte mehr.

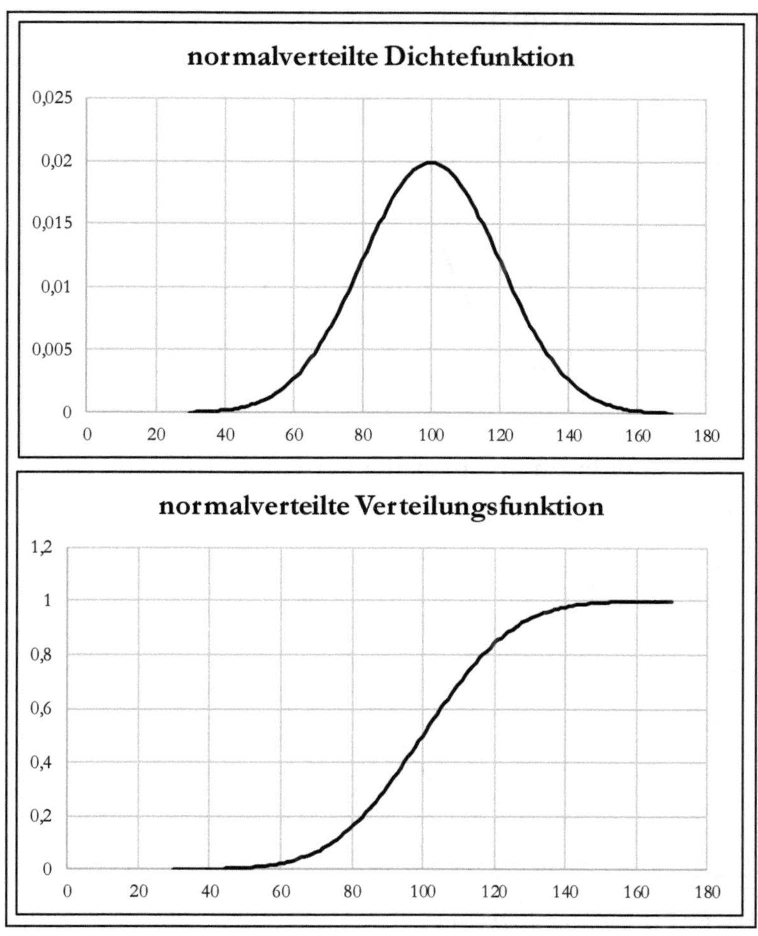

Abb. 84: Normalverteilung

Der Vergleich der Graphen in den Abbildungen 84 und 85 verdeutlicht, dass die Dichtefunktion für $\sigma = 0$ steiler verläuft als für $\sigma = 20$. Verallgemeinert verläuft der Graph einer Verteilungsfunktion mit kleiner werdender Standardabweichung steiler. Die Werte einer Funktion sind näher um den Erwartungswert gelagert.

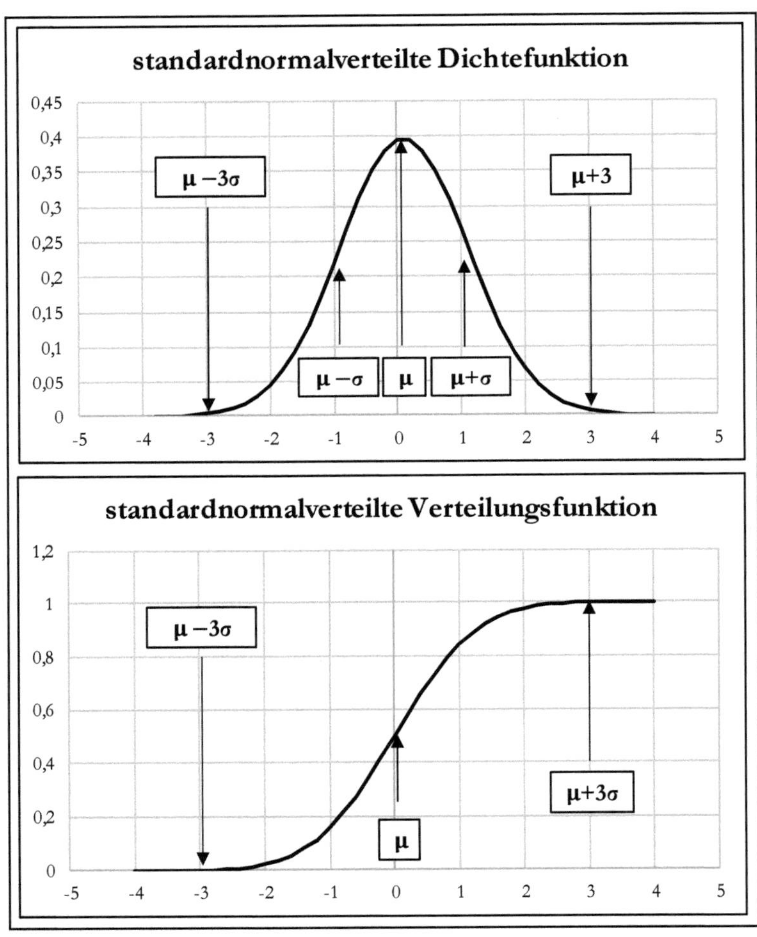

Abb. 85: Standardnormalverteilung

5.4.6 Ablesen von Quantilen[1]

Wenn man von der gesuchten kumulierten Wahrscheinlichkeit α horizontal zur Nulllinie bis zum Graphen der Standardnormalverteilungsfunktion und von dort vertikal nach unten geht, kann man auf der Nulllinie das Quantil ablesen.

Abbildung 86 demonstriert dies für die Werte $\alpha = 0{,}12$ und $\alpha = 0{,}88$. $z_{0,12} = -1{,}2$ ist das α-Quantil für $\alpha = 0{,}12$ und $z_{0,88} = 1{,}2$ das α-Quantil für $\alpha = 0{,}88$. $z_{0,5} = 0{,}0$ ist das α-Quantil für $\alpha = 0{,}5$. Für die Standardnormalverteilung gilt:

i. Das α-Quantil für $\alpha = 0{,}5$ ist $z_{0,5} = 0$
ii. Jedes α-Quantil für $\alpha < 0{,}5$ ist kleiner als $z_{0,5} = 0$
iii. Jedes α-Quantil für $\alpha > 0{,}5$ ist größer als $z_{0,5} = 0$

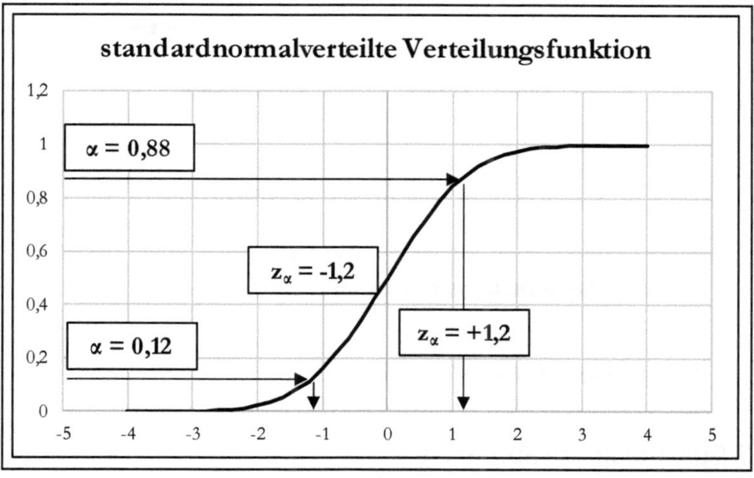

Abb. 86: Ablesen von Quantilen

[1] Quantile sind im Kapitel über die Lagemaße beschrieben

Dies kann man für Normalverteilungen verallgemeinern:

i. Das α -Quantil für $\alpha = 0{,}5$ ist $z_{0,5} = \mu$
ii. Jedes α -Quantil für $\alpha < 0{,}5$ ist kleiner als $z_{0,5} = \mu$
iii. Jedes α -Quantil für $\alpha > 0{,}5$ ist größer als $z_{0,5} = \mu$

Bei nicht normalverteilten, stetigen Verteilungen kann man analog vorgehen, wobei die drei Ergebnis-Regeln nicht immer analog gelten.

Bei diskreten Verteilungsfunktionen trifft man beim Ablesen wegen der Sprünge meist keinen Funktionsgraphen. In diesem Fall gilt der nächsthöhere Sprungwert als Quantil (Abb. 87).

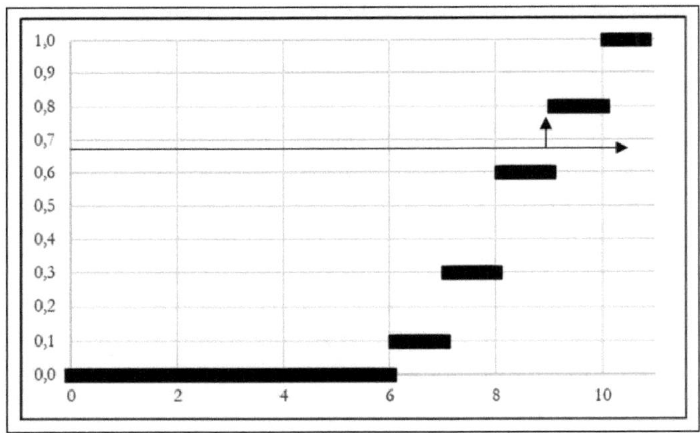

Abb. 87: Quantil diskreter Variablen

5.4.7 Quasi-diskrete Stetigkeit

Stetigkeit ist ein theoretisches Konstrukt. Echte Stetigkeit kann man zum Beispiel bei Verzinsungen und Ähnlichem annehmen. Für statistische Berechnungen verwendet man jedoch in der Regel nur Stichproben. Selbst wenn man die Größe aller Menschen dieser Erde messen würde, bleiben es im Grunde nur einige Milliarden diskrete Merkmale. Es wird Menschen geben, die eine bestimme Größe nicht unterschreiten oder überschreiten. Und dazwischen gibt es mindestens eine Größe, die bei keinem Menschen gemessen wird. Dies widerspricht der mathematischen Definition von Stetigkeit.

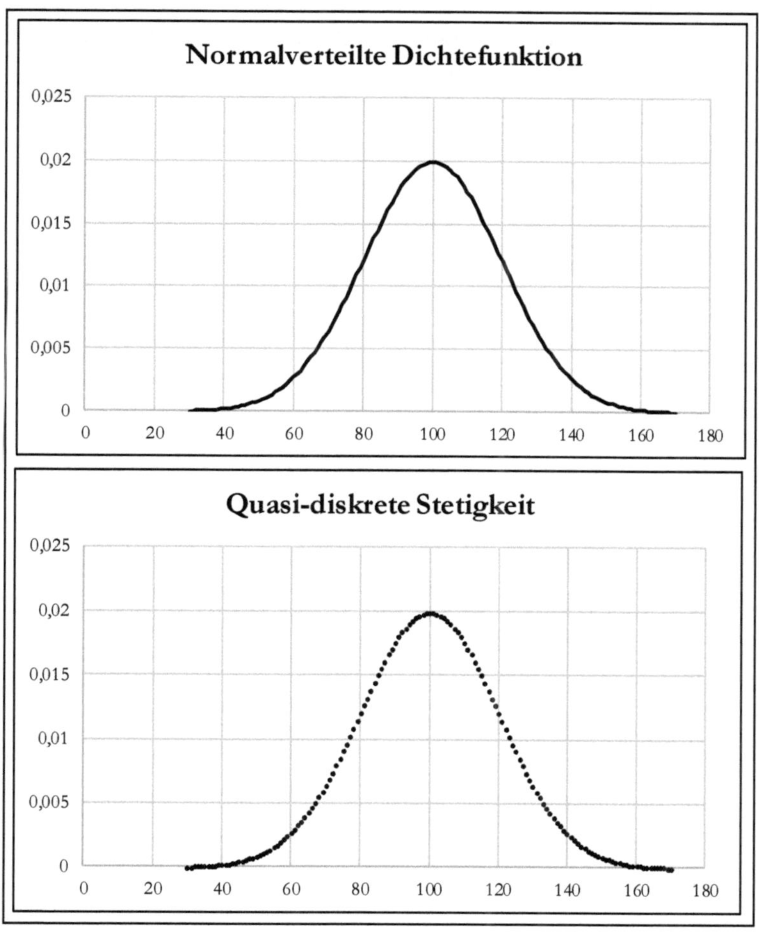

Abb. 88: Quasi-diskrete Stetigkeit

Abbildung 88 verdeutlicht, dass eine solche Menge einzelner, diskreter Werte durch ihre Trendlinie als stetige Funktion erscheint. Man behandelt sie in der Statistik auch, als wäre sie stetig. Allerdings darf man eine eigentlich aus diskreten Werten bestehende Variable jedoch nicht immer als stetig behandeln. Dies betrifft zum einen die deskriptive Statistik, weil man diskrete und stetige Variablen unterschiedlich beschreiben muss. Zum anderen muss man möglicherweise bei der Auswahl einzelne induktive Tests ausschließen, weil deren Voraussetzungen verletzt werden.

6 Formale Datenbeschreibung

6.1 Einfache Angaben

Die übersichtlichste Methode der formalen Datenbeschreibung ist die Zusammenfassung in einer Tabelle. Man beginnt in der Regel mit folgenden Angaben:

- Name der Variablen
- Anzahl der Werte
- Minimum
- Maximum

Damit kann man einschätzen, ob möglicherweise Werte fehlen und ob die Werte plausibel sind. Bei kontinuierlichen Daten ermöglichen sie eine erste Einschätzung, ob sie repräsentativ sein können. Für kategoriale Variablen kann man so die Anzahl der Kategorien beschreiben.

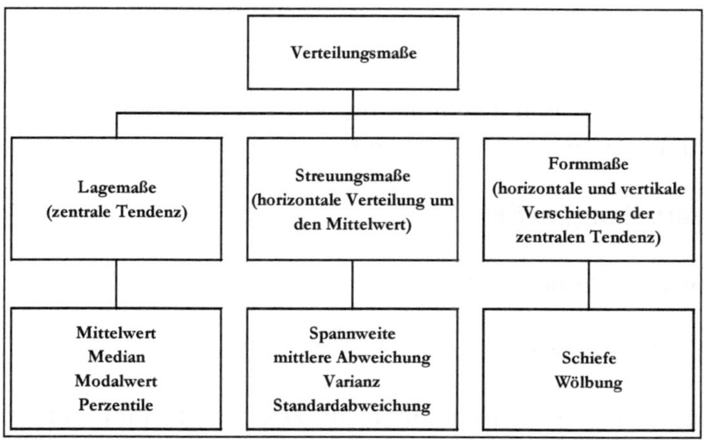

Abb. 89: Verteilungsmaße

Verteilungsmaße sind Werkzeuge der formalen Datenbeschreibung (Abb. 89). Man unterscheidet Lagemaße, Streuungsmaße und Formmaße. Mit ihnen gibt man Auskunft über die Lage der Werte der einzelnen Variablen zueinander. Die Natur der Daten bestimmt, welche Angaben man im Einzelnen macht. So sollte man zum Beispiel für kategoriale Daten, also etwa rot/gelb/grün, keinen Durchschnitt errechnen.

Bei der formalen Beschreibung der Verteilung statistischer Daten geht man meistens vom Lagemaß für die zentrale Tendenz aus. Das ist der mittlere Wert einer Datenreihe. Dabei denkt man zuerst an ihren arithmetischen Mittelwert. Die zentrale Tendenz kann jedoch von ihm abweichen. Daher gibt man bei Bedarf die weiteren Lagemaße Median, Modalwert und gegebenenfalls die Perzentile an.

Mit den Streuungsmaßen betrachtet man die lineare Verschiebung der einzelnen Werte der Variablen von ihrer zentralen Tendenz. Mit ihnen beschreibt man die horizontale Verteilung der Daten um ihren Mittelwert. Die Spannweite gibt die Abweichung des kleinsten vom größten Wert an. Die Standardabweichung zeigt, wie weit die Datenpunkte durchschnittlich von ihrem Mittelwert entfernt liegen. Die Varianz verwendet die zweite Potenz der Standardabweichung und stellt sie als quadratische Fläche einseitig oberhalb des Mittelwertes dar.

Zuletzt kann man mit den Formmaßen Schiefe das Symmetrieverhalten zur zentralen Tendenz und mit der Wölbung die vertikale Verschiebung der Daten beschreiben.

6.2 Verteilungsmaße

6.2.1 Beschreibungen der Lage

6.2.1.1 Lagemaße

Mit Lagemaßen beschreibt man die zentrale Tendenz einer metrisch skalierten Datenreihe (Matthäus et al., 2016). Man kann sie jedoch nicht ganz so einfach bestimmen. Normalerweise betrachtet man den arithmetischen Mittelwert als ihre Mitte. Aber genauso gut kann dies der Median oder Zentralwert sein.

6.2.1.2 Die zentrale Tendenz

Mathematisch-statistische Anwendungen verwenden hauptsächlich den arithmetischen Mittelwert. Das begründet die besondere Bedeutung von Ausreißern. Sie können ihn verschieben und dadurch statistische Ergebnisse beeinflussen. Der arithmetische Mittelwert ist formal definiert als:

$$\bar{x} = \frac{1}{n}\sum_{i=1}^{n} x_i$$

Der Median oder Zentralwert liegt genau in der Mitte einer nach Größe geordneten Zahlenreihe. Bei einer Zahlenreihe mit einer geraden Anzahl von Werten liegt er zwischen zwei Werten. Dann addiert man diese beiden Werte und dividiert die Summe durch 2.

Mit nominal skalierten Daten darf man nicht rechnen, da sie nur Kategorien darstellen. Daher verwendet man für nominal skalierte, diskrete Daten den Modalwert oder Modus. Darunter versteht man den am häufigsten auftretenden Merkmalswert, wobei eine Variable auch mehrere Modalwerte gleichzeitig haben kann.

Gehälter		Median
1.200,00 €		1.200,00 €
1.400,00 €		1.400,00 €
1.600,00 €		1.600,00 €
1.800,00 €	➡	1.800,00 €
1.900,00 €		1.900,00 €
2.100,00 €		2.100,00 €
7.500,00 €		7.500,00 €
Summe der Werte: 17.500,00 €		
Anzahl der Werte: 7		
$\bar{x}$ = Summe /Anzahl: 2.500,00 €		

Abb. 90: Mittelwert und Median

Abbildung 90 erläutert den Zusammenhang von Mittelwert und Median anhand von sieben Gehältern einer kleinen Firma. Ein Gehalt ist deutlich höher als alle anderen. Den Mittelwert der Gehälter in Höhe von 2.500 € erhält man mit der Berechnung unterhalb des ersten Blocks. Es liegt jedoch nur ein einziges Gehalt über diesem Durchschnittswert. Der Median liegt dagegen bei 1.800 €. Die verhältnismäßig große Abweichung zwischen beiden weist auf eine solche uneinheitliche Datenverteilung hin.

Die Datenreihe in Abbildung 91 enthält 10-mal den Wert 1, 6-mal den Wert 2 sowie 4-mal den Wert 3. Der Modalwert ist somit der in dieser Datenreihe am häufigsten auftretende Wert 1. Für die Beschreibung solcher diskreten Datenreihen bietet sich die Verwendung zusätzlicher graphischer Elemente, zum Beispiel eines Histogramms, an.

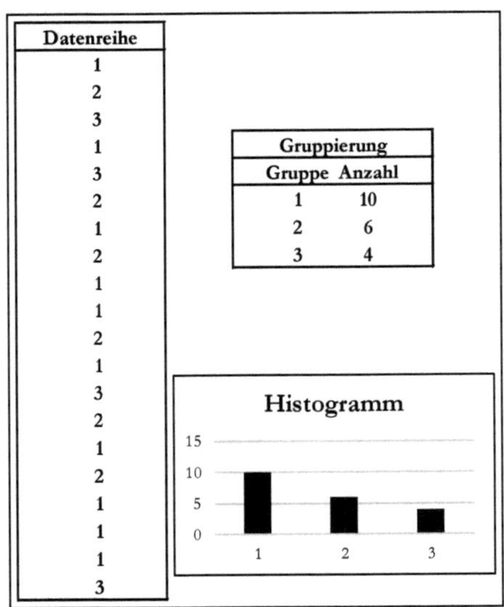

Datenreihe
1
2
3
1
3
2
1
2
1
1
2
1
3
2
1
2
1
1
1
3

Gruppierung	
Gruppe	Anzahl
1	10
2	6
3	4

Abb. 91: Modalwert

6.2.1.3 Perzentile

Die Perzentile zählen ebenso zu den Lagemaßen. Sie beschreiben prozentual-anteilige Wertebereiche einer Variablen in aufsteigender Reihenfolge. Ihre Grenzen gibt man mit dem jeweiligen Prozentbereich für $0 < p < 1$, also zum Beispiel 10% mit $p = 0{,}1$, an. Ihre Definition lautet:

$$x_p \begin{cases} = \frac{1}{2}\left(x_{(pn)} + x_{(pn+1)}\right); p * n \text{ ganzzahlig} \\ = \left(x_{(pn(abgerundet))} + 1\right) \;; p * n \text{ nicht ganzzahlig} \end{cases}$$

Quartile und Quantile sind Perzentile, die eine sortierte Datenreihe in vier beziehungsweise fünf Teile mit einer gleichen Anzahl von Werten unterteilen.

Datenreihe	Quartil	Quantil
1	1	1
1	1	1
1	1	1
1	1	1
1	1	1
1	1	1
1	1	1
1	1	1
1	1	1
1	1	1
2	2	2
2	2	2
2	2	2
2	2	2
2	2	2
2	2	2
3	3	3
3	3	3
3	3	3
3	3	3

Abb. 92: Quartil und Quantil

Abbildung 92 zeigt das Quartil und das Quantil graphisch. Für die Ermittlung eines Quartils dividiert man die Menge der Merkmalswerte durch die gewünschte Zahl an Unterteilungen. Zur Berechnung der Quartilsgrenzen unterteilt man den Datenbestand in 4 Teile. Bei 20 Merkmalswerten ist das erste Quartil somit die Hälfte der Addition des fünften und sechsten Wertes und das 4. Quartil die Hälfte der Addition des fünfzehnten und sechzehnten Wertes. Formal ergibt die Nebenrechnung $p * n$ für das Beispiel immer einen ganzzahligen Wert, so dass die Quartils wie folgt berechnet werden:

$$x_{0,25} = \frac{1}{2}(x_5 + x_6)$$

$$x_{0,25} = \frac{1}{2}(1 + 1) = 1$$

und

$$x_{0,75} = \frac{1}{2}(x_{15} + x_{16})$$

$$x_{0,75} = \frac{1}{2}(2 + 2) = 2$$

Die Berechnung für das erste Quantil $p * n = 0,2 * 20 = 4$ ergibt einen ganzzahligen Wert. Das erste Quantil wird somit wie folgt ermittelt:

$$x_{0,2} = \frac{1}{2}(x_4 + x_5)$$

$$x_{0,2} = \frac{1}{2}(1 + 1) = 1$$

Für das fünfte Quantil ergibt die Formel $p * n = 0,8 * 20 = 16$ ebenfalls einen ganzzahligen Wert. Die Berechnung des fünften Quantils ergibt vereinfacht:

$$x_{0,8} = \frac{1}{2}(x_{16} + x_{17})$$

$$x_{0,8} = \frac{1}{2}(2 + 3) = 2,5$$

Die Grenze des Quantils liegt aber genau genommen nicht auf dem arithmetischen Mittel der Werte. Die formale Berechnung ergibt zwar 2,5, das Quantil kann jedoch jeden beliebigen Wert zwischen den beiden Werten, hier also 2 und 3, annehmen:

$$2 < x_{0,8} < 3$$

6.2.2 Abweichung von der zentralen Tendenz

6.2.2.1 Streuungsmaße

Die Berechnungen für die Streuungsmaße metrisch skalierter Daten beruhen auf Polynomen 1. Grades. Sie beschreiben die horizontale Verteilung einer Variablen um den Mittelwert.

6.2.2.2 Spannweite

Die Spannweite ist die Differenz zwischen dem kleinsten und dem größten Wert einer Variablen. Ihre formale Beschreibung lautet:

$$R = x_{max} - x_{min}$$

Der Mittelwert liegt innerhalb des von x_{max} und x_{min} gebildeten Kontinuums. Anhand der Spannweite und des Mittelwertes kann man sich ein Bild von der Verteilung einer Variablen machen. In Abbildung 90 beträgt die Spannweite 6.300 €. Die Lage des Medians bei 1.800 € erklärt, warum der Mittelwert von 2.500 € unterhalb der Hälfte der Spannweite liegt. Die Spannweite braucht man nicht zu nennen, wenn man Minimum und Maximum angibt.

6.2.2.3 Mittlere absolute Abweichung

Die mittlere absolute Abweichung ist die durchschnittliche absolute Abweichung der Merkmalswerte vom arithmetischen Mittelwert. In Abbildung 93 wird sie für die Daten aus Abbildung 90 berechnet. Sie dokumentiert die Ursache für den Unterschied zwischen Mittelwert und Median um ca. 700,00 € bei einem Mittelwert von 2.500 € und einem Median von 1.800 €.

Gehälter	Abweichung $x - \bar{x}$	absolute Abweichung $\lvert x - \bar{x} \rvert$
1.200,00 €	-1.300,00 €	1.300,00 €
1.400,00 €	-1.100,00 €	1.100,00 €
1.600,00 €	-900,00 €	900,00 €
1.800,00 €	-700,00 €	700,00 €
1.900,00 €	-600,00 €	600,00 €
2.100,00 €	-400,00 €	400,00 €
7.500,00 €	5.000,00 €	5.000,00 €
Summe der Werte: 17.500,00 €		Summe der Werte: 10.000,00 €
Anzahl der Werte: 7		Anzahl der Werte: 7
$\bar{x}$ = Summe /Anzahl: 2.500,00 €		Summe /Anzahl: 1.428,57 €

Abb. 93: Mittlere absolute Abweichung

6.2.2.4 Varianz

Die empirische Stichprobenvarianz beschreibt die durchschnittliche quadratische Abweichung der Werte einer Variablen vom Mittelwert. Die Summe der quadrierten Abweichungen dividiert man durch die Anzahl der Merkmalswerte minus 1. Formal ist sie wie folgt definiert:

$$s^2 = \frac{1}{n-1}\sum_{i=1}^{n}(x_i - \bar{x})^2$$

Graphisch stellt sie eine einseitig vom Mittelwert ausgehende, quadratische Fläche dar. Sie repräsentiert das Volumen der durchschnittlichen Gesamtabweichung aller Werte vom Mittelwert. Da sie durch ein Polynom 2. Grades berechnet wird, kann sie nur positiv sein.

Alternativ kann man auch die mathematische Varianz ermitteln, indem man durch die volle Anzahl der Werte dividiert. Dann ist sie folgendermaßen formal beschrieben:

$$\sigma^2 = \frac{1}{n}\sum_{i=1}^{n}(x_i - \bar{x})^2$$

Für Poisson-verteilte Variablen ermittelt man die Varianz unter Zuhilfenahme des Parameters λ mit dieser Formel:

$$s^2 = \lambda$$

Für Binominal-Verteilungen lautet die Berechnungsformel:

$$s^2 = np(1 - p)$$

6.2.2.5 Standardabweichung

Die empirische Standardabweichung beschreibt die durchschnittliche, absolute Abweichung der Werte einer Variablen von ihrem Mittelwert. Sie entspricht der Kantenlänge des empirischen Stichprobenvarianzquadrates und ist folglich ihre positive Quadratwurzel. Formal lautet sie:

$$s = \sqrt{s^2} = \sqrt{\frac{1}{n-1}\sum_{i=1}^{n}(x_i - \bar{x})^2}$$

Die Standardabweichung gibt die Intervallwahrscheinlichkeit an, mit der Werte um den Mittelwert vorliegen. Für eine normal verteilte, sehr nah an der Gauß-Funktion liegende Funktion beträgt diese ca. 68,3%. Das heißt, man darf bei einer normal verteilten Variablen ca. 68,3% der Werte innerhalb der Spanne einer Standardabweichung beidseitig um den Mittelwert erwarten. Innerhalb der Spanne zwischen einer und zwei Standardabweichungen um den Mittelwert darf man weitere ca. 27,2% der Werte erwarten. Somit befinden sich bei einer normal verteilten Variablen ca. 95,4% der Werte innerhalb der Spanne von zwei Standardabweichungen.

Damit verbleiben nur relativ wenige Werte außerhalb der Spanne von zwei Standardabweichungen. Sie befinden sich in Abbildung 94 an den äußersten Rändern und könnten Ausreißer sein.

Da die empirische Varianz lediglich die quadrierte empirische Standardabweichung ist, gibt man häufig nur die Standardabweichung an.

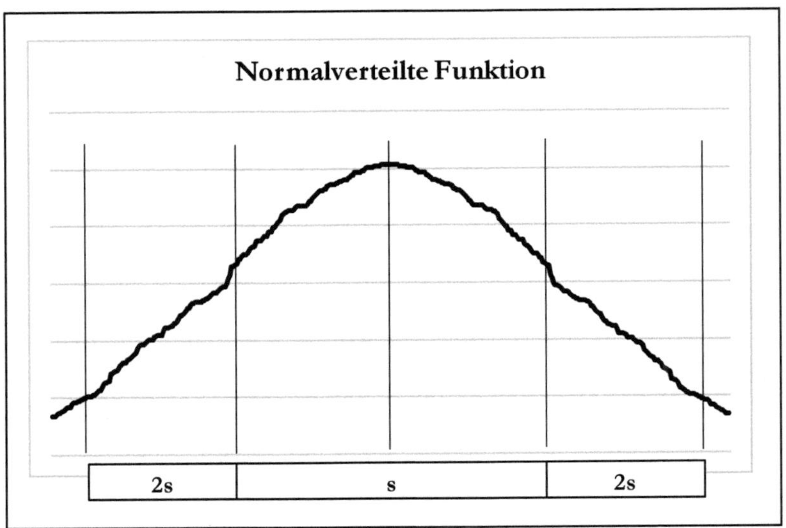

Abb. 94: Normalverteilte Funktion

Für Poisson-verteilte Variablen ermittelt man die Standardabweichung unter Zuhilfenahme des Parameters λ mit dieser Formel:

$$s = \sqrt{\lambda}$$

Für Binominal-Verteilungen lautet die Berechnungsformel:

$$s = \sqrt{np(1-p)}$$

Abbildung 95 zeigt die Ermittlung von Varianz und Standardabweichung für die Daten aus Abbildung 90. In Abbildung 96 sind der Mittelwert, der Median und die empirische Standardabweichung für die Variable Gehälter aus Abbildung 90 zusammengefasst. Die Merkmalsausprägungen sind mit einem kleinen Kreis, Mittelwert und Median mit einem Rechteck gekennzeichnet. Der Median fällt mit einem Merkmalswert zusammen. Die Klammer beschreibt die beidseitige Abweichung von 1s vom Mittelwert. Bis auf den siebten Wert liegen sie alle innerhalb dieser Spanne.

Gehälter	$(x_i-\bar{x})^2$
1.200,00 €	1.690.000,00 €²
1.400,00 €	1.210.000,00 €²
1.600,00 €	810.000,00 €²
1.800,00 €	490.000,00 €²
1.900,00 €	360.000,00 €²
2.100,00 €	160.000,00 €²
7.500,00 €	25.000.000,00 €²
Summe der Werte: 17.500,00 €	Summe der Werte: 29.720.000,00 €²
Anzahl der Werte: 7	Freiheitsgrade (=Anzahl-1): 6
$\bar{x}$ = Summe /Anzahl: 2.500,00 €	empirische Varianz: s^2 = 4.953.333,33 €²
	empirische Standardabw. s = 2.225,61 €

Abb. 95: Varianz und Standardabweichung

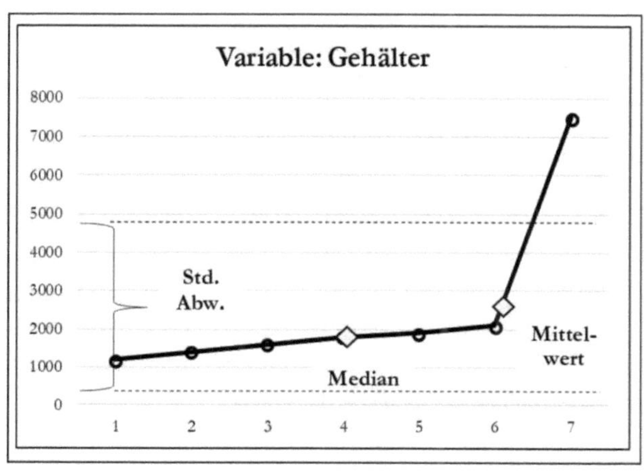

Abb. 96: Lage und Streuung Gehälter

6.2.3 Vertikale Tendenz

6.2.3.1 Formmaße

Mit den Formmaßen Schiefe und Wölbung beschreibt man die Verschiebungseigenschaften der horizontalen und vertikalen Verteilung.

6.2.3.2 Schiefe

Die Schiefe zeigt an, ob eine Variable symmetrisch verteilt ist. Bei einem Wert der Schiefe nahe Null darf man von einer symmetrischen Verteilung ausgehen. Ein negativer Wert zeigt eine linksschiefe Verteilung an. Es liegen mehr Werte links des Mittelwertes als rechts. Ein positiver Wert indiziert eine rechtsschiefe Verteilung, bei der mehr Werte rechts des Mittelwertes als links liegen. Die Schiefe der Funktion in Abbildung 94 beträgt ca. -0,1. Man kann sie daher guten Gewissens als symmetrisch behandeln.

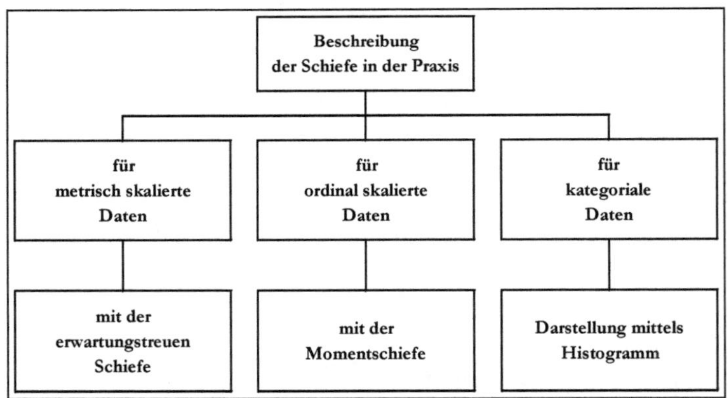

Abb. 97: Beschreibung der Schiefe in der Praxis

Abbildung 97 zeigt die Möglichkeiten einer sinnvollen und einfachen Beschreibung der Schiefe. Diese hängt im Wesentlichen von der Natur der Daten ab. Metrisch skalierte Daten kann man mathematisch mit der erwartungstreuen Schiefe beschreiben. Für ordinal skalierte Daten kann man die Momentschiefe berechnen. Nominal skalierte, also lediglich kategoriale Variablen, kann man mathematisch nicht sinnvoll beschreiben. Hier verwendet man besser die graphische Darstellung in einem Histogramm.

Die erwartungstreue Schiefe für metrisch skalierte Einzelbeobachtungen berechnet man unter Verwendung eines Polynoms 3. Grades wie folgt:

$$\gamma_m = \frac{n}{(n-1)(n-2)} \sum_{i=1}^{n} \left(\frac{x_i - \bar{x}}{s}\right)^3$$

Ihr Erwartungswert entspricht dem wahren Wert des zu schätzenden Parameters und gilt als nicht verzerrt. Man darf die Variablen als symmetrisch verteilt betrachten, wenn die Berechnung einen Wert nahe Null ergibt.

Durch die sogenannte z-Standardisierung $z_i = (\frac{x_i - \bar{x}}{s})$ werden Zähler und Nenner um ihre Einheit gekürzt und die Verteilung linear transformiert. Als z-Werte verbleiben reine Zahlenwerte mit einem Mittelwert von

$$\bar{z} = \frac{1}{n} \sum_{i=1}^{n} z_i = 0 \text{ und } s_z^2 = \frac{1}{n} \sum_{i=1}^{n} z_i^2 = 1.$$

Daher liegt γ_m sehr nahe bei 0, wenn eine Variable symmetrisch verteilt ist.

Wenn man keine erwartungstreue Schätzung benötigt, kann man alternativ die nicht erwartungstreue Funktion für die Schiefe verwenden. Sie ist um eine Abweichung des Erwartungswertes vom wahren Wert verzerrt, die man Bias nennt.

$$\gamma_1 = \frac{1}{(n-1)(n-2)} \sum_{i=1}^{n} \left(\frac{x_i - \bar{x}}{s}\right)^3$$

Gehälter	$(x_i-\bar{x})^2$	$((x_i-\bar{x})/s)^3$
1.200,00 €	1.690.000,00 €²	-0,20
1.400,00 €	1.210.000,00 €²	-0,12
1.600,00 €	810.000,00 €²	-0,07
1.800,00 €	490.000,00 €²	-0,03
1.900,00 €	360.000,00 €²	-0,02
2.100,00 €	160.000,00 €²	-0,01
7.500,00 €	25.000.000,00 €²	11,34
Summe der Werte: 17.500,00 €	Summe der Werte: 29.720.000,00 €²	Summe der Werte: 10,90
Anzahl der Werte: 7	Freiheitsgrade (=Anzahl-1): 6	(n-1) 6 / (n-2) 5
$\bar{x}$ = Summe / Anzahl: 2.500,00 €	empirische Varianz: s^2 = 4.953.333,33 €²	Schiefe γ = 2,54
	empirische Standardabw. s = 2.225,61 €	

Abb. 98: Schiefe

Abbildung 98 zeigt die Berechnung der erwartungstreuen Schiefe für die Variable Gehalt. Abbildung 96 legt ja bereits optisch nahe, dass sie rechtsschief verteilt ist. Die formale Rechnung ergibt den Wert +2,54, der offensichtlich nicht nahe bei 0 liegt. Der hohe positive Wert von γ zeigt eine rechtsschiefe Verteilung.

Für nicht metrisch, sondern lediglich ordinal skalierte Daten stellt man die Schiefe anhand der Momentschiefe dar. Die Rechnung lautet formal:

$$\upsilon_M = \frac{1}{n * s^3} \sum_{i=1}^{n} (x_i - \bar{x})^3$$

Auch für sie gilt, dass Werte nahe Null auf eine symmetrische Verteilung hindeuten. Positive Werte indizieren eine rechtsschiefe und negative Werte eine linksschiefe Verteilung.

In Abbildung 99 wird die Momentschiefe für die Daten aus Abbildung 92 rechnerisch ermittelt.

Datenreihe	$(xi-\bar{x})^2$	$(xi-\bar{x})^3$
1	0,49	-0,343
1	0,49	-0,343
1	0,49	-0,343
1	0,49	-0,343
1	0,49	-0,343
1	0,49	-0,343
1	0,49	-0,343
1	0,49	-0,343
1	0,49	-0,343
1	0,49	-0,343
2	0,09	0,027
2	0,09	0,027
2	0,09	0,027
2	0,09	0,027
2	0,09	0,027
2	0,09	0,027
3	1,69	2,197
3	1,69	2,197
3	1,69	2,197
3	1,69	2,197
$\bar{x}$	Summe	Summe
1,7	12,2	5,52
n	s^2	υ_M
20	0,6421	0,5364
	s	
	0,8013	

Abb. 99: Momentschiefe

Für nominal skalierte Daten ist die Berechnung der Schiefe nicht sinnvoll. Sie enthalten lediglich kategoriale Merkmale, die keinerlei ordinalen oder metrischen Zusammenhang haben. Sie beschreibt man besser mit einem Histogramm.

Für Poisson-verteilte Variablen ermittelt man die Schiefe unter Zuhilfenahme des Parameters λ mit dieser Formel:

$$\upsilon(X) = \frac{1}{\sqrt{\lambda}}$$

Für Binominal-Verteilungen lautet die Berechnungsformel:

$$\upsilon(X) = \frac{1 - 2p}{\sqrt{np(1 - p)}}$$

6.2.3.3 Wölbung

Die Wölbung beschreibt die vertikale Verschiebung der Daten zur zentralen Tendenz. Sie bringt zum Ausdruck, ob die Werte eng oder weit um den Mittelwert verteilt sind. Formal ermittelt man die empirische Wölbung unter Verwendung eines Polynoms 4. Grades:

$$w = \frac{1}{n}\sum_{i=1}^{n}\left(\frac{x_i - \bar{x}}{s}\right)^4$$

Auch die Wölbung ist z-standardisiert:

$$\bar{z} = \frac{1}{n}\sum_{i=1}^{n} z_i = 0\,, s_z^2 = \frac{1}{n}\sum_{i=1}^{n} z_i^2 = 1 \text{ und } w = \frac{1}{n}\sum_{i=1}^{n} z_i^4.$$

Durch den geraden Exponenten kann die Wölbung nur größer oder gleich Null sein. Eine ideal normalverteilte Funktion besitzt eine Wölbung von 3. Eine Funktion mit $w > 3$ erscheint spitzer als die normalverteilte und eine mit $w < 3$ flacher. Die Wölbung ist also ein Parametervergleich mit einer ideal normalverteilten Funktion.

Um den Vergleich mit dem Wert $w = 3$ zu erleichtern, kann man die Wölbung auch zum sogenannten Exzess umrechnen. Dazu verringert man den Wert der Wölbung um den Wert einer normalverteilten Variablen:

$$\gamma = \frac{1}{n}\sum_{i=1}^{n}\left(\frac{x_i - \bar{x}}{s}\right)^4 - 3$$

Für Poisson-verteilte Variablen ermittelt man die Wölbung unter Zuhilfenahme des Parameters λ mit dieser Formel:

$$\beta_2 = 3 + \frac{1}{\lambda}$$

Der Exzess ist dementsprechend:

$$\text{Exzess}: \gamma = \frac{1}{\lambda}$$

Für Binominal-Verteilungen lautet die Berechnungsformel:

$$\beta_2 = 3 + \frac{1 - 6p(1-p)}{np(1-p)}$$

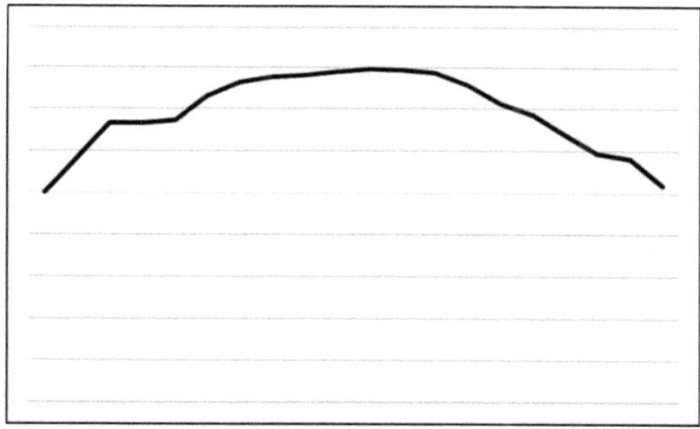

Abb. 100: Dichtefunktion zu Abbildung 101

Die Wölbung der in Abbildung 100 dargestellten, auf 20 Werten basierende Dichtefunktion wird in Abbildung 101 formal ermittelt. Die Dichtefunktion ist offensichtlich flacher als eine normalverteilte. Dementsprechend ergibt die formale Berechnung der Wölbung einen Wert von w = 1,91.

Abbildung 101 weist einen Exzess von γ = -1,09 aus. An dem negativen Wert kann man unmittelbar ablesen, dass die Dichtefunktion flacher als eine normalverteilte Funktion verläuft.

Analog zur Schiefe ist die Angabe einer Wölbung für kategoriale Daten nicht sinnvoll. Hier verwendet man wiederum besser ein Histogramm.

Werte:	$(x_i-\bar{x})^2$	$((x_i-\bar{x})/s)^4$
251	8.902	16
292	2.846	2
333	153	0
333	153	0
337	70	0
365	386	0
382	1.343	0
389	1.905	1
391	2.084	1
396	2.565	1
399	2.878	2
398	2.772	2
394	2.367	1
379	1.132	0
357	136	0
343	6	0
320	643	0
297	2.338	1
291	2.954	2
260	7.285	10
Summe:	Summe:	Summe:
6.907	42.917	38
Anzahl:	Freiheitsgrade:	Wölbung w:
20	19	1,91
$\bar{x}$:	emp. Varianz s^2	Exzess γ:
345,35	2.258,77	-1,09
	Standardabw. s	
	47,53	

Abb. 101: Wölbung

6.2.3.4 Zusammenfassung Lagemaße

Abbildung 102 fasst die Lagemaße für kontinuierliche Variablen zusammen. Die Anzahl der Werte, das Minimum und das Maximum sind ebenfalls angegeben. Somit erübrigt sich die zusätzliche Nennung der Spannweite. Außerdem sind die im Graphen eingezeichneten Lageparameter Mittelwert, Median, empirische Standardabweichung und empirische Varianz genannt.

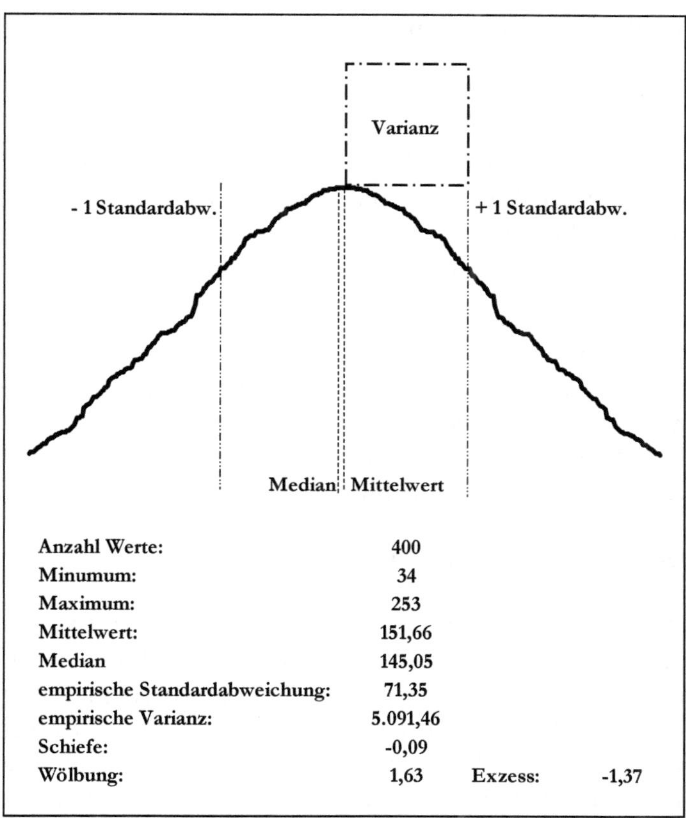

Abb. 102: Zusammenfassung Lagemaße

Der Median liegt leicht links vom Mittelwert. Die anhand dieser Lage zu vermutende Linksschiefe wird durch den Schiefe-Parameter von -0,09 bestätigt. Die Schiefe ist jedoch so gering, dass man die Variable als symmetrisch betrachten darf. Der Exzess von -1,37 zeigt, dass die Daten flacher als bei einer ideal normalverteilten Variablen liegen. Links und rechts vom Mittelwert ist je die Spanne einer Standardabweichung und rechts oberhalb des Mittelwertes die Fläche des Varianzquadrates gezeichnet.

6.3 Annahme der Stetigkeit

6.3.1 Grundsatz

Metrisch skalierte Variablen behandelt man grundsätzlich und nicht metrisch skalierte Variablen manchmal als stetig. Das darf man auch, solange die Ergebnisse der statistischen Methoden den tatsächlichen Gegebenheiten nicht entgegenstehen.

Für Variablen mit vielen unterschiedlichen Einzelwerten scheint dies unproblematisch zu sein. Völlig falsche Darstellungen erwartet man eher bei Variablen mit wenigen unterschiedlichen, diskreten Einzelwerten. Daher muss man wissen, welche konkreten Formeln man bei den einzelnen Variablen anwenden kann. Die nächsten Abschnitte behandeln dieses Problem in extrem vereinfachter Form.

6.3.2 Der Charakter dichotomer Variablen

In den Abbildungen 103 und 104 werden die deskriptiven Statistiken für zwei verschiedene dichotome Variablen klassisch ermittelt. Dies ist nur möglich, weil die dichotomen Variablen mit Zahlenwerten, im Beispiel 0 und 1, erfasst sind. Der Mittelwert wird technisch mit $\bar{x} = (x_0 * 0 + x_1 * 1)/2$ berechnet und ergibt 0,7 für die erste und 0,4 für die zweite Variable. Er vermittelt eine sinnvolle Vorstellung von der Häufigkeit der Werte auf beiden Ausprägungen.

Die unterschiedlichen Häufigkeitsverteilungen müssen verschiedene Standardabweichungen haben und betragen 0,47 in Abbildung 103 und 0,5 in Abbildung 104. Bei dichotomen Variablen befinden sich jedoch nicht regelmäßig ca. 68% der Werte innerhalb der Spanne einer Standardabweichung, so dass die klassisch berechnete Varianz oder Standardabweichung nicht den erwarteten Informationsgehalt haben.

Werte:	$(x_i-\bar{x})^2$	$(x_i-\bar{x})^3$	$((x_i-\bar{x})/s)^4$
0	0,49	-0,01	4,91
0	0,49	-0,01	4,91
0	0,49	-0,01	4,91
0	0,49	-0,01	4,91
0	0,49	-0,01	4,91
0	0,49	-0,01	4,91
1	0,09	0,47	0,17
1	0,09	0,47	0,17
1	0,09	0,47	0,17
1	0,09	0,47	0,17
1	0,09	0,47	0,17
1	0,09	0,47	0,17
1	0,09	0,47	0,17
1	0,09	0,47	0,17
1	0,09	0,47	0,17
1	0,09	0,47	0,17
1	0,09	0,47	0,17
1	0,09	0,47	0,17
1	0,09	0,47	0,17
1	0,09	0,47	0,17
Summe:	Summe:	Summe:	Summe:
14	4,20	6,55	31,80
Anzahl:	Freiheitsgrade:	n-1 n-2	Wölbung w:
20	19	19 18	1,59
$\bar{x}$:	emp. Varianz s^2	Schiefe:	Exzess γ:
0,70	0,22	γ = 0,38	-1,41
	Standardabw. s		
	0,47		

Abb. 103: Parametervergleich dichotom I

Die Berechnungen der Schiefe ergeben ebenfalls keine normalverständlichen Werte. Bei einem Histogramm für eine gleichmäßig verteilte Variable mit 10:10 Werten erwartet man symmetrisch verteilte Werte. Somit sollte Abbildung 103 linksschief und Abbildung 104 rechtsschief sein. Beide weisen jedoch eine deutliche Rechtsschiefe aus. Die Berechnung der erwartungstreuen Schiefe mit der klassischen Formel ist daher für dichotome Variablen nicht sinnvoll. Auch ist die klassische Berechnung der Wölbung für dichotome Variablen nicht sinnvoll. Sie ist offensichtlich nicht mit einer normalverteilten, stetigen Funktion vergleichbar.

Werte:	$(x_i-\bar{x})^2$	$(x_i-\bar{x})^3$	$((x_i-\bar{x})/s)^4$
0	0,16	-0,02	0,40
0	0,16	-0,02	0,40
0	0,16	-0,02	0,40
0	0,16	-0,02	0,40
0	0,16	-0,02	0,40
0	0,16	-0,02	0,40
0	0,16	-0,02	0,40
0	0,16	-0,02	0,40
0	0,16	-0,02	0,40
0	0,16	-0,02	0,40
0	0,16	-0,02	0,40
0	0,16	-0,02	0,40
1	0,36	0,42	2,03
1	0,36	0,42	2,03
1	0,36	0,42	2,03
1	0,36	0,42	2,03
1	0,36	0,42	2,03
1	0,36	0,42	2,03
1	0,36	0,42	2,03
1	0,36	0,42	2,03
Summe:	Summe:	Summe:	Summe:
8	4,80	3,15	21,06
Anzahl:	Freiheitsgrade:	n-1 n-2	Wölbung w:
20	19	19 18	1,05
$\bar{x}$:	emp. Varianz s^2	Schiefe:	Exzess γ:
0,40	0,25	γ = 0,18	-1,95
	Standardabw. s		
	0,50		

Abb. 104: Parametervergleich dichotom II

Aus diesen Betrachtungen kann man schließen, dass man klassische Parameter nicht für die Beschreibung dichotomer Daten verwenden darf. Zudem darf man auf dichotome Variablen keine statistischen Tests, die eine klassisch berechnete Standardabweichung, Varianz, Schiefe oder Wölbung nutzen, anwenden.

6.3.3 Der Charakter diskreter Variablen

Die Abbildungen 105 und 106 zeigen die klassischen deskriptiven Statistiken für zwei verschiedene diskrete Variablen. Der Mittelwert kann wiederum berechnet werden und beträgt trotz der unterschiedlichen Einzelwerte beide Male 3,5. Er ist für diskrete Variablen jedoch nur bedingt aussagefähig. Wenn man ordinal skalierte Daten metrisch verwendet, kann er sinnvoll sein. Andernfalls ist er nicht aussagefähig.

Werte:	$(x_i-\bar{x})^2$	$(x_i-\bar{x})^3$		$((x_i-\bar{x})/s)^4$
1	6,25	-5,73		5,02
2	2,25	-0,49		0,65
3	0,25	0,01		0,01
4	0,25	1,77		0,01
5	2,25	10,80		0,65
6	6,25	33,09		5,02
1	6,25	-5,73		5,02
2	2,25	-0,49		0,65
3	0,25	0,01		0,01
4	0,25	1,77		0,01
5	2,25	10,80		0,65
6	6,25	33,09		5,02
1	6,25	-5,73		5,02
2	2,25	-0,49		0,65
3	0,25	0,01		0,01
4	0,25	1,77		0,01
5	2,25	10,80		0,65
6	6,25	33,09		5,02
3	0,25	0,01		0,01
4	0,25	1,77		0,01
Summe:	Summe:	Summe:		Summe:
70	53,00	120,15		34,09
Anzahl:	Freiheitsgrade:	n-1	n-2	Wölbung w:
20	19	19	18	1,70
$\bar{x}$:	emp. Varianz s^2	Schiefe:		Exzess γ:
3,50	2,79	γ =	7,03	-1,30
	Standardabw. s			
	1,67			

Abb. 105: Parametervergleich diskret I

Die Standardabweichung beträgt 1,67 in Abbildung 105 und 1,85 in Abbildung 106. Unterschiedliche Werte müssen unterschiedliche Standardabweichungen ergeben. Bei diskreten Variablen befinden sich jedoch ebenfalls nicht regelmäßig ca. 68% der Werte innerhalb der Spanne einer Standardabweichung. Für ordinal skalierte Daten, die metrisch verwendet werden, kann die Standardabweichung aber durchaus sinnvoll sein. Dies gilt analog für Schiefe und Wölbung.

Werte:	$(x_i-\bar{x})^2$	$(x_i-\bar{x})^3$	$((x_i-\bar{x})/s)^4$
1	6,25	-14,19	3,34
1	6,25	-14,19	3,34
1	6,25	-14,19	3,34
1	6,25	-14,19	3,34
2	2,25	-2,87	0,43
2	2,25	-2,87	0,43
2	2,25	-2,87	0,43
3	0,25	-0,07	0,01
3	0,25	-0,07	0,01
3	0,25	-0,07	0,01
4	0,25	0,19	0,01
4	0,25	0,19	0,01
4	0,25	0,19	0,01
5	2,25	3,94	0,43
5	2,25	3,94	0,43
5	2,25	3,94	0,43
6	6,25	17,15	3,34
6	6,25	17,15	3,34
6	6,25	17,15	3,34
6	6,25	17,15	3,34
Summe:	Summe:	Summe:	Summe:
70	65,00	15,40	29,33
Anzahl:	Freiheitsgrade:	n-1 n-2	Wölbung w:
20	19	19 18	1,47
$\bar{x}$:	emp. Varianz s^2	Schiefe:	Exzess γ:
3,50	3,42	γ = 0,90	-1,53
	Standardabw. s		
	1,85		

Abb. 106: Parametervergleich diskret II

Die diskrete Codierung x_i bis x_n kann man als Kontinuum verstehen. Für ordinal skalierte diskrete Variablen, die metrisch verwendet werden, ist die Anwendung jedoch auf Tests begrenzt, die den Mittelwert, die Standardabweichung oder die Varianz nutzen. Die Verwendung von Schiefe und Wölbung sollte man für diskrete Variablen vermeiden.

6.3.4 Der Charakter bei Poisson-Verteilung

Abbildung 107 stellt die deskriptiven Parameter einer Poisson-Berechnung mit den klassisch ermittelten Parametern für eine Variable mit $\bar{x} = \lambda = 6$ gegenüber. Die Stabdiagramme der Poisson-Verteilung in Abbildung 78 lassen bereits eine gewisse Nähe zur Normalverteilung erahnen. Die gegenübergestellten Parameter bestätigen diesen Eindruck. Sie stimmen zwar nicht exakt überein, aber es scheint nichts gegen eine Verwendung klassischer Parameter und entsprechender Testverfahren auf Poisson-verteilte Variablen zu sprechen. Trotzdem sollte man zunächst genau prüfen, ob sie konkret anwendbar sind. Dies gilt insbesondere für sehr kleine λ.

Parameter	klassische Rechnung	Poisson-Rechnung
$\bar{x} = \lambda$	6,00	6,00
Standardabweichung	2,48	2,45
Varianz	6,16	6,00
Schiefe	0,12	0,41
Wölbung	2,75	3,17
Exzess	-0,25	0,17

Abb. 107: Parametervergleich Poisson-Verteilung

6.3.5 Der Charakter binominaler Variablen

Abbildung 108 vergleicht die klassischen deskriptiven Parameter einer Binominal-Verteilung für n = 100 und p = 0,8. Die Werte weichen deutlich voneinander ab. Binominal-verteilte Variablen darf man demzufolge nicht mit klassischen Parametern beschreiben und analysieren. Dies muss man bei der Datenbeschreibung und der Testauswahl beachten.

Parameter	klassische Rechnung	Binominal-Rechnung
$\bar{x} = \mu$	8,00	8,00
Standardabweichung	1,22	4,00
Varianz	1,49	16,00
Schiefe	166,40	-0,04
Wölbung	2,06	3,00

Abb. 108: Vergleich Binominal-Parameter

7 Inhaltliche Datenbeschreibung

7.1 Abgrenzung deskriptiver Statistik

In der Statistik spricht man von deskriptiver und induktiver Statistik. Zwischen beiden liegt jedoch keine klare Trennlinie. Induktiv sind beurteilende Tests. Darunter fallen auch Tests zur inhaltlichen Beschreibung einzelner Variablen.

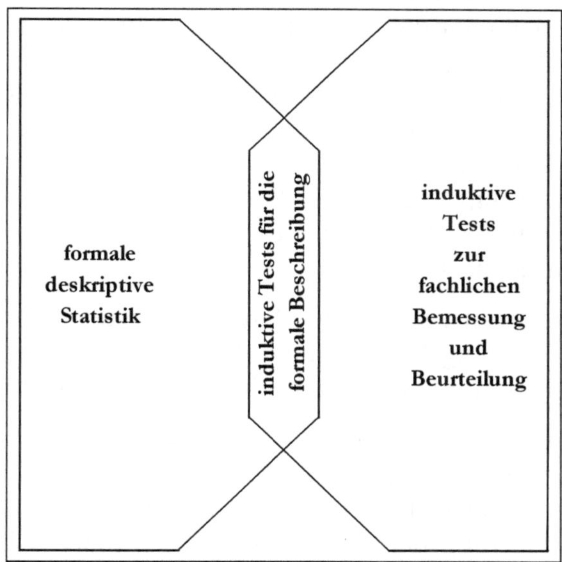

Abb. 109: Abgrenzung deskriptiver Statistik

Abbildung 109 stellt die Überlappung von deskriptiver und induktiver Statistik dar. Deskriptive Methoden verwendet man für die formale und die inhaltliche Beschreibung einzelner Variablen. Darüber hinaus benötigt man induktive Tests für die fachliche Beurteilung und ihre Beschreibung.

So ist zum Beispiel die Prüfung, ob Daten einer normalverteilten Grundgesamtheit entstammen können, induktiv. Inhaltlich beschreibt sie jedoch deren Verteilung. Das deskriptive Merkmal Verteilung bestimmt häufig, welche Tests man auf die Variablen anwenden darf, da nur bei einer normalverteilten Grundgesamtheit parametrische Tests zulässig sind. Andernfalls muss man nichtparametrische Tests nutzen.

7.2 Paarung und Zusammenhang

Datenreihen in Tabellen sind normalerweise für alle Variablen gleich lang (Matthäus et al., 2016). Ausnahmsweise kann ein einzelner Wert fehlen oder die Datenerhebung nicht gleichmäßig erfolgt sein. Nur gleich lange Datenreihen können gepaart oder miteinander verbunden sein. Die Verbindung muss dabei nicht logisch, aber mindestens über ein gemeinsames Merkmal bestehen. Dies ist in der Regel das Beobachtungsobjekt. Wenn man in einer Tabelle zu allen Beobachtungsobjekten die Nummer, das Alter und die Haarfarbe aufgenommen hat, sind Alter und Haarfarbe der Beobachtungsobjekte gepaart.

Unabhängige, nicht verbundene Datenreihen stehen niemals in einem Zusammenhang. Sie sind nur zufällig gleich lang und beziehen sich meistens auf unterschiedliche Beobachtungsobjekte.

In diesem Zusammenhang sind fehlende Werte problematisch. Durch sie erscheinen Datenreihen ungleich lang, auch wenn sie ohne fehlende Werte gleich lang wären (Abb. 110). Das muss man bei der Auswertung berücksichtigen. Bei gepaarten Daten muss man Entscheidungen zu fehlenden Werten sorgfältig abwägen. Man kann das gesamte Beobachtungsobjekt aus der Studie entfernen, einzelne Beobachtungsobjekte bei Tests außen vorlassen oder fehlende durch neutrale Werte ersetzen.

Bei der Auswahl statistischer Tests mit zwei oder mehr Variablen muss man wissen, ob die Daten gepaart sind. Die Paarung ist unabdingbare Voraussetzung für Zusammenhangstests. Deshalb prüft man vorher, ob die Daten gepaart sind und ob sie einen Zusammenhang nahelegen. Das kann man an einer einfachen Zwei-Wege-Graphik erkennen. Die Paarung beeinflusst auch die Auswahl von Unterschiedstests. Da die Variablen für Unterschiedstests nicht zusammenhängen dürfen, prüft man vorher technisch ihren Zusammenhang. Man darf sich jedoch nicht auf die rein technischen Zusammenhangsmaße verlassen, denn sie geben meistens nicht die Richtung des Zusammenhangs an. Diese muss man dann durch Überlegung und Argumentation bestimmen. Außerdem unterscheiden die Tests nicht zwischen tatsächlichen und scheinbaren Zusammenhängen.

gepaarte Daten				scheinbar nicht gepaarte Daten			
Nr.	Name	Alter	Haare	Nr.	Name	Alter	Haare
1	Müller	58	1	1	Müller	58	1
2	Mayer	55	2	2	Mayer	55	2
3	Schmitz	63	3	3	Schmitz	63	3
4	Koch	15	1	4	Koch	15	1
5	Töpfer	45	2	5	Töpfer	leer	2
6	Schulze	28	3	6	Schulze	28	3
7	Schulte	21	1	7	Schulte	21	1
8	Schmidt	42	2	8	Schmidt	42	2
9	Jansen	33	3	9	Jansen	33	3
10	Reiners	38	1	10	Reiners	38	1

Abb. 110: Paarung

Bei der deskriptiven Statistik beweist man systematisches Arbeiten durch Vortests auf Zusammenhänge für alle Variablen, über die man mit einer Korrelations-Matrix berichtet (Abb. 111).

Abbildung 112 nennt drei einfache Zusammenhangstests, die in der Praxis meistens ausreichen. Sie prüfen jedoch nur lineare Zusammenhänge und können bei nichtlinearen Zusammenhängen versagen. Dann kann man alternativ den CHI²-Unabhängkeitstest verwenden.

Grundsätzlich messen die Tests den Zusammenhang auf gleich skalierten Daten. Bei unterschiedlich skalierten Variablen muss man den Zusammenhangstest auf der niedrigeren Skalierung durchführen (Matthäus et al., 2016). Für zwei metrisch skalierte Variablen kann man den Korrelationskoeffizienten nach Bravais-Pearson verwenden. Sind beide Variablen ordinal skaliert oder ist eine Variable ordinal und eine metrisch skaliert, kann man den Rangkorrelationskoeffizienten nach Spearman nutzen. Für alle anderen Konstellationen kann man den korrigierten Kontingenzkoeffizienten heranziehen.

Korrelationen[1]				
	Variable 1	Variable 2	Variable 3	Variable 4
Variable 1	X	0,5	0,4	0,6
Variable 2		X	0,3	0,7
Variable 3			X	0,1
Variable 4				X

1 = Korrigierter Kontingenzkoeffizient

Korrelationen				
	Variable 1	Variable 2	Variable 3	Variable 4
Variable 1	X	0,5[1]	0,4[1]	0,6[2]
Variable 2		X	0,3[1]	0,7[2]
Variable 3			X	0,1[3]
Variable 4				X

1 = Korrigierter Kontingenzkoeffizient
2 = Rangkorrelationkoeffizient nach Spearman
3 = Korrelationskoeffizent nach Bravais-Pearson

Abb. 111: Korrelations-Matrix

Zur Korrelations-Matrix gibt man normalerweise den verwendeten Test an. Abbildung 111 verdeutlicht das damit verbundene Problem. Die obere Tabelle wurde vollständig mit dem korrigierten Kontingenzkoeffizienten errechnet. Daher ist der Test in der Überschrift genannt. Bei dieser Vorgehensweise berechnet man jedoch alle Koeffizienten nur in der gröbsten Form. Die Ergebnisse höher skalierter Variablen sind daher nur bedingt aussagefähig. Bei der Erstellung der unteren Tabelle wurden unterschiedliche Tests verwendet. Dann gibt man die Tests als Fußnote an jedem einzelnen Koeffizienten an. Die Testergebnisse sind entsprechend genauer.

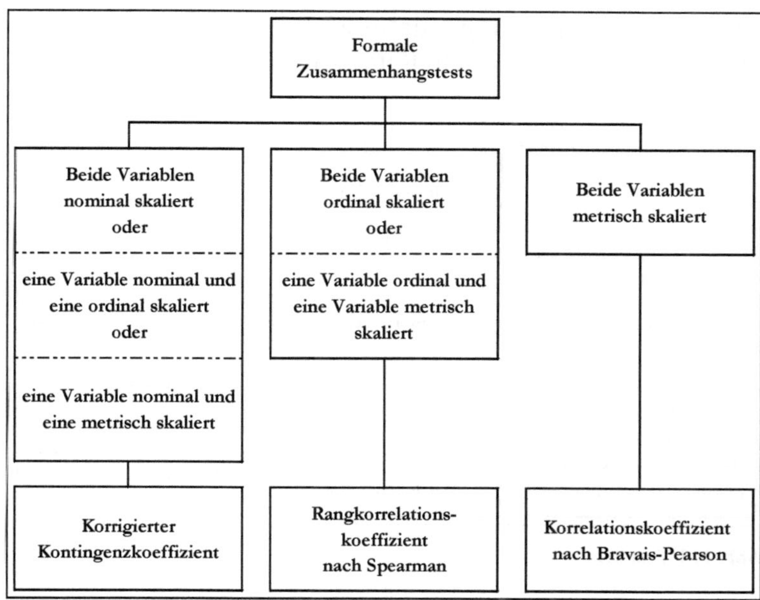

Abb. 112: Lineare Zusammenhangstests

7.3 Testauswahl und Normalverteilung

Entscheidungsbäume helfen bei der Auswahl statistischer Tests. Sie sind mehr oder weniger umfangreich und teilweise frei im Internet verfügbar. Manchmal werden nur mögliche Tests für bestimmte Programme gelistet (Pallant, 2007).

Tests können drei unterschiedliche Ziele verfolgen (Abb. 113). Mit Zusammenhangstests will man bekannte Zusammenhänge mit Maßen beschreiben. Dies können Koeffizienten oder Funktionen sein. Man verwendet sie nur für sichere Zusammenhänge gepaarter Daten oder wenn man deren Vorliegen prüfen will.

Mit Unterschiedstests weist man Unterschiede oder Gleichverteilungen zwischen Gruppen nach. Dazu benötigt man immer mindestens eine exogene Variable zur Unterscheidung der Gruppen. Daher sind metrische Daten nicht als exogene Variablen geeignet. Möchte man sie dennoch als gruppenunterscheidendes Merkmal verwenden, muss man sie künstlich in Kategorien umwandeln.

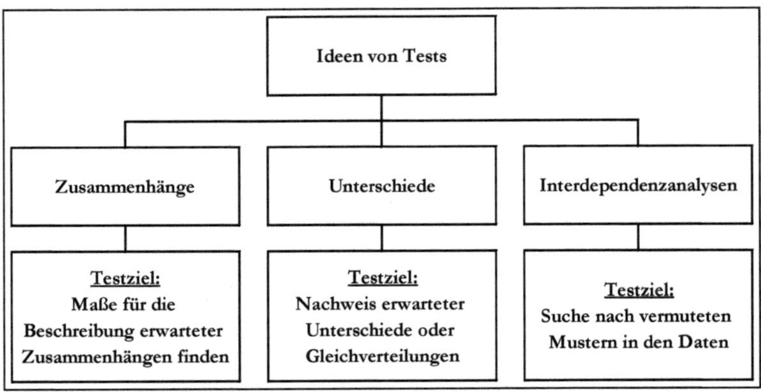

Abb. 113: Testziele

Im Sinne Poppers versucht man seine Erwartungen anhand der Daten zu falsifizieren (Popper, 2005). Kann man die angenommene Hypothese nicht falsifizieren, gilt sie als bewährt. Kann man sie nicht nicht falsifizieren, muss man die Gegenhypothese annehmen.

Interdependenztests verwendet man, wenn man unbekannte Muster in Daten erwartet. Mit ihnen möchte man diese Muster formal aufdecken oder bekannte Muster auf weniger Variablen reduzieren. Daher nennt man sie auch Tests zur Suche von Hypothesen.

Abbildung 114 stellt einen nicht abschließenden Entscheidungsbaum für Zusammenhangstests vor, der den Grundbedarf für wissenschaftliche Arbeiten abdeckt. Die Testentscheidung hängt hauptsächlich von der Anzahl und der Skalierung der Variablen des Zusammenhangs ab. Daneben müssen die genannten Testvoraussetzungen erfüllt sein.

Beschreiben von Zusammenhängen

Variablen	Skalierung	Zusammenhang	Stichprobe	Methode
2 Variablen (linear und nichtlinear)	beide Variablen beliebig skaliert	ungerichteter Zusammenhang	gepaarte Stichprobe	Kontingenztest χ^2-Unabhängigkeitst.
2 Variablen (linear)	eine Variable nominal	zweite Variable nominal oder als nominal behandelt	gepaarte Stichprobe mit 2 verschiedenen Beobachtungen oder zu 2 Zeitpunkten	korrigierter Kontingenzkoeffizient
	eine Variable ordinal	zweite Variable ordinal oder metrisch und als ordinal behandet	gepaarte Stichprobe mit 2 verschiedenen Beobachtungen oder zu 2 Zeitpunkten	Rangkorrelations-koeffizient nach Spearman
	beide Variablen metrisch skaliert	ungerichteter Zusammenhang	gepaarte Stichprobe mit 2 verschiedenen Beobachtungen oder zu 2 Zeitpunkten	Korrelations-koeffizient nach Pearson
	beide Variablen metrisch skaliert	gerichteter, linearer Zusammenhang	gepaarte Stichprobe mit 2 verschiedenen Beobachtungen oder zu 2 Zeitpunkten	lineare Regression
2 Variablen (nichtlinear)	beide Variablen metrisch skaliert	gerichteter, nichtlinearer Zusammenhang	gepaarte Stichprobe mit 2 verschiedenen Beobachtungen oder zu 2 Zeitpunkten	nichtlineare Regression
mehr als 2 Variablen	alle Variablen metrisch skaliert			log-lineare Modelle
	2 exogene Variablen metrisch skaliert	1 endogene Variable metrisch skaliert	gepaarte Stichprobe mit Werten für alle Beobachungen	multiple lineare Regression
	exogene Variablen metrisch skaliert	1 endogene Variable nominal skaliert		Diskriminanzanalyse
	exogene Variablen metrisch skaliert	1 endogene, kategoriale Variable		logistische Regression*
	kausales Modell mehrerer Variablen		alle Variablen messbar	Pfadanalyse*
			nicht alle Variablen messbar	Strukturgleichungs-modell*

* Die Methoden werden aufgrund ihrer Komplexität hier nicht weiter beschrieben

Abb. 114: Zusammenhangstests

Abbildung 115 zeigt einen nicht abschließenden Entscheidungsbaum für Interdependenztests. Für sie müssen bestimmte Datenkonstellationen vorliegen. Ihre unterschiedlichen Ziele sind je nach Testverfahren genau bestimmt. Liegen die entsprechenden Datenmerkmale und Ziele vor, kann man das jeweilige Testverfahren verwenden.

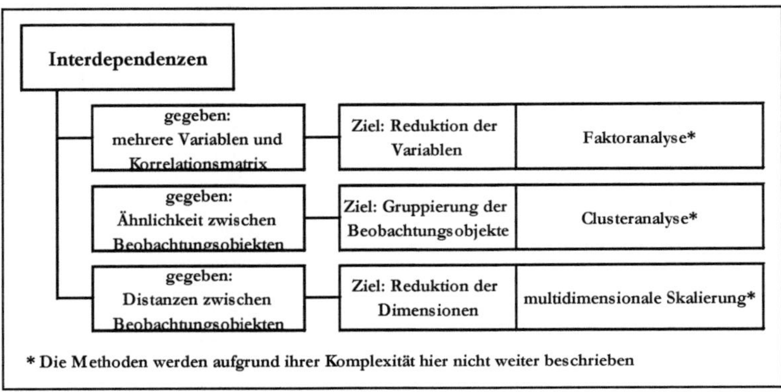

Abb. 115: Interdependenztests

Abbildung 116 zeigt einen ebenfalls nicht abschließenden Entscheidungsbaum für Unterschiedstests. Sie werden zum Teil über die zentrale Tendenz, die Varianz und über Häufigkeiten berechnet. Auch sie haben Anforderungen an die exogenen und endogenen Variablen und setzen bestimmte Merkmale der Stichproben voraus.

Einige Anforderungskombinationen verweisen auf zwei mögliche Tests, deren Auswahl davon abhängt, ob die Grundgesamtheit der endogenen Variablen als normalverteilt angenommen werden darf oder nicht. Darf man von der Normalverteilung ausgehen, wird ein parametrischer Test verwendet. Darf man nicht von der Normalverteilung der Grundgesamtheit ausgehen oder kann man diese nicht prüfen, weicht man auf einen nichtparametrischen Test aus.

Die Normalverteilung der Grundgesamtheit der endogenen Variablen darf man natürlich nicht willkürlich feststellen. Erfolgt die Entscheidung aufgrund der reinen deskriptiven Beschreibung, etwa aufgrund von Dichteverteilungen oder Histogrammen, ist sie sehr kritikanfällig. Daher prüft man die Hypothese der Normalverteilung besser mit einem formalen Test.

Prüfen von Unterschieden				parametrischer Test bei Normalverteilung der endogenen Variablen	nichtparametrischer Test bei Nicht-Normalverteilung der endogenen Variablen
Mittelwerte zentrale Tendenz		1 endogene Variable metrisch	Erwartungswert für prozentuale Anteile oder Mittelwert	Test auf prozentuale Anteile oder Mittelwerttest	
	1 exogene Variable dichotom	1 endogene Variable metrisch oder ordinal	gepaarte Stichprobe mit Beobachtungen zu 2 Zeitpunkten	paired t-Test	Wilcoxon Signed-Rank-Test
	1 exogene Variable dichotom	1 endogene Variable metrisch oder ordinal	nicht gepaarte Stichprobe	t-Test	Mann Whitney U-Test
Varianzen	1 exogene Variable kategorial, nicht dichotom	1 endogene Variable metrisch oder ordinal	mindestens 3 Gruppen verschiedener Beobachtungsobjekte	einfaktorielle Varianzanalyse (ANOVA)	Kruskal-Wallis-Test
	1 exogene Variable kategorial, nicht dichotom	1 endogene Variable metrisch oder ordinal	mindestens 3 Gruppen verschiedener Beobachtungsobjekte mit Beobachtungen zu mehreren Zeitpunkten	einfaktorielle Varianzanalyse (ANOVA) mit Wiederholung	Kruskal-Wallis-Test mit Wiederholung
	2 exogene Variablen kategorial, nicht dichotom	1 endogene Variable metrisch oder ordinal	mindestens 3 Gruppen verschiedener Beobachtungsobjekte je exogener Variablen	zweifaktorielle Varianzanalyse (ANOVA)	
	2 exogene Variablen kategorial, nicht dichotom	2 endogene Variablen metrisch oder ordinal	mindestens 3 Gruppen verschiedener Beobachtungsobjekte je exogener Variablen	zweifaktorielle Varianzanalyse (ANOVA) mit Messwiederholung	
	1 exogene Variable kategorial, nicht dichotom	mindestens 2 endogene Variablen metrisch oder ordinal	mindestens 3 Gruppen verschiedener Beobachtungsobjekte	multivariate Varianzanalyse (MANOVA)	
Proportionen Häufigkeiten	1 exogene Variable nominal oder ordinal	1 endogene Variable nominal oder ordinal		χ^2-Homogenitätstest	

Abb. 116: Unterschiedstests

Abbildung 117 listet Tests auf Normalverteilung auf. Der Jarque-Bera-Test berechnet die Teststatistik mittels der Schiefe und der Wölbung. Er eignet sich als Schnelltest für metrisch skalierte Variablen mit wenig Elementen. Der Kolmogoroff-Smirnov-Test kann für nahezu alle Skalierungen verwendet werden, sofern man aus den Daten mindestens 4 Klassen bilden kann. Diese beiden Tests sollten für die allermeisten Anwendungen in der Praxis ausreichen. Für weitere Tests wird auf die einschlägige Literatur verwiesen.

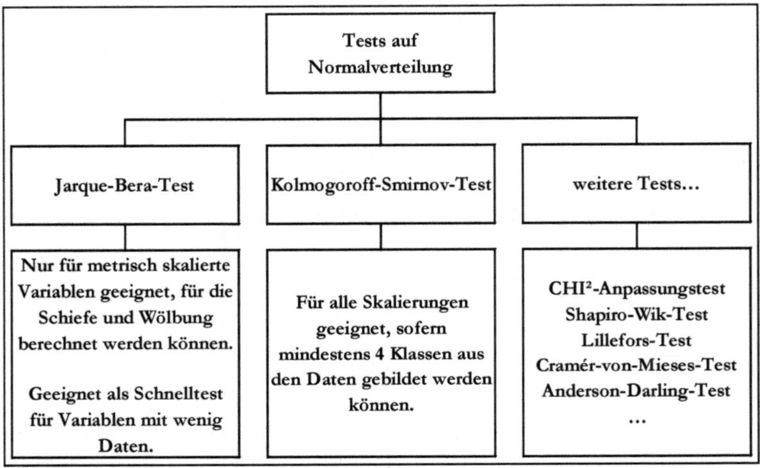

Abb. 117: Tests auf Normalverteilung

8 Mathematisch-statistische Testverfahren

8.1 Konzeptionen statistischer Tests

8.1.1 Wesentliche Konzepte

Mathematisch-statistische Zusammenhangstests sind dazu konzipiert, diese zu messen oder in Formeln auszudrücken. Wahrscheinlichkeitstests sind dazu konzipiert, die statistische Wahrscheinlichkeit für eine Gleichverteilung von Gruppen oder die statistische Übereinstimmung mit einem Erwartungswert zu vergleichen.

Zusammenhangstests liefern ungerichtete Zusammenhangsmaße oder Formeln, prüfen aber nicht die Hypothese eines vermuteten Zusammenhangs. Die Richtung des Zusammenhangs muss man durch rationales Nachdenken aus dem Sachverhalt ableiten. Mathematisch berechnen sie auch sogenannte Scheinzusammenhänge.

8.1.2 Zusammenhangsmaße

Mit Zusammenhangstests bemisst man die Stärke des Zusammenhangs zweier Variablen (Matthäus et al., 2016). Zusammenhangsmaße sind in der Regel auf einem Kontinuum von -100% oder 0% bis +100% normiert. Sie werden mit 0 oder -1 bis 1 angegeben. Bei 0 besteht absolut kein Zusammenhang zwischen den beiden Variablen. Dagegen liegt bei 1 ein perfekter positiver und bei -1 ein perfekter negativer Zusammenhang vor.

Abbildung 118 erläutert das mögliche Kontinuum von 0 bis 1. Liegt der Koeffizient nahe 0, geht man von keinem oder allenfalls einem äußerst schwachen Zusammenhang zwischen den beiden Variablen aus. Im mittleren Bereich unterstellt man einen mäßig schwachen bis höchstens einen mäßig starken Zusammenhang. Darüber spricht man von einem mäßig starken bis fast perfekten Zusammenhang.

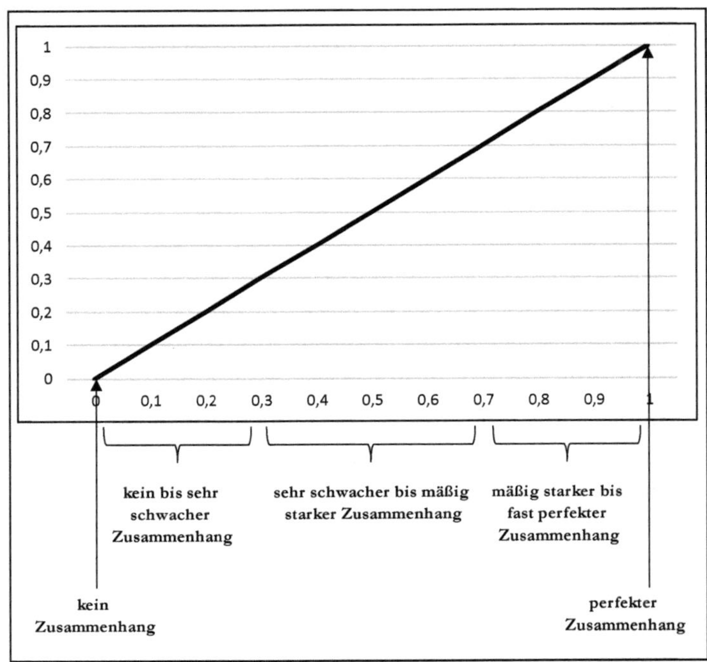

Abb. 118: Kontinuum von 0 bis 1

8.1.3 Formelzusammenhänge

Mit Regressionen berechnet man Zusammenhangsformeln für bekannte Zusammenhänge. Die Existenz zeigt man zuvor graphisch auf und die Wirkungsrichtung bestimmt man vorher rational. Bei Formelzusammenhängen spricht man von der abhängigen Variablen. Ihr metrisch skalierter Wert hängt vom Wert der unabhängigen Eingangsvariablen ab. In der Formel $y = ax + b$ ist y ist die abhängige Variable und x die unabhängige Variable, wobei a und b das Ausmaß der Wirkung bestimmen.

8.1.4 Wahrscheinlichkeitstests

Bei mathematisch-statistischen Wahrscheinlichkeitstests ermittelt man zunächst eine sogenannte Teststatistik und vergleicht diese mit einer Prüfgröße, dem kritischen Wert (Matthäus et al., 2016).

Beide befinden sich auf einem linearen Kontinuum, das Werte von 0 bis ∞ für den einseitigen oder von -∞ bis ∞ für den zweiseitigen Test annehmen kann. Bei völliger Gleichverteilung der Gruppen sind keine Abweichungen messbar und die Teststatistik nimmt den Wert 0 an. Bei ungleichen Verteilungen entfernt sie sich mit zunehmenden Unterschieden immer weiter vom Nullpunkt.

Bei einer Teststatistik $\neq 0$ sind die Gruppen formal nicht gleichverteilt. Man prüft jedoch Stichproben, die einem gewissen Zufall unterliegen. Daher akzeptiert man eine Abweichung von der absoluten Gleichverteilung als Ausgleich für den Zufall oder den Irrtum. Unter Berücksichtigung des gewünschten Konfidenzniveaus ermittelt man einen Annahmebereich. Beim zweiseitigen Test bildet er eine symmetrische Spanne um den Nullwert, deren Grenze bei $\pm$ dem kritischen Wert liegt. Beim einseitigen Test beginnt der Annahmebereich bei 0 und reicht bis + dem kritischen Wert. Befindet sich die Teststatistik innerhalb des Annahmebereiches hat man die Nullhypothese der Gleichverteilung der Gruppen nicht signifikant falsifiziert. Mit anderen Worten hat man sie nicht widerlegt und darf von der Gleichverteilung der Gruppen ausgehen. Der Bereich außerhalb der Spanne ist der Ablehnungsbereich. Liegt die Teststatistik im Ablehnungsbereich ist die Nullhypothese der Gleichverteilung der Gruppen nicht nicht signifikant falsifiziert und als widerlegt zu betrachten. Dann muss man von der Gegenhypothese ausgehen.

Abbildung 119 zeigt die mathematische Testkonzeption von Wahrscheinlichkeitstests in Anlehnung an Matthäus et al. (2016). Die Grenzen des Ablehnungsbereiches werden durch das Signifikanzniveau α bestimmt. Damit legt man fest, welchen möglichen Fehler 1. Ordnung ein Test noch akzeptieren soll. Das sind Fehler, die zur versehentlichen Ablehnung oder Nichtablehnung eines Tests führen können. Formal kann α alle Größen von 0 bis kleiner 1 annehmen, aber zu große α sind nicht sinnvoll. Meistens akzeptiert man 5% Irrtum und arbeitet mit $\alpha = 0{,}05$. Für ganz sichere Aussagen kann man auch kleinere α, zum Beispiel $\alpha = 0{,}01$, wählen. Damit schiebt man den kritischen Wert näher an den Nullpunkt und verkleinert den

Annahmebereich. Das Konfidenzniveau 1 - α ist das implizite Gegenstück zum Signifikanzniveau (Abb. 120). Es drückt die Vertrauenswürdigkeit eines Tests aus.

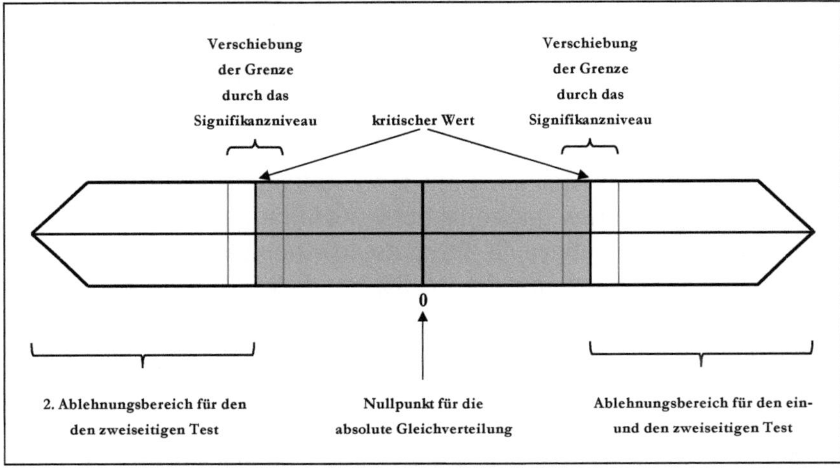

Abb. 119: Konzeption Wahrscheinlichkeitstest

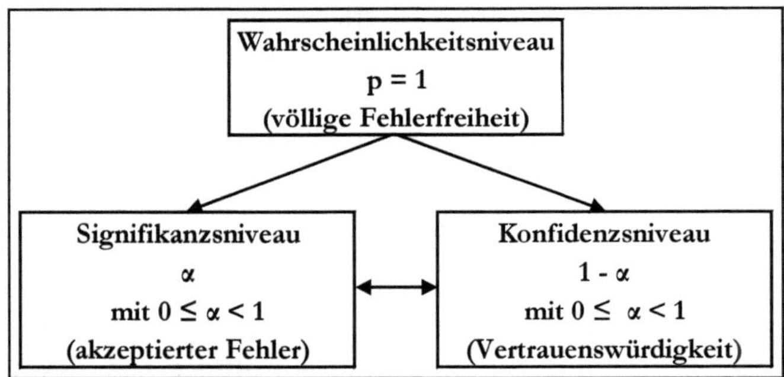

Abb. 120: Signifikanz- und Konfidenzniveau

Abbildung 121 beschreibt den idealtypischen Ablauf eines einseitigen Wahrscheinlichkeitstests. Die Prüfentscheidung lautet Teststatistik < kritischer Wert. Dem zweiseitigen Test liegt die Prüfentscheidung negativer kritischer Wert < Teststatistik < positiver kritischer Wert zugrunde.

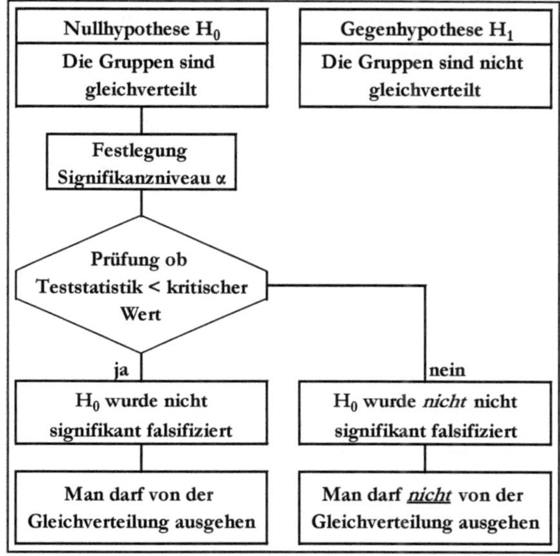

Abb. 121: Ablauf Wahrscheinlichkeitstest

Ausgangspunkt ist die Nullhypothese H_0, dass die Gruppen gleichverteilt sind. Die automatische Gegenhypothese H_1 ist, dass sie nicht gleichverteilt sind. Dann errechnet man die Teststatistik. Vor Ermittlung des kritischen Wertes muss man das gewünschte Signifikanzniveau α festlegen.

Programme geben häufig den Wahrscheinlichkeitswert p für schnelle Entscheidungen an. Er beschreibt, bei welchem Signifikanzniveau die Nullhypothese gerade falsifiziert wird.

8.2 Analyse einzelner Variablen

8.2.1 Analyse der Verteilung

Häufig kennt man die Verteilung einer Variablen nicht. Wenn man sie benötigt, sieht man sich die Daten an und entwickelt eine Hypothese für ihre Verteilung. Diese versucht man anschließend mit einem CHI²-Verteilungstest zu falsifizieren (Hartung et al., 2009; Matthäus et al., 2016). Kann man sie nicht widerlegen, darf man davon ausgehen, dass die Grundgesamtheit der Daten der angenommenen Verteilung unterliegt.

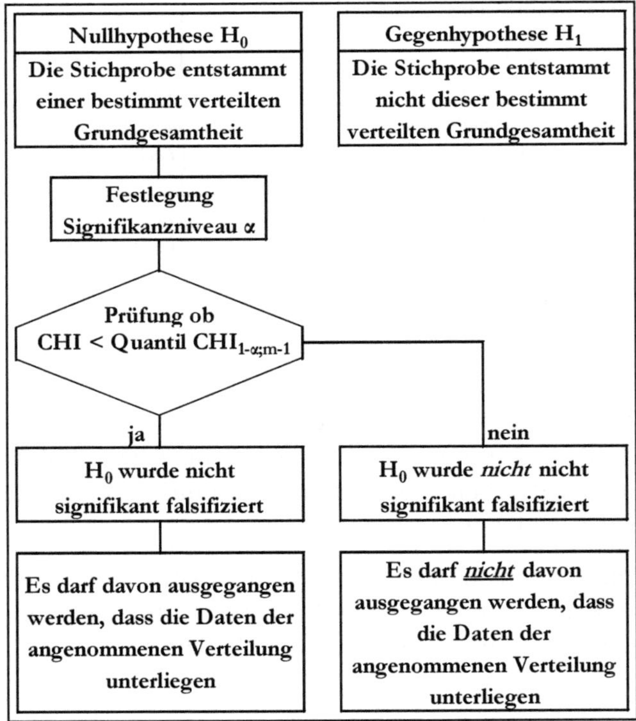

Abb. 122: Ablauf CHI2-Verteilungstest

Der Hypothesentest folgt dem in Abbildung 122 dargestellten Ablauf. Für den CHI^2-Test ermittelt man zunächst die Prüfstatistik CHI, die man mit dem kritischen Wert vergleicht. Dieser ist $CHI_{1-\alpha;m-1}$, dem Quantil von CHI für das Konfidenzniveau 1 - α und m - 1 Freiheitsgrade.

Der Test wird anhand von Ergebnissen der 2. Deutschen Fußballliga der Saison 2017/18 erläutert. In dieser Saison haben die Heimmannschaften im Durchschnitt auf 2 Nachkommastellen gerundet 1,63 Tore erzielt (Abb. 123). Das zugehörige Histogramm lässt vermuten, dass die Anzahl der geschossenen Tore mit λ = 1,63 Poisson-verteilt ist (Abb. 124).

Formal lautet die Teststatistik:

$$CHI = \sum_{i=1}^{m} \frac{(h_i - n_i)^2}{n_i}$$

Ergebnisse der 2. Deutschen Fußballiga in der Saison 2017/2018:

Erzielte Tore der Heimmannschaft:

Anzahl Tore	Anzahl Spiele
0	64
1	99
2	70
3	46
4	20
5	3
6	3
7	0
8	1

Tore im Durchschnitt: 1,63

Abb. 123: Tore von Heimmannschaften

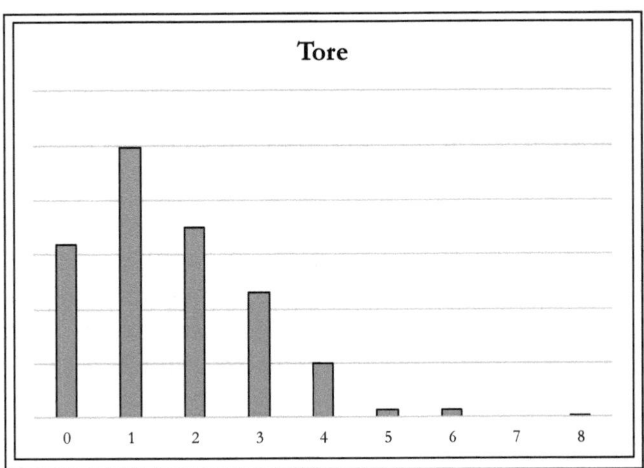

Abb. 124: Histogramm Tore

Wert Nr. i	Poisson-Wahrschein-lichkeit $P(X=x_i)$		beobachtete Häufigkeit h_i	theoretische Häufigkeit n_i	$(h_i-n_i)^2$	$(h_i-n_i)^2/n_i$
	λ=	1,63				
	k					
1	0	0,196	64	59,954	16,370	0,273
2	1	0,319	99	97,726	1,623	0,017
3	2	0,260	70	79,646	93,045	1,168
4	3	0,141	46	43,275	7,426	0,172
5	4	0,058	20	17,634	5,598	0,317
6	5	0,019	3	5,749	7,557	1,314
7	6	0,005	4	2,016	3,936	1,953
	Summe:		306	306	Prüfstatistik:	5,214

Abb. 125: Prüfstatistik CHI-Verteilungstest

Abbildung 125 beschreibt den gesamten Ablauf des Verteilungstests. Für die Ermittlung werden hier 7 Klassen, von 0 Tore bis mehr als 6 Tore, gebildet. Den 7 und 8 Toren sind somit keine eigene theoretische Wahrscheinlichkeit mehr zugeordnet, obwohl dort sowohl tatsächliche als auch theoretische Werte liegen können. Daher sind sie in der letzten Klasse zu einer Gesamtwahrscheinlichkeit zusammengefasst. Als Erstes ermittelt man die Poisson-Wahrscheinlichkeit der einzelnen Klassen für $\lambda = 1{,}63$. Dann trägt man die tatsächlich beobachteten Häufigkeiten h_i in die dritte Groß-Spalte ein. Daneben berechnet man die theoretischen Häufigkeiten durch Multiplikation der Anzahl der tatsächlichen Häufigkeiten mit ihrer theoretischen Wahrscheinlichkeit. Bei $k = 6$ berücksichtigt man die theoretische Häufigkeit für alle $k \geq 6$. In der folgenden Spalte quadriert man die Differenz der beiden Werte für alle Klassen und dividiert diese in der letzten Spalte durch ihre theoretische Häufigkeit. Die Summe der letzten Spalte ergibt die Teststatistik CHI mit 5,214.

Anzahl Freiheits-grade m	Signifikanzniveau α					
	0,01	0,02	0,03	0,04	0,05	0,1
1	6,635	5,412	4,709	4,218	3,841	2,706
2	9,210	7,824	7,013	6,438	5,991	4,605
3	11,345	9,837	8,947	8,311	7,815	6,251
4	13,277	11,668	10,712	10,026	9,488	7,779
5	15,086	13,388	12,375	11,644	11,070	9,236
6	16,812	15,033	13,968	13,198	12,592	10,645
7	18,475	16,622	15,509	14,703	14,067	12,017
8	20,090	18,168	17,010	16,171	15,507	13,362
9	21,666	19,679	18,480	17,608	16,919	14,684
10	23,209	21,161	19,922	19,021	18,307	15,987

Abb. 126: Auszug CHI2-Verteilung

Bei einem Signifikanzniveau von $\alpha = 0{,}05$ muss man die Teststatistik mit dem kritischen Wert, dem Quantil $CHI_{0,95;6}$ für das Konfidenzniveau $1 - \alpha = 0{,}95$ und $m - 1 = 6$ Freiheitsgraden, vergleichen. Aus der Tabelle der CHI^2-Verteilung liest man 12,592 als Grenze des Ablehnungsbereiches ab (Abb. 126). Die Teststatistik von 5,214 ist kleiner als die Grenze des Ablehnungsbereiches von 12,592. Die Stichprobe spricht mit einem Konfidenzniveau von 0,95 nicht signifikant gegen die Hypothese, dass sie einer Poisson-verteilten Grundgesamtheit mit $\lambda = 1{,}63$ entstammt.

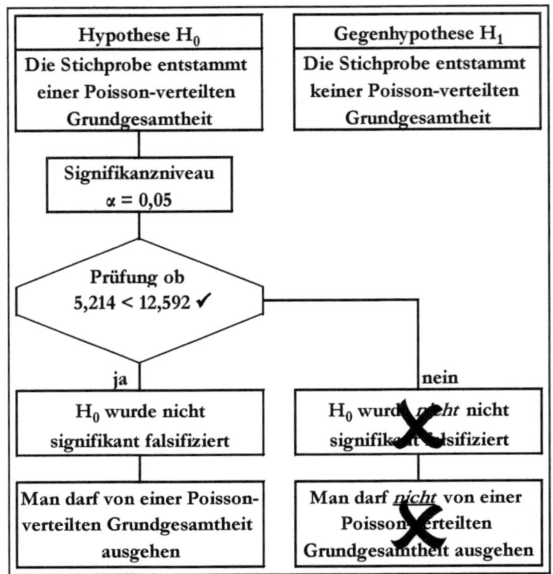

Abb. 127: Beispiel CHI2-Verteilungstest

Abbildung 127 beschreibt den gesamten Ablauf der Prüfung. Das Prüfungsergebnis besagt nicht, dass die Stichprobe Poisson-verteilt ist. Lediglich die Hypothese, dass sie einer Poisson-verteilten Grundgesamtheit entstammt, wurde mit 95%iger Wahrscheinlichkeit nicht falsifiziert.

8.2.2 Beurteilung prozentualer Anteile

8.2.2.1 Hypothesen für die prozentuale Beurteilung

Für die Beurteilung des prozentualen Anteils einzelner Datenreihen kann man drei mögliche Gegenhypothesen aufstellen (Hartung et al., 2009; Matthäus et al., 2016). Die Nullhypothese lautet:

$$H_0: p_0 = p^*$$

Mögliche Gegenhypothesen sind:

$$H_{1.1}: p^* > p_0; \quad H_{1.2}: p^* < p_0 \quad \text{und} \quad H_{1.3}: p^* \neq p_0$$

Die Gegenhypothesen $H_{1.1}$ und $H_{1.2}$ führen zu einem einseitigen Test. Für die Gegenhypothese $H_{1.3}$ muss man einen zweiseitigen Test durchführen. Die Teststatistik ermittelt man wie folgt:

$$z = \frac{p^* - p_0}{\sqrt{p_0 * \frac{(100 - p_0)}{n}}}$$

Die Grenze des Ablehnungsbereiches zum Signifikanzniveau α ist das Quantil der Standardnormalverteilung für das Konfidenzniveau 1 - α für den einseitigen und 1 - $\frac{\alpha}{2}$ für den zweiseitigen Test.

8.2.2.2 Rechtsseitiger prozentualer Test

Ein Einkaufszentrum in Fulda nimmt an, dass es vornehmlich Frauen als Kunden anzieht. Die Leitung des Einkaufzentrums erhebt eine Stichprobe, die sie mit den Anteilen der Geschlechter an der Gesamtbevölkerung vergleicht.

Hierbei handelt es sich um einen rechtsseitigen Test. Die Teststatistik kann bei diesem nur ≥ 0 sein.

Ausgangspunkt ist die technische Nullhypothese, dass der Frauenanteil bei den Kunden gleich dem an der Bevölkerung ist. Die Gegenhypothese geht davon aus, dass er größer ist.

$H_{0.1}$: Frauenanteil bei Kunden = Bevölkerungsanteil Frauen

$H_{1.1}$: Frauenanteil bei Kunden > Bevölkerungsanteil Frauen

Der Anteil der Frauen an der Gesamtbevölkerung beträgt 52%	$H_{0.1}: p_0 = 52\%$
Der Anteil der Kundinnen des Einkaufszentrums liegt darüber	$H_{1.1}: p > p_0$
Die Stichprobe umfasst 800 Personen	$n = 800$
davon waren 428 Frauen	$p^* = 53{,}5\%$
Signifikanzniveau	$\alpha = 0{,}02$

Damit berechnet man folgende Teststatistik:

$$z = \frac{53{,}5 - 52}{\sqrt{52 * \frac{(100 - 52)}{800}}} = 0{,}849$$

Die Grenze des Ablehnungsbereiches entnimmt man der Tabelle der Standardnormalverteilung (Abb. 128). Dort sucht man das Intervall, in dem das Konfidenzniveau 1 - α = 0,98 enthalten ist. Das ist in diesem Fall in der Zeile, die mit 2,0 beginnt, und steckt in den mit 0,05 und 0,06 überschriebenen Spalten. Somit nimmt das Quantil $z_{0{,}95}$, die Grenze des Ablehnungsbereiches, einen Wert zwischen 2,05 und 2,06 an. Die Teststatistik liegt mit einem Wert von 0,849 links der Grenze von 2,05 und damit beim rechtsseitigen Test nicht im Ablehnungsbereich. Da die technische Testkonzeption von H_0 ausgeht, wurde die Nullhypothese statistisch nicht widerlegt. Das bedeutet, der prozentuale Anteil an Kundinnen unterscheidet sich statistisch nicht von dem Frauenanteil der Bevölkerung. Die Annahme der Leitung des Einkaufszentrums konnte nicht durch die Stichprobe bestätigt werden.

x	0,00	0,01	0,02	0,03	0,04	0,05	0,06	0,07	0,08	0,09
0,0	0,5000	0,5040	0,5080	0,5120	0,5160	0,5199	0,5239	0,5279	0,5319	0,5359
0,1	0,5398	0,5438	0,5478	0,5517	0,5557	0,5596	0,5636	0,5675	0,5714	0,5753
0,2	0,5793	0,5832	0,5871	0,5910	0,5948	0,5987	0,6026	0,6064	0,6103	0,6141
0,3	0,6179	0,6217	0,6255	0,6293	0,6331	0,6368	0,6406	0,6443	0,6480	0,6517
0,4	0,6554	0,6591	0,6628	0,6664	0,6700	0,6736	0,6772	0,6808	0,6844	0,6879
0,5	0,6915	0,6950	0,6985	0,7019	0,7054	0,7088	0,7123	0,7157	0,7190	0,7224
0,6	0,7257	0,7291	0,7324	0,7357	0,7389	0,7422	0,7454	0,7486	0,7517	0,7549
0,7	0,7580	0,7611	0,7642	0,7673	0,7704	0,7734	0,7764	0,7794	0,7823	0,7852
0,8	0,7881	0,7910	0,7939	0,7967	0,7995	0,8023	0,8051	0,8078	0,8106	0,8133
0,9	0,8159	0,8186	0,8212	0,8238	0,8264	0,8289	0,8315	0,8340	0,8365	0,8389
1,0	0,8413	0,8438	0,8461	0,8485	0,8508	0,8531	0,8554	0,8577	0,8599	0,8621
1,1	0,8643	0,8665	0,8686	0,8708	0,8729	0,8749	0,8770	0,8790	0,8810	0,8830
1,2	0,8849	0,8869	0,8888	0,8907	0,8925	0,8944	0,8962	0,8980	0,8997	0,9015
1,3	0,9032	0,9049	0,9066	0,9082	0,9099	0,9115	0,9131	0,9147	0,9162	0,9177
1,4	0,9192	0,9207	0,9222	0,9236	0,9251	0,9265	0,9279	0,9292	0,9306	0,9319
1,5	0,9332	0,9345	0,9357	0,9370	0,9382	0,9394	0,9406	0,9418	0,9429	0,9441
1,6	0,9452	0,9463	0,9474	0,9484	0,9495	0,9505	0,9515	0,9525	0,9535	0,9545
1,7	0,9554	0,9564	0,9573	0,9582	0,9591	0,9599	0,9608	0,9616	0,9625	0,9633
1,8	0,9641	0,9649	0,9656	0,9664	0,9671	0,9678	0,9686	0,9693	0,9699	0,9706
1,9	0,9713	0,9719	0,9726	0,9732	0,9738	0,9744	0,9750	0,9756	0,9761	0,9767
2,0	0,9772	0,9778	0,9783	0,9788	0,9793	0,9798	0,9803	0,9808	0,9812	0,9817
2,1	0,9821	0,9826	0,9830	0,9834	0,9838	0,9842	0,9846	0,9850	0,9854	0,9857
2,2	0,9861	0,9864	0,9868	0,9871	0,9875	0,9878	0,9881	0,9884	0,9887	0,9890

Abb. 128: Teiltabelle Standardnormalverteilung

8.2.2.3 Linksseitiger prozentualer Test

Der Vorstand des Fußballclubs Zwietracht Kassel glaubt, dass er weniger Frauen unter seinen Zuschauern hat, als andere Vereine der gleichen Liga. Er lässt beim nächsten Heimspiel die Zuschauerinnen zählen.

Hierbei handelt es sich um einen linksseitigen Test. Die Teststatistik kann bei diesem nur ≤ 0 sein.

Die technische Nullhypothese besagt, dass der Frauenanteil bei den Zuschauern gleich ist. Die Gegenhypothese geht davon aus, dass er kleiner ist.

$H_{0.2}$: Frauenanteil = Zuschauerinnenanteil in der Liga

$H_{1.2}$: Frauenanteil < Zuschauerinnenanteil in der Liga

Der Anteil der Frauen als Zuschauerinnen bei Spielen der Liga beträgt 8%	$H_{0.2}: p_0 = 8\%$
Der Anteil der Zuschauerinnen bei Zwietracht Kassel liegt darunter	$H_{1.2}: p < p_0$
Die Stichprobe umfasst 1.200 Personen	$n = 1.200$
davon waren 90 Frauen	$p^* = 7{,}5\%$
Signifikanzniveau	$\alpha = 0{,}05$

Damit berechnet man folgende Teststatistik:

$$z = \frac{7{,}5 - 8}{\sqrt{8 * \frac{(100-8)}{1.200}}} = -0{,}638$$

Die Grenze des Ablehnungsbereiches entnimmt man wiederum der Tabelle der Standardnormalverteilung (Abb. 128). Dort sucht man das Intervall, in dem das Konfidenzniveau 1- $\alpha = 0{,}95$ enthalten ist. Das ist in diesem Fall in der Zeile, die mit 1,6 beginnt und steckt in den mit 0,04 und 0,05 überschriebenen Spalten. Somit nimmt das Quantil $z_{0,95}$ einen kritischen Wert zwischen 1,64 und 1,65 an. Aufgrund der Symmetrie der Standardnormalverteilung ist der linksseitige Wert negativ. Die Teststatistik liegt mit -0,638 rechts der Grenze von -1,64 und damit beim linksseitigen Test nicht im Ablehnungsbereich. Da die technische Testkonzeption von H_0 ausgeht, wurde diese Hypothese nicht widerlegt. Die Stichprobe bestätigt nicht die Annahme des Vorstands von Zwietracht Kassel.

8.2.2.4 Beidseitiger prozentualer Test

Der Fußballschiedsrichter Kleingeist behauptet, dass entgegen der dichotomen Wahrscheinlichkeit von 50% bei der Seitenwahl tatsächlich ein abweichendes Verhältnis eintritt. Um dieses nachzuweisen hat er bei seinen letzten Spielen Statistik geführt und folgende Hypothese und Gegenhypothese aufgestellt:

$H_{0.3}$: Die tatsächliche Seitenwahl ist = der dichotomen Wahrscheinlichkeit von 50%.

$H_{1.3}$: Die tatsächliche Seitenwahl ist ≠ der dichotomen Wahrscheinlichkeit von 50%.

Hierbei handelt es sich um einen zweiseitigen Test. Die Teststatistik kann positiv oder negativ sein. Die Irrtumswahrscheinlichkeit muss jetzt zwei Seiten berücksichtigen. Man betrachtet die eine Hälfte links- und die andere Hälfte rechtsseitig.

Die dichotome Wahrscheinlichkeit beträgt 50%	$H_{0.3}: p_0 = 50\%$
Die tatsächliche Seitenwahl ergibt einen abweichenden Wert	$H_{1.3}: p \neq p_0$
Die Stichprobe umfasst 100 Spiele	$n = 100$
davon waren 51 Würfe Kopf	$p^* = 51\%$
Signifikanzniveau	$\alpha = 0{,}05$

Damit berechnet man folgende Teststatistik:

$$z = \frac{51 - 50}{\sqrt{50 * \frac{(100 - 50)}{100}}} = 0{,}2$$

Aufgrund der Symmetrie der Standardnormalverteilung beträgt das Konfidenzniveau jetzt 1 - $\frac{\alpha}{2}$ für $\alpha = 0{,}5$, also 0,975. Die kritischen Werte sind somit $\pm$ (1,9 + 0,06), also $\pm$ 1,96. Die Teststatistik von 0,2 liegt nicht im Ablehnungsbereich der Nullhypothese, so dass man nicht von der Gegenhypothese $H_{1.3}$ ausgehen darf.

8.2.3 Beurteilung des Mittelwertes

8.2.3.1 Hypothesen für Mittelwerttests

Auch für die Beurteilung des Mittelwertes einer Datenreihe kann man drei mögliche Gegenhypothesen aufstellen (Hartung et al., 2009; Matthäus et al., 2016). Die Nullhypothese lautet:

$$H_0: \mu_0 = \bar{x}$$

Die möglichen Gegenhypothesen lauten sodann:

$$H_{1.1}: \bar{x} > \mu_0; \qquad H_{1.2}: \bar{x} < \mu_0 \quad \text{und} \quad H_{1.3}: \bar{x} \neq \mu_0$$

Die Teststatistik ermittelt man mit:

$$z = \sqrt{n} * \frac{\bar{x} - \mu_0}{\sigma}$$

Falls σ unbekannt ist, darf man als Schätzung auch folgende Formel verwenden:

$$z = \sqrt{n} * \frac{\bar{x} - \mu_0}{s}$$

Die Grenze des Ablehnungsbereiches zum Signifikanzniveau α ist wieder das Quantil der Standardnormalverteilung für das Konfidenzniveau 1 - α für den einseitigen und 1 - $\frac{\alpha}{2}$ für den zweiseitigen Test.

8.2.3.2 Rechtsseitiger Mittelwerttest

Die Stadtverwaltung Frankfurt hat zur Luftverbesserung ein Tempolimit von 40 km/h auf einer Durchgangsstraße eingeführt. Sie prüft dessen Einhaltung mit einer Messung und stellt folgende Hypothesen auf:

$H_{0.1}$: Die tatsächlich gemessene Geschwindigkeit ist = dem Erwartungswert von 40 km/h.

$H_{1.1}$: Die tatsächlich gemessene Geschwindigkeit ist > dem Erwartungswert von 40 km/h.

Der Erwartungswert beträgt	$H_{0.1}: \mu_0 =$ 40 km/h
Die Messung ergibt eine tatsächlich höhere Geschwindigkeit	$H_{1.1}: \mu > \bar{x}$
Die Stichprobe umfasst mit einer Standardabweichung von	$n = 200$ $s = 1{,}5024$
Durchschnittsgeschwindigkeit	$\bar{x} = 40{,}42$ km/h
Signifikanzniveau	$\alpha = 0{,}05$

Damit berechnet man folgende Teststatistik:

$$z = \sqrt{200} * \frac{40{,}42 - 40}{1{,}5024} = 3{,}953$$

Die Grenze des Ablehnungsbereiches entnimmt man wiederum der Tabelle der Standardnormalverteilung (Abb. 128). Dort sucht man das Intervall, in dem das Konfidenzniveau 1 - $\alpha = 0{,}95$ enthalten ist. Es steckt in diesem Fall in der Zeile, die mit 1,6 beginnt und den mit 0,05 und 0,06 überschriebenen Spalten. Der kritische Wert, das Quantil $z_{0,95}$, nimmt einen Wert zwischen 1,64 und 1,65 an. Die Teststatistik ist mit 3,953 größer als der kritische Wert und liegt beim rechtsseitigen Test im Ablehnungsbereich. Da die technische Testkonzeption von H_0 ausgeht, wurde die Hypothese somit nicht nicht signifikant falsifiziert. Die Annahme, dass die tatsächlich gefahrene

Geschwindigkeit höher als das Tempolimit ist, wurde somit nicht bestätigt.

8.2.3.3 Linksseitiger Mittelwerttest

Die Stadtverwaltung Düsseldorf hat zum Schutz eines Kindergartens sowohl ein Tempolimit von 30 km/h, als auch beidseitig des Kindergartens Bremshügel eingeführt. Nun möchte sie überprüfen, ob der Schutz der Kindergartenkinder gewährleistet ist, und nimmt eine Messung vor. Für die Beurteilung stellt sie folgende Hypothesen auf:

$H_{0.2}$: Die tatsächlich gemessene Geschwindigkeit ist = dem Erwartungswert von 30 km/h.

$H_{1.2}$: Die tatsächlich gemessene Geschwindigkeit ist < als der Erwartungswert von 30 km/h.

Der Erwartungswert beträgt	$H_{0.2}: \mu_0 =$ 30 km/h
Die Messung ergibt tatsächlich eine niedrigere Geschwindigkeit	$H_{1.2}: \mu > \bar{x}$
Die Stichprobe umfasst mit einer Standardabweichung von	$n = 100$ $s = 1{,}7185$
Durchschnittsgeschwindigkeit	$\bar{x} = 27{,}79$ km/h
Signifikanzniveau	$\alpha = 0{,}05$

Damit berechnet man folgende Teststatistik:

$$z = \sqrt{100} * \frac{27{,}79 - 30}{1{,}7185} = -12{,}86$$

Die Grenze des Ablehnungsbereiches entnimmt man wiederum der Tabelle der Standardnormalverteilung (Abb. 128). Dort sucht man das Intervall, in dem das Konfidenzniveau 1 - $\alpha = 0{,}95$ enthalten ist. Es steckt in der Zeile, die mit 1,6 beginnt und den mit 0,05 und 0,06 überschriebenen Spalten. Das Quantil $z_{0,95}$ nimmt aufgrund der

Symmetrie der Standardnormalverteilung einen negativen Wert zwischen -1,65 und -1,66 an. Die Teststatistik -12,86 ist kleiner als der kritische Wert von -1,66 und liegt damit beim linksseitigen Test im Ablehnungsbereich. Da die technische Testkonzeption von H_0 ausgeht, wurde die Hypothese somit nicht nicht falsifiziert und man muss von $H_{1.2}$ ausgehen. Die Annahme, dass die tatsächlich gefahrene Geschwindigkeit niedriger als das Tempolimit ist, wurde nicht bestätigt.

8.2.3.4 Beidseitiger Mittelwerttest

Bäckermeister Spitzfindig rühmt sich damit, dass er Brote von exakt 1.450 Gramm herstellt. Da er unsicher ist, ob seine Aussage stimmt, möchte er seine Werbebotschaft mit einer Stichprobe prüfen. Für die Beurteilung stellt er folgende Hypothesen auf:

$H_{0.3}$: Das tatsächliche Gewicht ist = 1.450g.

$H_{1.3}$: Das tatsächliche Gewicht ist ≠ 1.450g.

Der Erwartungswert beträgt	$H_{0.3}: \mu_0 = 1.450g$
Das Gewicht der Brote ist ungleich 1.450g	$H_{1.3}: \mu \neq \bar{x}$
Die Stichprobe umfasst mit einer Standardabweichung von	$n = 250$ $s = 10{,}083$
Durchschnittsgewicht	$\bar{x} = 1.439g$
Signifikanzniveau	$\alpha = 0{,}05$

Damit berechnet man folgende Teststatistik:

$$z = \sqrt{250} * \frac{1439 - 1450}{10{,}083} = -17{,}25$$

Bei diesem zweiseitigen Test kann die Teststatistik positiv oder negativ sein. Die Irrtumswahrscheinlichkeit ist nun auf zwei Seiten verteilt. Die eine Hälfte des Irrtums ist linksseitig und die andere Hälfte rechtsseitig zu betrachten.

Aufgrund der Symmetrie der Standardnormalverteilung beträgt das Konfidenzniveau jetzt 1 - $\frac{\alpha}{2}$ für $\alpha = 0{,}5$, also 0,975. Die kritischen Werte sind somit $\pm$ (1,9 + 0,06), also $\pm$ 1,96. Die Teststatistik von -17,25 liegt somit im Ablehnungsbereich der Nullhypothese. Die Brote entsprechen statistisch nicht 1.450g.

8.2.4 Tests auf Ausreißer

8.2.4.1 Formale Suche von Ausreißern

Ausreißer können statistische Ergebnisse stark verfälschen. Daher muss man sehr vorsichtig mit Ihnen umgehen. Die Entscheidung, wie man mit ihnen umgehen will, ist schwierig und sollte gut begründet sein. Daher objektiviert man sie gerne durch formale Tests.

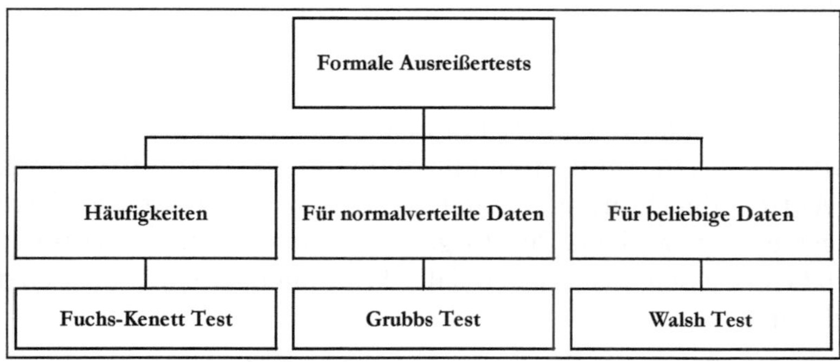

Abb. 129: Formale Ausreißertests

Für das formale Erkennen von Ausreißern gibt es viele Tests. Die drei in Abbildung 129 aufgeführten Tests reichen meistens für die Praxis aus. Kategoriale Variablen können keine einzelnen Ausreißer haben. Mit dem Fuchs-Kenett Test kann man jedoch prüfen, ob einzelne Felder der Kontingenztafel eine zu geringe oder zu hohe Häufigkeit aufweisen. Mit dem Grubbs-Test kann man für normalverteilte, metrische Daten und mit dem Walsh-Test für beliebige Daten prüfen, ob einzelne Werte Ausreißer sind (Hartung et al., 2009; Reiter, 2019).

8.2.4.2 Fuchs-Kenett Test

Mit dem Fuchs-Kenett Test kann man prüfen, ob beliebige Felder von Kontingenztafeln zu stark oder zu schwach besetzt sind. Die Teststatistik u_{ij} ermittelt man für jedes einzelne Feld wie folgt:

$$u_{ij} = \frac{h_{ij} - e_{ij}}{\sqrt{e_{ij} * (1 - \frac{\text{Zeilensumme}_i}{n} - \frac{\text{Spaltensumme}_j}{n} + \frac{e_{ij}}{n})}}$$

Die Teststatistik gibt an, bis zu welchem Konfidenzniveau man den Wert des einzelnen Feldes der Kontingenztafel als vertrauenswürdig betrachten darf. Allerdings sollte man sie nicht unmittelbar gegen das Konfidenzniveau 1 - α abgleichen, da es sich um eine Mehrfachprüfung handelt. Das kritische Konfidenzniveau ermittelt man mittels der Bonferroni-Korrektur um die Anzahl der Kontingenzgruppen:

$$1 - \alpha_{korr} = 1 - \frac{\alpha}{m}$$

Auf dem Jahrmarkt befragt ein Schausteller Kunden, ob sie sein Fahrgeschäft ein weiteres Mal nutzen werden (Abb. 130). Aus den Ist-Werten der Kontingenztafel muss man zunächst die Erwartungswerte entwickeln. Der Vorgang wird in Abbildung 131 theoretisch beschrieben. In jedem Feld der Kontingenztafel wird durch die Rechnung

Spaltensumme / Gesamtanzahl * Zeilensumme

der theoretische Erwartungswert berechnet. Im Beispiel ist er auf zwei Nachkommastellen angegeben, um Eingriffe durch Rundungen weitestgehend zu vermeiden.

Nach Berechnung der einzelnen Felder ergibt sich die in Abbildung 132 dargestellte Kontingenztafel der Erwartungswerte.

Setzt man die Erwartungswerte in die Formel für u_{ij} ein, erhält man die in Abbildung 133 dargestellten Teststatistiken für die einzelnen Felder.

Ist-Werte der Kontingenztafel			
	Jungen	Mädchen	Zeilen-summe
ja	6	3	9
vielleicht	2	5	7
nein	4	5	9
Spalten-summe	12	13	25

Abb. 130: Beispielswerte Fuchs-Kenett Test

Ermittlung der Erwartungswerte der Kontingenztafel			
	h	j	Zeilen-summe
i=1	Zsum*SpSum /TotalSum	Zsum*SpSum /TotalSum	ZSum
i=2	Zsum*SpSum /TotalSum	Zsum*SpSum /TotalSum	ZSum
i=3	Zsum*SpSum /TotalSum	Zsum*SpSum /TotalSum	ZSum
Spalten-summe	SpSum	SpSum	TotalSum

Abb. 131: Ermittlung Fuchs-Kenett Test

Erwartungswerte der Kontingenztafel			
	Jungen	Mädchen	Zeilen-summe
ja	4,32	4,68	9
vielleicht	3,36	3,64	7
nein	4,32	4,68	9
Spalten-summe	12	13	25

Abb. 132: Erwartungswerte Fuchs-Kenett Test

Ermittlung von u_{ij}		
	Jungen	Mädchen
ja	1,401	-1,401
vielleicht	-1,213	1,213
nein	-0,267	0,267

Abb. 133: Teststatistiken Fuchs-Kenett Test

Das einseitige Konfidenzniveau für diese Teststatistiken entnimmt man wiederum der Tabelle der Standardnormalverteilung. Damit erhält man die Konfidenzniveaus aus Abbildung 134:

Konfidenzniveaus von u_{ij}		
	Jungen	Mädchen
ja	0,9194	0,9194
vielleicht	0,8873	0,8873
nein	0,6052	0,6052
mit u_{ij} der Tabelle der Standardnormalverteilung entnommen		

Abb. 134: Konfidenzniveaus Fuchs-Kenett Test

Zum Vergleich nutzt man nicht das gewählte Konfidenzniveau 1- α, sondern das um die Bonferroni-Korrektur angepasste:

$$1 - \alpha_{korr} = 1 - \frac{0{,}05}{6} = 0{,}992$$

Bei dem gewählten Konfidenzniveau von 0,95 sind nur die Felder der Kontingenztafel größer als 1- $\alpha_{\text{korr.}}$ = 0,992, im Beispielfall also keine, akzeptabel.

8.2.4.3 Grubbs-Test

Der Grubbs-Test geht von der Hypothese aus, dass die zu prüfenden Daten einer normalverteilten Grundgesamtheit entstammen (Grubbs et al., 1972; Grubbs, 1973; Hartung et al., 2009; Zaiontz, 2019). Mit ihm prüft man, ob ein einzelner, am Rande der nach Größe sortierten Datenreihe liegender Datenwert ein Ausreißer ist. Man kann mit dem Grubbs-Test sowohl kleinste als auch größte Werte untersuchen. Zudem kann man ihn nach dem Ausschluss erkannter Ausreißer beliebig oft wiederholen.

Seine Nullhypothese lautet:

$$H_0\text{: } x_e \text{ ist kein Ausreißer}$$

x_e bedeutet hier $x_{\text{estimated outlier}}$ und beschreibt den erwarteten Ausreißer. Die Teststatistik ermittelt man mit:

$$T_e = \frac{|\bar{x} - x_e|}{s}$$

Die Nullhypothese verwirft man zum Signifikanzniveau α, wenn der kritische Wert $T_e > T_{e;1-\alpha}$ ist. Ihn entnimmt man der Tabelle der kritischen Werte des Grubbs-Tests.

Abbildung 135 gibt ein Beispiel für den Grubbs-Test wieder. Der größte Wert einer Datenreihe mit 12 Werten von 25 bis 59 scheint ein Ausreißer zu sein. Die Ermittlung der Teststatistik ergibt 2,588. Aus der Tabelle der kritischen Werte des Grubbs-Tests kann man für die Kombination $n = 12$ und $\alpha = 0{,}05$ den Wert 2,285 ablesen. Da die Teststatistik mit 2,588 größer als der kritische Wert von 2,285 ist, wird die Nullhypothese ‚H_0: x_{12} ist kein Ausreißer' verworfen.

i	X	$(x_i-\bar{x})^2$
1	25	110,25
2	26	90,25
3	28	56,25
4	30	30,25
5	33	6,25
6	34	2,25
7	35	0,25
8	37	2,25
9	38	6,25
10	40	20,25
11	41	30,25
12	59	552,25
Summe:	426	907

$n = 12$

$\bar{x} = 35{,}5$

$s = 9{,}080448527$

$x_e = i_{12}$

$\alpha = 0{,}05$

$T_{12;1-\alpha} = 2{,}2850$

$$T_e = \frac{|\bar{x}-x_e|}{s}$$

$$T_{12} = \frac{|35{,}5-59|}{9{,}0804}$$

$T_{12} = 2{,}5880$

$T_{12} > T_{12;1-\alpha}$?

$2{,}5880 > 2{,}2850$

H_0 wurde <u>nicht</u> nicht signifikant widerlegt
x_{12} ist ein Ausreißer

Abb. 135: Grubbs-Test

8.2.4.4 Walsh-Test

Den Ausreißertest von Walsh kann man als nichtparametrischen Test unabhängig von der Verteilung der Daten verwenden (Walsh, 1950). Er benötigt jedoch für verschiedene Signifikanzniveaus die in Abbildung 136 genannten Mindestanzahlen von Datenwerten.

α =	n
0,1	61
0,05	221
0,04	339
0,03	590
0,025	841
0,02	1.301
0,01	5.101
0,001	501.001

Abb. 136: Walsh-Test Signifikanzen

Die möglichen Nullhypothesen für den Walsh-Test lauten:

$H_{0.min}$: die r kleinsten Werte sind keine Ausreißer

$H_{0.max}$: die r größten Werte sind keine Ausreißer

Die entsprechenden Gegenhypothesen lauten:

$H_{1.min}$: die r kleinsten Werte sind Ausreißer

$H_{1.max}$: die r größten Werte sind Ausreißer

Für seine Berechnung benötigt man folgende Werte:

i. Signifikanzniveau α
ii. Anzahl n der Werte der Datenreihe
iii. Anzahl r der als Ausreißer vermuteten Datenwerte

Mit diesen Angaben kalkuliert man folgende Parameter:

$$c = \sqrt{2 * n} \text{ (abgerundet auf ganzzahligen Wert)}$$

$$k = c + r$$

$$b = \sqrt{\frac{1}{\alpha}}$$

$$a = \frac{1 + b * \sqrt{\frac{c - b^2}{c - 1}}}{c - b^2 - 1}$$

Die Prüfung erfolgt für $H_{0.min}$ und $H_{0.max}$ unterschiedlich. Die jeweilige Nullhypothese wird verworfen für

$$H_{0.min}, \text{wenn}: \quad x_{(r)} - (1 + a)x_{(r+1)} + ax_{(k)} < 0$$

$$H_{0.max}, \text{wenn}: \quad x_{(n+1-r)} - (1 + a)x_{(n-r)} + ax_{(n+1-k)} > 0$$

Abbildung 137 zeigt ein Beispiel für die Berechnung des Walsh-Tests zu einem Signifikanzniveau von $\alpha = 0{,}05$ mit einem Datensatz von 250 Werten. Die Prüfung erfolgt unter der Annahme, dass jeweils 2 Werte zu beiden Seiten der nach Werten sortierten Datenreihe keine Ausreißer sind. In beiden Fällen wird die Nullhypothese nicht widerlegt, so dass die in Rede stehenden Werte nicht als Ausreißer betrachtet werden dürfen.

Nullhypothesen: $H_{0.min}$: $x_{(2)}$ ist kein Ausreißer

$H_{0.max}$: $x_{(249)}$ ist kein Ausreißer

			bestimmte Datenwerte:		
Signifikanzniveau	$\alpha =$	0,05			
Anzahl Datenwerte	$n =$	250			
Anzahl vermutete Ausreißer	$r =$	2	$x_r =$	$x_{(2)} =$	15
			$x_{r+1} =$	$x_{(3)} =$	20
daraus abgeleitete	$c =$	22	$x_k =$	$x_{(24)} =$	45
Parameter	$k =$	24	$x_{(n+1-k)} =$	$x_{(227)} =$	60
	$b =$	4,4721	$x_{(n-r)} =$	$x_{(248)} =$	78
	$a =$	2,3801	$x_{(n+1-r)} =$	$x_{(249)} =$	80

Prüfung $H_{0.min}$:

$$x_r - (1+a)x_{(r+1)} + ax_k = 15 - 3{,}3801 * 20 + 2{,}3801 * 45 = 54{,}5$$

$H_{0.min}$ ist zu verwerfen, wenn die Teststatistik < 0 ist.

$X_{(2)}$ ist kein Ausreißer.

Prüfung $H_{0.max}$:

$$x_{(n+1-r)} - (1+a)x_{(n-r)} + ax_{(n+1-k)} = 80 - 3{,}3801 * 78 + 2{,}3801 * 60 = -40{,}8$$

$H_{0.max}$ ist zu verwerfen, wenn die Teststatistik > 0 ist.

$x_{(249)}$ ist kein Ausreißer.

Abb. 137: Walsh-Test

8.2.5 Tests auf Normalverteilung

8.2.5.1 Unterscheidung von Testverfahren

Für die Beurteilung metrisch skalierter Daten muss man häufig zwischen parametrischen und nichtparametrischen Testverfahren wählen (Abb. 138). Parametrische Tests setzen voraus, dass die Grundgesamtheit einer Normalverteilung unterliegt. Nichtparametrische Tests setzen keine bestimmte Verteilung voraus. Daher muss man formal prüfen, ob man von einer Normalverteilung der endogenen Variablen ausgehen darf.

Ausreißer sucht man normalerweise sehr früh im statistischen Arbeitsprozess. Die diesbezüglichen Tests setzen aber ihrerseits, wie zum Beispiel der Grubbs-Test, unter Umständen eine Normalverteilung voraus. Daher hat man möglicherweise das in Abbildung 139 beschriebene Reihenfolgenproblem und muss den Test auf Normalverteilung vorziehen.

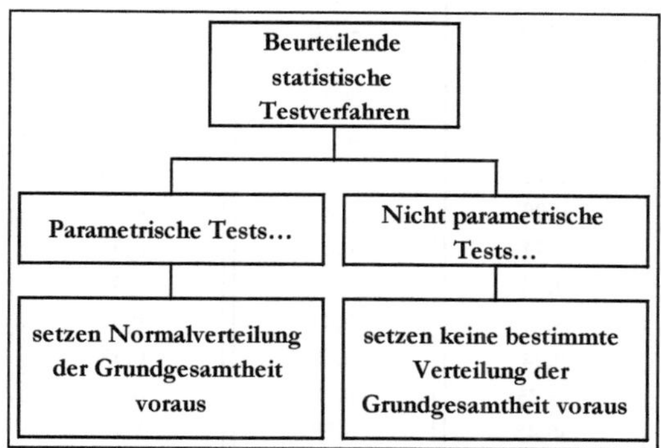

Abb. 138: Beurteilende Testverfahren

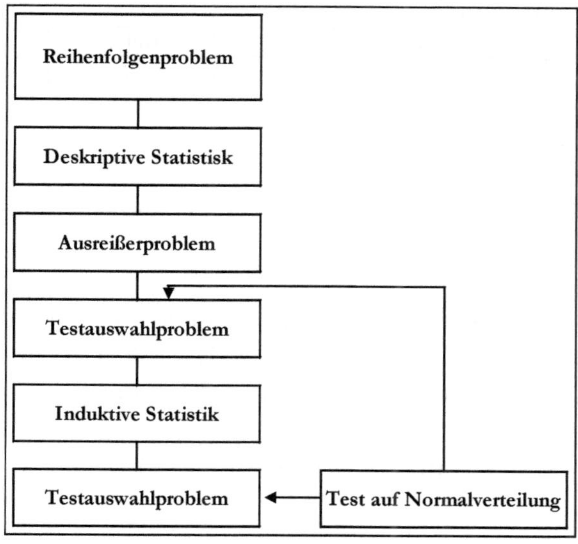

Abb. 139: Testauswahlproblem

Die hier vorgestellten Tests auf Normalverteilung reichen für die meisten Anwendungsfälle aus. Die Literatur schlägt jedoch weitere Tests vor, die man selbstverständlich ebenso anwenden kann.

8.2.5.2 Jarque-Bera-Test

Mittelwert:	$(x_i-\bar{x})^2$	$((x_i-\bar{x})/s)^3$	$((x_i-\bar{x})/s)^4$
34	21,72	-1,65	1,94
35	18,15	-1,26	1,36
35	18,15	-1,26	1,36
36	11,29	-0,62	0,52
37	6,05	-0,24	0,15
37	2,76	-0,07	0,03
39	0,00	0,00	0,00
40	0,71	0,01	0,00
41	4,58	0,16	0,09
42	8,64	0,41	0,31
42	9,24	0,46	0,35
43	13,25	0,78	0,72
45	36,48	3,58	5,48
46	45,43	4,98	8,50
34	21,72	-1,65	1,94
Summe:	Summe:	Summe:	Summe:
584	218,16	3,65	22,75
Anzahl:	Freiheitsgrade:	Schiefe	Wölbung
15	14	0,30	1,52
Summe/Anzahl:	emp. Varianz s^2		
38,96	15,58		
Median	Standardabw. s		
38,90	3,95		

JB
1,6003
Signifikanz α
0,05
kritischer Wert
5,9915
JB ist nicht > als der kritische Wert; die Nullhypothese wird nicht verworfen

Abb. 140: Jarque-Bera-Test

Der Jarque-Bera-Test verwendet die Schiefe γ und die Wölbung w für die Prüfung der Normalverteilung (Bera et al., 1980). Die Teststatistik des Jarque-Bera-Tests ermittelt man mit:

$$JB = \frac{n}{6} * (\gamma^2 + \frac{(w-3)^2}{4})$$

Die zugrunde liegenden Hypothesen lauten:

$$H_0: \text{Die Stichprobe ist normalverteilt}$$

$$H_1: \text{Die Stichprobe ist nicht normalverteilt}$$

Die Nullhypothese H_0 wird verworfen, wenn die Teststatistik JB > dem kritischen Wert der asymptotischen CHI^2-Verteilung mit 2 Freiheitsgraden für das Signifikanzniveau α ist. Diesen Wert entnimmt man der Tabelle der kritischen Werte für den Jarque-Bera-Test. Abbildung 140 zeigt ein Beispiel für die Berechnung des Jarque-Bera-Tests.

8.2.5.3 Kolmogoroff-Smirnov-Anpassungstest

Den Kolmogoroff-Smirnov-Anpassungstest kann man sowohl für kleinere, als auch für größere Datenmengen verwenden (Hartung et al., 2009; Zaiontz, 2019). Er eignet sich sowohl für stetige, als auch für diskrete Variablen und ist damit beinahe universell einsetzbar. Die zu prüfenden Daten muss man zunächst nach Größe sortieren. Bei größeren Datenmengen bildet man mindestens 4 Klassen gleich großer Intervalle für die weitere Testdurchführung.

Seine technische Nullhypothese besagt, dass zwei Variablen die gleiche Wahrscheinlichkeitsverteilung besitzen:

$$H_0: F_x(x) = F_y(x)$$

Die Gegenhypothese lautet somit:

$$H_1: F_x(x) \neq F_y(x)$$

Mit dem Kolmogoroff-Smirnov-Test vergleicht man die empirische Verteilungsfunktion der zu prüfenden mit der einer normalverteilten Variablen. Die Nullhypothese wird abgelehnt, wenn die sich ergebende Teststatistik K_α < als der kritische Wert ist. Für sehr große Stichproben ermittelt man die Teststatistik mit:

$$K_\alpha = \sqrt{\frac{\ln\left(\frac{2}{\alpha}\right)}{2}}$$

Den kritischen Wert berechnet man mit:

$$\sqrt{\frac{nm}{n+m}} * d_{n,m}$$

Die notwendigen z-Werte der normalverteilten Variablen kalkuliert man unter Verwendung dieser Formel:

$$z = \frac{x - \mu}{\sigma}$$

Der Tabelle der Standardnormalverteilung der z-Werte entnimmt man die Werte ihrer Verteilungsfunktion.

mittlere Werte der Klassen	Anzahl Werte	Bruttowerte der Klassen	mittlere Werte der Klassen²	Bruttowerte mittlere Klassen
50	73	3.650	2.500	182.500
150	80	12.000	22.500	1.800.000
250	68	17.000	62.500	4.250.000
350	68	23.800	122.500	8.330.000
450	78	35.100	202.500	15.795.000
550	63	34.650	302.500	19.057.500
650	75	48.750	422.500	31.687.500
750	67	50.250	562.500	37.687.500
850	50	42.500	722.500	36.125.000
950	78	74.100	902.500	70.395.000
Anzahl:	700	341.800	3.325.000	225.310.000

Mittelwert:	488,286
A: Bruttowerte mittlere Klassen²/Anzahl Werte:	321.871,429
B: Mittelwert²:	238.422,939
(A-B)/ Anzahl = Varianz:	119,383
Standardabw.:	10,926

Abb. 141: Vorarbeit Kolmogoroff-Smirnov-Test

Abbildung 141 zeigt die notwendige Vorarbeit für die Berechnung des Kolmogoroff-Smirnov-Tests für eine Datenreihe von 700 Zufallsereignissen mit Werten zwischen 1 und 1.000. Im ersten Schritt bildet man Klassen gleicher Intervallgrößen. Im Beispiel sind dies

100er-Intervalle. Der mittlere Wert der Klassen ist jeweils mit 50, 150 und so weiter beschrieben, so dass man Klassengrößen von 1-100, 100-200, 200-300 und so weiter erhält. Das ist im Beispiel möglich, da kein Datenwert exakt auf dieser Grenze liegt. In der zweiten Spalte notiert man die Anzahl der in der jeweiligen Klasse liegenden Variablen. In der dritten Spalte schätzt man die Klassensumme durch Multiplikation der Anzahl der Werte mit ihrem theoretischen Klassenmittelwert. Dann quadriert man in der fünften Spalte die Klassenmittelwerte. In der sechsten Spalte multipliziert man die Anzahl der Werte der Klassen mit den Werten der quadrierten mittleren Klassenwerte. Sodann wird mittels Division der Summe der dritten Spalte durch die Anzahl der Werte der Mittelwert der Klassen kalkuliert.

Anschließend berechnet man die Hilfsgröße A, indem man die quadrierte Summe der Bruttowerte der mittleren Klassen durch die Gesamtanzahl der Werte dividiert. Die Hilfsgröße B erhält man durch Quadrieren des Mittelwertes. Die Varianz schätzt man mittels Division der Differenz der Hilfsgrößen A – B durch die Gesamtanzahl der Werte. Die Standardabweichung ist die Wurzel der geschätzten Varianz.

Abbildung 142 führt die Kalkulation der Teststatistik und deren Beurteilung fort. In der ersten Spalte listet man die Klassenobergrenzen und in der zweiten Spalte wieder die Anzahl der Werte der Klassen. In der dritten Spalte kumuliert man aufsteigend die Anzahl der Werte. In der vierten Spalte berechnet man die Wahrscheinlichkeitsfunktion der Klassenwerte $S_n(x)$ durch Division der kumulierten Anzahl der Werte durch ihre Gesamtanzahl. Die z-Werte errechnet man durch Einsetzen der Wahrscheinlichkeitswerte aus Spalte 4 in die oben genannte Formel, wobei man die jeweilige Klassenobergrenze als x verwendet. $F_{(x)}$ kann man nun der Tabelle der Standardnormalverteilung der z-Werte entnehmen. In der letzten Spalte wird für jede Klasse die Differenz aus $S_n(x) - F_{(x)}$ gebildet.

Die gesuchte Teststatistik ist der größte Wert der Differenzen. Ihn vergleicht man mit dem kritischen Wert des Kolmogoroff-Smirnov-Tests, den man der Tabelle seiner kritischen Werte entnehmen kann. Im Beispiel ist die Teststatistik 1,000 > als der kritische Wert 0,0513. Die Hypothese der Normalverteilung wird somit nicht signifikant falsifiziert.

Kalkulation der Teststatistik des Kolmogoroff-Smirnov-Anpassungstests

k	Anzahl	kumuliert	$S_n(x)$	z-Wert	$F_{(x)}$	Differenz
100	73	73	0,1043	-35,537	0,0000	0,1043
200	80	153	0,2186	-26,385	0,0000	0,2186
300	68	221	0,3157	-17,232	0,0000	0,3157
400	68	289	0,4129	-8,080	0,0000	0,4129
500	78	367	0,5243	1,072	0,1419	0,3824
600	63	430	0,6143	10,224	0,0000	0,6143
700	75	505	0,7214	19,377	0,0000	0,7214
800	67	572	0,8171	28,529	0,0000	0,8171
900	50	622	0,8886	37,681	0,0000	0,8886
1000	78	700	1,0000	46,834	0,0000	1,0000
	700					

k= Klassenobergrenzen Teststatistik D_n = max: $S_n(x)-F_{(x)}$: 1,0000

$D_{n,\alpha} = D_{700;0,05}$: $\frac{1,35810}{\sqrt{700}}$

kritischer Wert $D_{n,\alpha}$: 0,0513

Die Teststatistik ist nicht kleiner als der kritische Wert. Die Nullhypothese ist nicht abzulehnen

Abb. 142: Kolmogoroff-Smirnov-Test

8.3 Zusammenhangstests

8.3.1 Zusammenhang von zwei Variablen

8.3.1.1 Einfacher Zusammenhang

8.3.1.1.1 Kontingenztest (χ^2-Unabhängigkeitstest)

Mit dem Kontingenztest, der auch χ^2-Unabhängigkeitstest genannt wird, prüft man die Hypothese, ob zwischen zwei Variablen ein wie auch immer gearteter Zusammenhang besteht (Matthäus et al.,

2016). Er ist eine Art Universal-Zusammenhangstest. Mit ihm kann man auch Zusammenhänge finden, bei denen lineare Tests versagen. Er kann für Variablen aller Skalierungen verwendet werden. Seine Nullhypothese besagt, dass zwei gepaarte Variablen, hier X und Y genannt, unabhängig sind. Die Gegenhypothese lautet, dass X und Y nicht unabhängig sind, also in irgendeiner Abhängigkeit stehen.

$$H_0\text{: X und Y sind unabhängig}$$

$$H_1\text{: X und Y sind nicht unabhängig}$$

Zur Steuerung des Fehlers erster Ordnung, des Irrtums, benötigt der Kontingenztest das Signifikanzniveau α.

Für die Durchführung des Kontingenztests stellt man die Werte der beiden Variablen in einer Kontingenztabelle dar (Abb. 143). Bei der Aufteilung der beiden Variablen in Intervalle müssen in jedem Intervall mindestens fünf Werte liegen. Damit erhält man eine Kontingenztabelle mit einer Anzahl p Spalten und q Zeilen.

Nach Bildung der Zeilen- und Spaltensummen aus den Stichprobenwerten kann man die theoretischen Häufigkeiten über diese Randsummen ermitteln und in einer Vergleichstabelle zusammenfassen (Abb. 144). Die Erwartungswerte der theoretischen Häufigkeiten erhält man durch Division der Multiplikation der zugehörigen Spaltensumme mit der zugehörigen Zeilensumme für das jeweilige Feld der Kontingenztafel durch die Gesamtanzahl der Werte.

Die Teststatistik wird formal als folgende Summe ermittelt:

$$\mathrm{CHI} = \sum_i \sum_j \frac{(h_{ij} - e_{ij})^2}{e_{ij}}$$

Man dividiert für alle korrespondierenden Felder der Kontingenztabellen die quadrierte Differenz der tatsächlichen Beobachtung h und ihres Erwartungswertes e durch den Erwartungswert e (Abb. 145). Anschließend erhält man die Teststatistik durch Addition aller so ermittelten Werte.

Das Quantil $CHI_{1-\alpha,m}$ der CHI^2-Verteilung bestimmt den Beginn des Ablehnungsbereiches, wobei die Freiheitsgrade durch

$$m = (p-1) * (q-1)$$

bestimmt werden, und wird der Tabelle der CHI^2-Verteilung entnommen. Wenn die Teststatistik $CHI > CHI_{1-\alpha,m}$ ist, gilt die Nullhypothese als nicht nicht falsifiziert.

Ist-Werte der Kontingenztafel					
Eink. / Empf.	< 1.500 €	1.500 € bis < 2.500 €	2.500 € bis < 3.500 €	>= 3.500 €	Zeilensumme
gute Ehe	6	4	15	25	50
mäßige Ehe	15	25	36	5	81
schlechte Ehe	85	36	85	36	242
Spaltensumme	106	65	136	66	373

Abb. 143: Kontingenztafel $\chi2$-Unabhängigkeitstest

Das Eheberatungs-Forschungsinstitut Kannix vermutet einen Zusammenhang zwischen der Höhe des Einkommens und dem Wohlfühlen in der Ehe. Es unterteilt das Kontinuum des Einkommens in 4 Gruppen und stellt die Kontingenztabelle in Abbildung 143 auf.

Das gewünschtes Signifikanzniveau ist $\alpha = 0{,}05$.

H_0: Einkommen und Wohlfühlen in der Ehe sind unabhängig

H_1: Einkommen und Wohlfühlen in der Ehe sind nicht unabhängig

Die Nullhypothese wurde nicht nicht signifikant falsifiziert und ist somit abzulehnen. Man muss also von der Gegenhypothese ausgehen. Das Wohlfühlen in der Ehe und das Einkommen stehen in einer Abhängigkeit.

Man darf jedoch nicht sagen, dass das Wohlfühlen in der Ehe vom Einkommen oder umgekehrt abhängt. Dieses Testergebnis weist lediglich einen ungerichteten Zusammenhang nach, dessen Richtung rational bestimmt werden muss.

Erwartungswerte der Kontingenztafel					
Eink. / Empf.	< 1.500 €	1.500 € bis < 2.500 €	2.500 € bis < 3.500 €	>= 3.500 €	Zeilensumme
gute Ehe	14,21	8,71	18,23	8,85	50
mäßige Ehe	23,02	14,12	29,53	14,33	81
schlechte Ehe	68,77	42,17	88,24	42,82	242
Spaltensumme	106	65	136	66	373

Abb. 144: Erwartungswerte χ2-Unabhängigkeitstest

Ermittlung des χ					
$\frac{(h_{ij} - e_{ij})^2}{e_{ij}}$	< 1.500 €	1.500 € bis < 2.500 €	2.500 € bis < 3.500 €	>= 3.500 €	Zeilensumme
gute Ehe	4,74	2,55	0,57	29,49	
mäßige Ehe	2,79	8,39	1,42	6,08	
schlechte Ehe	3,83	0,90	0,12	1,09	
Summe = χ					61,97
$CHI_{1-\alpha,m}$ =	$CHI_{1-0,05,m=(3-1)*(4-1)}$ =		$CHI_{0,95,6}$ =		12,592
Die Teststatistik CHI ist >		12,592	H_0 wurde nicht nicht falsifiziert		

Abb. 145: χ2-Unabhängigkeitstest

8.3.1.2 Linearer Zusammenhang

8.3.1.2.1 Korrigierter Kontingenzkoeffizient

Mit dem korrigierten Kontingenzkoeffizienten bemisst man den Zusammenhang zweier gepaarter, nominal skalierter Variablen (Matthäus et al., 2016). Man benötigt eine nominal skalierte Variable und eine zweite, die als nominal behandelt wird, falls sie ordinal oder metrisch skaliert ist. Höherwertige Tests scheiden aus, wenn man den Zusammenhang zwischen zwei Variablen messen will und eine der beiden Variablen nominal skaliert ist. Der korrigierte Kontingenzkoeffizient ist kein Hypothesentest. Er liefert ein Maß für die Stärke des Zusammenhangs zweier Variablen auf einem Kontinuum von 0 bis 1.

Für die Ermittlung des korrigierten Kontingenzkoeffizienten bildet man die Werte der beiden Variablen in einer Kontingenztabelle mit k Zeilen und m Spalten ab (Abb. 146). Nach Bildung der Zeilen- und Spaltensummen aus den Stichprobenwerten ermittelt man über die Randsummen die theoretischen Häufigkeiten und stellt diese in einer Vergleichstabelle dar (Abb. 147). Für die Berechnung der Erwartungswerte der theoretischen Häufigkeiten dividiert man zu dem jeweiligen Feld der Kontingenztafel die Multiplikation der zugehörigen Spalten- und Zeilensumme durch die Gesamtsumme der Werte. Die Teststatistik ermittelt man mit:

$$\chi^2 = \sum_{i=1}^{m} \sum_{j=1}^{k} \frac{\left(h_{ij} - e_{ij}\right)^2}{e_{ij}}$$

Anschließend korrigiert man den Kontingenzkoeffizienten K zum normierten Kontingenzkoeffizienten K* mit M = min {k,m} (Abb. 148).

$$K = \sqrt{\frac{\chi^2}{n+\chi^2}} \text{ und } K^* = K\sqrt{\frac{M}{M-1}}$$

Zusammen dargestellt:

$$K^* = \sqrt{\frac{\chi^2}{n + \chi^2}} * \sqrt{\frac{M}{M - 1}}$$

Die Stadt Lönnetal benötigt für ihre Verkehrssteuerung eine Aussage, ob die Zahl der Insassen und die Art des PKW korrelieren. Sie fasst ihre Erhebung in einer Kontingenztabelle zusammen und berechnet K* mit 0,349. Die Zahl der Insassen und die Art des PKW korrelieren nur ganz wenig.

Ist-Werte der Kontingenztafel					
Insassen / Auto	1	2	3	>3	Zeilensumme
Kleinwagen	66	62	36	14	178
Mittelkassewagen	35	45	15	2	97
Oberklassewagen	40	12	4	1	57
Spaltensumme	141	119	55	17	332

Abb. 146: Kontingenztafel korr. Kontingenzkoeffizient

Erwartungswerte der Kontingenztafel					
Insassen / Auto	1	2	3	>3	Zeilensumme
Kleinwagen	75,60	63,80	29,49	9,11	178
Mittelkassewagen	41,20	34,77	16,07	4,97	97
Oberklassewagen	24,21	20,43	9,44	2,92	57
Spaltensumme	141	119	55	17	332

Abb. 147: Erwartungstafel korr. Kontingenzkoeffizient

Ermittlung von K*					
$\frac{(h_{ij}-e_{ij})^2}{e_{ij}}$	1	2	3	>3	Zeilen-summe
Kleinwagen	1,22	0,05	1,44	2,62	
Mittelklasse-wagen	0,93	3,01	0,07	1,77	
Oberklasse-wagen	10,30	3,48	3,14	1,26	
Summe = χ^2					29,29
$K=\sqrt{\frac{\chi^2}{n+\chi^2}}$	K= 0,285	M= 3	$K^*=K\sqrt{\frac{M}{M-1}}$	K*= 0,349	

Abb. 148: Ermittlung korr. Kontingenzkoeffizient

8.3.1.2.2 Rangkorrelationskoeffizient nach Spearman

Mit dem Rangkorrelationskoeffizienten nach Spearman misst man die Stärke des Zusammenhangs zweier gepaarter, ordinal skalierter Variablen (Hartung et al., 2009; Matthäus et al., 2016). Er beschreibt diese auf einem Kontinuum von -1 bis 1. Formal benötigt man eine ordinal skalierte Variable und eine zweite, ordinal oder metrisch skalierte Variable, die man als ordinal behandelt. Für nominal skalierte Variablen darf man den Rangkorrelationskoeffizienten nach Spearman nicht verwenden.

Für die Berechnung des Rangkorrelationskoeffizienten ermittelt man zuerst die Ränge der einzelnen Werte innerhalb der jeweiligen Variablen. Beide Variablen müssen gleich, entweder vom größten zum kleinsten Wert oder umgekehrt, sortiert sein. Teilen sich mehrere Ausprägungen den gleichen Rang, dividiert man die Summe der durch sie belegten Ränge durch ihre Anzahl und alle bekommen das Ergebnis als gleichen Rang. Man ermittelt ihn formal:

$$r_{sp} = 1 - \frac{6}{n(n^2-1)} * \sum_{i=1}^{n}(R_i - R'_i)^2$$

Ist der normierte Rangkorrelationskoeffizient positiv, verhalten sich die beiden Variablen gleichläufig. Ist er negativ verhalten sie sich gegenläufig. Für die Stärke des Zusammenhangs gelten die Aussagen zu Abbildung 118 analog.

Der Bundestrainer der Skiflieger möchte wissen, ob seine Flieger ihr Leistungsvermögen zutreffend einschätzen. Eine durchgeführte Befragung vergleicht er mit den tatsächlichen Ergebnissen (Abb. 149).

Sportler	Schätzung	Wettkampf	$Rang_S$	$Rang_W$	$Rang_{Diff}^2$
Müller	125	128	6	4	4
Meier	132	129	1	3	4
Schulze	128	131	3	2	1
Abel	118	121	9	8	1
Flasche	126	127	5	5	0
Schmied	119	121	8	8	0
Reiter	131	132	2	1	1
Kampel	127	116	4	10	36
Hotte	120	125	7	6	1
Laffe	115	121	10	8	4
n = 10					52

$$r_{sp} = 1 - \frac{6}{n(n^2-1)} * \sum_{i=1}^{n} (R_i - R'_i)^2 = 0{,}685$$

Abb. 149: Rangkorrelation nach Spearman

Er erhebt vor dem Wettkampf eine Schätzung und vergleicht sie mit den tatsächlichen Ergebnissen, indem er den Schätzungen und den tatsächlichen Ergebnissen Ränge absteigend zuweist. Abel und Schmied haben im Wettkampf die gleiche Weite erzielt. Sie teilen sich daher den 7. und 8. Rang, so dass er beide mit 7,5 einbezieht.

Die Addition der quadrierten Differenzen ergibt 52. Die Berechnungsformel für den Rangkorrelationskoeffizienten ergibt für n = 10 Datensätze einen Wert von +0,685, der schon auf einen stärkeren positiven Zusammenhang hindeutet.

8.3.1.2.3 Korrelationskoeffizient nach Pearson

Mit dem Korrelationskoeffizienten nach Pearson misst man den Zusammenhang zweier metrisch skalierter Variablen (Hartung et al., 2009; Matthäus et al., 2016). Falls eine der beiden Variablen nicht metrisch skaliert ist, darf man ihn nicht verwenden. Er liefert ein lineares Zusammenhangsmaß auf einem Kontinuum von -1 bis 1.

Der Korrelationskoeffizient nach Pearson wird unter Verwendung der mathematischen Varianz mit folgender Formel berechnet:

$$r = \frac{1}{n * \sigma_x * \sigma_y} * \sum_{i=1}^{n} (x_i - \bar{x}) * (y_i - \bar{y})$$

x = Einkommen	y = Zigaretten	$(x_i-\bar{x})^2$	$(y_i-\bar{y})^2$	$(x_i-\bar{x})(y_i-\bar{y})$
1.300	20	462.400	30	-3.740
1.500	40	230.400	650	-12.240
1.800	15	32.400	0	-90
2.700	5	518.400	90	-6.840
1.600	15	144.400	0	-190
3.200	0	1.488.400	210	-17.690
2.400	10	176.400	20	-1.890
1.700	0	78.400	210	4.060
2.200	10	48.400	20	-990
1.400	30	336.400	240	-8.990
Summe:	Summe:	Summe:	Summe:	Summe:
19.800	145	3.516.000	1.473	-48.600
n	n	σ^2	σ^2	$n*\sigma_x*\sigma_y$
10	10	351.600,00	147,25	71.953,53
$\bar{x}$	$\bar{y}$	σ	σ	r
1.980	15	592,96	12,13	-0,675

Abb. 150: Korrelationskoeffizient nach Pearson

Abbildung 150 zeigt ein Beispiel für die Berechnung des Korrelationskoeffizienten nach Pearson. Dort wird ein vermuteter linearer Zusammenhang zwischen der Höhe des Einkommens und dem Konsum von Zigaretten untersucht. In den ersten beiden Spalten sind die jeweiligen gepaarten metrischen Werte für das Einkommen und die Anzahl der konsumierten Zigaretten gelistet, unterhalb der Daten sind der jeweilige Mittelwert und die Anzahl der Werte angegeben. In den nächsten beiden Spalten wird die jeweilige mathematische Standardabweichung σ berechnet. In der letzten Spalte wird die Summe für den Zähler der Formel für r ermittelt und darunter der erforderliche Wert $n * \sigma_x * \sigma_y$ für den Nenner. Nach Division ergibt sich r = -0,675. Somit liegt ein mittelstarker, negativer Zusammenhang vor.

8.3.1.2.4 Lineare Regression

Mit der linearen Regression stellt man den linearen Ursache-Wirkungs-Zusammenhang zweier Variablen in einer Funktion dar (Hartung et al., 2009; Matthäus et al., 2016). Hierfür benötigt man zwei metrisch skalierte, gepaarte Variablen. Falls eine der untersuchten Variablen nicht metrisch skaliert ist, darf man die lineare Regression nicht verwenden. Voraussetzung für eine zutreffende Berechnung ist, dass man die Richtung des Zusammenhangs kennt, damit man die abhänge und die unabhängige Variable richtig ausweist. Sie ergibt eine lineare Funktionsbeschreibung in der Form:

$$\hat{y} = ax + b$$

mit x als unabhängiger und $\hat{y}$ als abhängiger Variablen. Die Steigung berechnet man klassisch mit der Kleinste-Quadrate-Schätzung:

$$a = \frac{\sum_{i=1}^{n} (x_i - \bar{x}) * (y_i - \bar{y})}{\sum_{i=1}^{n} (x_i - \bar{x})^2}$$

Hat man die Steigung, ergibt sich die Konstante wie folgt:

$$b = \bar{y} - a * \bar{x}$$

Die Funktion basiert auf Wertepaaren, die nicht perfekt auf der von ihr beschriebenen Geraden liegen. Mit dem nachstehenden Unbestimmtheitsmaß der Regression gibt man an, wie stark die Abweichung der Wertepaare von der Formel ist.

$$U_{x,y} = 1 - \frac{s_{\hat{y}}^2}{s_y^2}$$

x-Werte:	2	3	4	5	6		
y-Werte:	6	8	10	12	14		
$\bar{x}$	4						
$\bar{y}$	10						
$x_i-\bar{x}$	-2	-1	0	1	2		
$y_i-\bar{y}$	-4	-2	0	2	4		
$(x_i-\bar{x})*(y_i-\bar{y})$	8	2	0	2	8	Summe 1:	20
$(x_i-\bar{x})^2$	4	1	0	1	4	Summe 2:	10
$\hat{y}=ax+b$							
Steigung: a = Summe 1 / Summe 2:							2
Achsabschnitt:	$b = \bar{y} - a * \bar{x}$		= 10 -2 * 4				2
Ermittlung des Unbestimmtheitsmaßes:							
$\hat{y}$-Werte:	6	8	10	12	14		
$(\hat{y}_i-\bar{y})^2$	16	4	0	4	16	$s_{\hat{y}}^2$	40
$(y_i-\bar{y})^2$	16	4	0	4	16	s_y^2	40
Unbestimmtheitsmaß der Regression:		1 - 40/40 =				0,000	

Abb. 151: Lineare Regression

Gegeben sind zwei Variablen mit fünf Werten (Abb. 151). Die x-Werte sind unabhängig und die y-Werte abhängig. Zuerst bildet man für beide Variablen den Mittelwert. Danach ermittelt man für jeden Variablenwert die Differenz zum Mittelwert. Die Summe aller multiplizierten Differenzen für alle Paare ergibt den Zähler für die Berechnung der Steigung. Summe der quadrierten Differenzen der unabhängigen Variablen steht im Nenner.

Durch Division erhält man den Wert 2 für die Steigung a, mit der man anschließend Konstante b errechnet. Zuletzt kontrolliert man das Ergebnis der Regression mit dem Unbestimmtheitsmaß der Regression. Im Beispiel beträgt es 0,000. Die Formel bildet die Wertepaare perfekt ab.

8.3.1.3 Nichtlinearer Zusammenhang

8.3.1.3.1 Nichtlineare Regression

Mit der nichtlinearen Regression formuliert man den nichtlinearen Ursache-Wirkungs-Zusammenhang zweier Variablen als Funktion (Hartung et al., 2009; Matthäus et al., 2016). Die Berechnungen sind sehr umfangreich, so dass hier nur die quadratische Regression vorgestellt wird. Man benötigt für sie unbedingt zwei metrisch skalierte, gepaarte Variablen. Falls eine der untersuchten Variablen nicht metrisch skaliert ist, darf man keine nichtlineare Regression berechnen. Man muss vorher wissen, welche die abhänge und welche die unabhängige Variable ist. Das Ergebnis der nichtlinearen, quadratischen Regression ist eine quadratische Funktionsbeschreibung in der Form:

$$\hat{y} = ax^2 + bx + c$$

Für die Berechnung der Parameter a, b und c benötigt man zunächst folgende Hilfsgröße:

$$K = n\left(\sum x_i^2\right)\left(\sum x_i^4\right) + 2\left(\sum x_i\right)\left(\sum x_i^2\right)\left(\sum x_i^3\right) - \left(\sum x_i^2\right)^3 - n\left(\sum x_i^3\right)^2 - \left(\sum x_i\right)^2\left(\sum x_i^4\right)$$

Mit der Hilfsgröße ermittelt man die Rechnungsgrößen:

$$A = \frac{\left[(\Sigma x_i^2)(\Sigma x_i^4) - (\Sigma x_i^3)^2\right]}{K}$$

$$B = \frac{\left[n(\Sigma x_i^4) - (\Sigma x_i^2)^2\right]}{K}$$

$$C = \frac{\left[n\left(\sum x_i^2\right) - \left(\sum x_i\right)^2\right]}{K}$$

$$D = \frac{\left[\left(\sum x_i^3\right)\left(\sum x_i^2\right) - \left(\sum x_i\right)\left(\sum x_i^4\right)\right]}{K}$$

$$E = \frac{\left[\left(\sum x_i\right)\left(\sum x_i^3\right) - \left(\sum x_i^2\right)^2\right]}{K}$$

$$G = \frac{\left[\left(\sum x_i\right)\left(\sum x_i^2\right) - n\left(\sum x_i^3\right)\right]}{K}$$

Dann kann man die Parameter a, b und c kalkulieren:

$$a = E * \sum y_i + G * \sum (x_i * y_i) + C * \sum (x_i^2 * y_i)$$

$$b = D * \sum y_i + B * \sum (x_i * y_i) + G * \sum (x_i^2 * y_i)$$

$$c = A * \sum y_i + D * \sum (x_i * y_i) + E * \sum (x_i^2 * y_i)$$

Zuletzt kann man mit nachfolgender Formel das Bestimmtheitsmaß dieser Regression ermitteln:

$$B_{Y(x,x^2)} = 1 - \frac{\sum (y_i - \hat{y}_1)^2}{\sum (y_i - \bar{y})^2}$$

Die folgenden Abbildungen zeigen ein Berechnungsbeispiel für die nichtlineare Regression zweiter Ordnung.

Abbildung 152 führt in den ersten beiden Spalten die Daten der Variablen x und y auf. In den folgenden Spalten und unterhalb der Datenspalten sind die für die Berechnung der Hilfsgröße K benötigten Parameter aufgeführt.

x_i	y_i	x_i^2	x_i^3	x_i^4	x_iy_i	$x_i^2y_i$
0,0	7,0	0,0	0,0	0,0	0,0	0,0
1,0	4,0	1,0	1,0	1,0	4,0	4,0
2,0	6,0	4,0	8,0	16,0	12,0	24,0
3,0	17,0	9,0	27,0	81,0	51,0	153,0
4,0	35,0	16,0	64,0	256,0	140,0	560,0
5,0	56,0	25,0	125,0	625,0	280,0	1.400,0
6,0	68,0	36,0	216,0	1.296,0	408,0	2.448,0
7,0	83,0	49,0	343,0	2.401,0	581,0	4.067,0
Summen:						
28,0	276,0	140,0	784,0	4.676,0	1.476,0	8.656,0
Anzahlen:						
8	8	8	8	8		
Mittelwerte:						
3,5	34,5	17,5	98,0	584,5		

Abb. 152: Datenbeispiel Nichtlineare Regression

Ihre Ermittlung erfolgt in Abbildung 153. Die Rechnungsgrößen werden in Abbildung 154 hergeleitet und in Abbildung 155 werden die Parameter der quadratischen Funktion unter Verwendung der Rechnungsgrößen errechnet. Das in Abbildung 156 kalkulierte Bestimmtheitsmaß bestätigt, dass die mit den Parametern aufgestellte Funktion den nichtlinearen Zusammenhang zweiten Grades zu 99,9% erklärt.

$$K = n\left(\sum x_i^2\right)\left(\sum x_i^4\right) + 2\left(\sum x_i\right)\left(\sum x_i^2\right)\left(\sum x_i^3\right) - \left(\sum x_i^2\right)^3 - n\left(\sum x_i^3\right)^2 - \left(\sum x_i\right)^2\left(\sum x_i^4\right)$$

$K = 8 * 140 * 4676 + 2 * 28 * 140 * 784 - 140^3 - 8 * 784^2 - 28^2 * 4676 =$ 56.448,0

Abb. 153: Berechnung Hilfsgröße K

$$A = \frac{\left[(\sum x_i^2)(\sum x_i^4) - (\sum x_i^3)^2\right]}{K}$$

A = [140 * 4676 - 784²] / 56448 = **0,708**

$$B = \frac{\left[n(\sum x_i^4) - (\sum x_i^2)^2\right]}{K}$$

B = [8 * 4676 - 140²] / 56448 = **0,315**

$$C = \frac{\left[n(\sum x_i^2) - (\sum x_i)^2\right]}{K}$$

C = [8 * 140 - 28²] / 56448 = **0,006**

$$D = \frac{\left[(\sum x_i^3)(\sum x_i^2) - (\sum x_i)(\sum x_i^4)\right]}{K}$$

D = [784 * 140 - 28 * 4676] / 56448 = **-0,375**

$$E = \frac{\left[(\sum x_i)(\sum x_i^3) - (\sum x_i^2)^2\right]}{K}$$

E = [28 * 784 - 140²] / 56448 = **0,042**

$$G = \frac{\left[(\sum x_i)(\sum x_i^2) - n(\sum x_i^3)\right]}{K}$$

G = [28 * 140 - 8 * 784] / 56448 = **-0,042**

Abb. 154: Berechnung der Rechnungsgrößen

$$a = E * \sum y_i + G * \sum (x_i * y_i) + C * \sum (x_i^2 * y_i)$$

a = 0,042 * 276 + -0,042 * 1476 + 0,006 * 8656 | 1,524

$$b = D * \sum y_i + B * \sum (x_i * y_i) + G * \sum (x_i^2 * y_i)$$

a = -0,375 * 276 + 0,315 * 1476 + -0,042 * 8656 | 1,476

$$c = A * \sum y_i + D * \sum (x_i * y_i) + E * \sum (x_i^2 * y_i)$$

a = 0,708 * 276 + -0,375 * 1476 + 0,042 * 8656 | 2,667

daraus folgt:

$$\hat{y} = ax^2 + bx + c$$

ŷ = 1,524x² + 1,476x + 2,667

Abb. 155: Parameter der nichtlinearen Regression

x_i	y_i	$\hat{y}_i$	$(y_i-\hat{y}_i)^2$	$(y_i-\bar{y}_i)^2$
0	7,0	2,7	18,78	756,25
1	4,0	5,7	2,78	930,25
2	6,0	11,7	32,65	812,25
3	17,0	20,8	14,51	306,25
4	35,0	33,0	4,19	0,25
5	56,0	48,1	61,73	462,25
6	68,0	66,4	2,62	1.122,25
7	83,0	87,7	21,78	2.352,25
			Summe:	Summe:
			159,05	6.742,00

$$B_{Y(x,x^2)} = 1 - \frac{\sum(y_i - \hat{y}_1)^2}{\sum(y_i - \bar{y})^2}$$

0,999

Abb. 156: Bestimmtheitsmaß nichtlinearer Regression

8.4 Mehrdimensionaler Zusammenhang

8.4.1 Log-lineare Modelle

Log-lineare Modelle kann man für mehrdimensionale Kontingenztafeln verwenden. Sie sind äußerst komplex. Daher sollte man sie mit Vereinfachungen begleiten. Dazu bricht man sie auf zusätzliche zweidimensionale Tests herunter, die wesentlich einfacher zu kommunizieren sind. Ihre grundsätzliche Funktionsweise wird an einem dreidimensionalen Modell erläutert.

8.4.1.1 Das saturierte Modell

Einen dreidimensionalen Zusammenhang kann man sich als Würfel vorstellen. Bei ihm sind die drei Dimensionen die Höhe r mal die Breite s mal die Tiefe t. Da Kontingenztafeln nur zweidimensional sind, stellt man den dreidimensionalen Zusammenhang durch eine oder mehrere weitere Kontingenztafeln für die dritte Dimension dar.

Das saturierte loglineare Modell beschreibt einen mehrdimensionalen Zusammenhang perfekt. Das dreidimensionale Modell lautet (Hartung et al., 2009; Zaiontz, 2019):

$$\ln m_{ijk} = u + u_{r(i)} + u_{s(j)} + u_{t(k)} + u_{rs(ij)} + u_{rt(ik)} + u_{st(ik)} + u_{rst(ijk)}$$

Den Gesamteffekt des Zusammenhangs ermittelt man mit:

$$u = \frac{1}{r * s * t} * \sum_{i,j,k} \ln n_{ijk}$$

Die einfachen Effekte des Zusammenhangs berechnet man wie folgt:

$$u_{r(1)} = \frac{1}{s * t} * \sum_{j,k} \ln n_{1jk} - u$$

$$u_{r(2)} = \frac{1}{s * t} * \sum_{j,k} \ln n_{2jk} - u$$

$$u_{r(3)} = \frac{1}{s * t} * \sum_{j,k} \ln n_{3jk} - u$$

$$u_{s(1)} = \frac{1}{r * t} * \sum_{i,k} \ln n_{i1k} - u$$

$$u_{s(2)} = \frac{1}{r * t} * \sum_{i,k} \ln n_{i2k} - u$$

$$u_{s(3)} = \frac{1}{r * t} * \sum_{i,k} \ln n_{i3k} - u$$

$$u_{t(1)} = \frac{1}{r * s} * \sum_{i,j} \ln n_{ij1} - u$$

$$u_{t(2)} = -u_{t(1)}$$

Die Wechselwirkungen des Zusammenhangs bestimmt man mit diesen Formeln:

$$u_{rs(ij)} = \frac{1}{t} * \sum_{k} \ln n_{ijk} - u_{r(i)} - u_{s(j)} - u$$

$$u_{rt(ik)} = \frac{1}{s} * \sum_{j} \ln n_{ijk} - u_{r(i)} - u_{t(k)} - u$$

$$u_{st(jk)} = \frac{1}{r} * \sum_{i} \ln n_{ijk} - u_{s(j)} - u_{t(k)} - u$$

Die Ermittlung der Effekte wird nun an einem Beispiel gezeigt, das einen Zusammenhang zwischen Einkommen, Beruf und Geschlecht vermutet.

Abbildung 157 zeigt die Bruttowerte der Analyse. In der Würfeldarstellung wird die Dimension Einkommen als r mit den Ausprägungen i, die Dimension Qualifikation als s mit den Ausprägungen j und die Dimension Geschlecht als t mit den Ausprägungen k bezeichnet.

r	i 1 = hoch i 2 = mittel i 3 = niedrig	272 328 658	Einkommen
s	j 1 = keine j 2 = Beruf j 3 = Studium	662 286 310	Qualifikation
t	k 1 = Frauen k 2 = Männer	601 657	Geschlecht

Abb. 157: Bruttowerte des loglinearen Modells

r		s		t				
3		3		2				
Einkommen	i	Qualifikation	j	Geschlecht	k	n	ln n	$\sum_{i,j,k} \ln n_{ijk}$
hoch	1	keine	1	Frauen	1	15	2,7081	2,7081
hoch	1	keine	1	Männer	2	6	1,7918	1,7918
hoch	1	Beruf	2	Frauen	1	45	3,8067	3,8067
hoch	1	Beruf	2	Männer	2	60	4,0943	4,0943
hoch	1	Studium	3	Frauen	1	60	4,0943	4,0943
hoch	1	Studium	3	Männer	2	86	4,4543	4,4543
mittel	2	keine	1	Frauen	1	25	3,2189	3,2189
mittel	2	keine	1	Männer	2	36	3,5835	3,5835
mittel	2	Beruf	2	Frauen	1	50	3,9120	3,9120
mittel	2	Beruf	2	Männer	2	66	4,1897	4,1897
mittel	2	Studium	3	Frauen	1	125	4,8283	4,8283
mittel	2	Studium	3	Männer	2	26	3,2581	3,2581
niedrig	3	keine	1	Frauen	1	256	5,5452	5,5452
niedrig	3	keine	1	Männer	2	324	5,7807	5,7807
niedrig	3	Beruf	2	Frauen	1	20	2,9957	2,9957
niedrig	3	Beruf	2	Männer	2	45	3,8067	3,8067
niedrig	3	Studium	3	Frauen	1	5	1,6094	1,6094
niedrig	3	Studium	3	Männer	2	8	2,0794	2,0794
								65,7572

Abb. 158: Kontingenzwerte für das loglineare Modell

Ermittlung des Gesamteffektes			
$u = \frac{1}{r * s * t} * \sum_{i,j,k} \ln n_{ijk} =$	$\frac{1}{3*3*2}$ *	65,7572	= 3,6532

Abb. 159: Gesamteffekt des loglinearen Modells

Ermittlung der einfachen Effekte		
$u_{r(r)} = \frac{1}{s * t} * \sum_{j,k} \ln n_{1jk} - u =$	$\frac{1}{3*2}$ * 20,9495 - 3,6532	= -0,1616
$u_{r(s)} = \frac{1}{s * t} * \sum_{j,k} \ln n_{2jk} - u =$	$\frac{1}{3*2}$ * 22,9905 - 3,6532	= 0,1786
$u_{r(t)} = \frac{1}{s * t} * \sum_{j,k} \ln n_{3jk} - u =$	$\frac{1}{3*2}$ * 22,9905 - 3,6532	= -0,0170
$u_{s(r)} = \frac{1}{r * t} * \sum_{i,k} \ln n_{i1k} - u =$	$\frac{1}{3*2}$ * 22,6281 - 3,6532	= 0,1182
$u_{s(s)} = \frac{1}{r * t} * \sum_{i,k} \ln n_{i2k} - u =$	$\frac{1}{3*2}$ * 22,8051 - 3,6532	= 0,1477
$u_{s(t)} = \frac{1}{r * t} * \sum_{i,k} \ln n_{i3k} - u =$	$\frac{1}{3*2}$ * 20,3240 - 3,6532	= -0,2658
$u_{t(t)} = \frac{1}{r * s} * \sum_{i,j} \ln n_{ij1} - u =$	$\frac{1}{3*3}$ * 32,7186 - 3,6532	= -0,0178

Abb. 160: Einfache Effekte des loglinearen Modells

Abbildung 158 zeigt die dreidimensionalen Kontingenzwerte n. In den Nebenspalten werden die Werte von n in ihren Logarithmus naturalis umgerechnet und addiert. In Abbildung 159 wird mit diesen Ausgangswerten der Gesamteffekt mit 3,6532 berechnet.

Abbildung 160 zeigt die Berechnung der einfachen Effekte. Anschließend werden die zweifachen Wechselwirkungen $u_{rs(ij)}$ (Abb. 161), $u_{rt(ik)}$ (Abb. 162) und $u_{st(jk)}$ (Abb. 163) ermittelt.

Zusätzlich kann man mit nachfolgender Formel die dreifachen Wechselwirkungseffekte berechnen:

$$u_{rst(ijk)} = \ln n_{ijk} - u_{rs(ij)} - u_{rt(ik)} - u_{st(jk)} - u_{r(i)} - u_{s(j)} - u_{t(k)} - u$$

Abbildung 164 zeigt die erste dreifache Wechselwirkung $u_{rst(ij1)}$ und Abbildung 165 die zweite dreifache Wechselwirkung $u_{rst(ij2)}$.

zweifache Wechselwirkungen $u_{rs(ij)}$			
i	**j**		
	1	**2**	**3**
1	**-1,3599**	**0,3112**	**1,0486**
2	**-0,5487**	**0,0714**	**0,4773**
3	**1,9086**	**-0,3827**	**-1,5259**

Abb. 161: Erste zweifache Wechselwirkung

zweifache Wechselwirkungen $u_{rt(ik)}$		
i	**k**	
	1	**2**
1	**0,0625**	**-0,0625**
2	**0,1724**	**-0,1724**
3	**-0,2350**	**0,2350**

Abb. 162: Zweite zweifache Wechselwirkung

i	k	
	1	2
1	0,0705	-0,0705
2	-0,2116	0,2116
3	0,1411	-0,1411

zweifache Wechselwirkungen $u_{st(jk)}$

Abb. 163: Dritte zweifache Wechselwirkung

i	j		
	1	2	3
1	0,3429	0,0230	-0,3659
2	-0,4074	-0,0819	0,4893
3	0,0645	0,0589	-0,1234

dreifache Wechselwirkungen $u_{rst(ij1)}$

Abb. 164: Erste dreifache Wechselwirkung

i	j		
	1	2	3
1	-0,3429	-0,0230	0,3659
2	0,4074	0,0819	-0,4893
3	-0,0645	-0,0589	0,1234

dreifache Wechselwirkungen $u_{rst(ij2)}$

Abb. 165: Zweite dreifache Wechselwirkung

8.4.1.2 Vereinfachung des saturierten Modells

Wenn man ein vereinfachtes Modell bevorzugt, reduziert man das saturierte Modell um unwesentliche Terme. Dazu muss man prüfen, welche Terme keine wesentliche Auswirkung auf den Zusammenhang haben. Der Prüfung liegt die Nullhypothese H_0: Effekt = 0 zugrunde. Kann man diese Hypothese nicht falsifizieren, darf der betreffende Term weggelassen werden. Den hierfür erforderlichen Maximum-Likelihood-Schätzer G^2 approximiert man mit der nachstehenden Berechnungsformel und prüft ihn gegen die χ^2-Verteilung mit den Freiheitsgraden des geprüften Terms.

$$G^2 = 2 * \sum_{i,j,k} n_{ijk} * \ln \frac{n_{ijk}}{e_{ijk}}$$

Für die Berechnung benötigt man zunächst die Erwartungswerte e. In Abbildung 166 werden die entsprechenden Randsummen Rs für die Berechnung der Erwartungswerte $e_{(1)}$ ermittelt. Die letzte Spalte gibt die Abweichung des Erwartungs- vom Ausgangswert an. In den weiteren Schritten adjustiert man die Erwartungswerte nun so lange, bis die Abweichung der bisherigen von den neu berechneten Erwartungswerten marginal ist.

r		s		t		1. Schritt zur Ermittlung der Erwartungswerte						
3		3		2								
Einkommen	i	Qualifikation	j	Geschlecht	k	n	Rs_i	$Rs_{j=1}$	$Rs_{j=1}$	$Rs_{j=3}$	$e_{(1)}$	|Abw.|
hoch	1	keine	1	Frauen	1	15	296	21			9,4	5,6
hoch	1	keine	1	Männer	2	6	366				11,6	5,6
hoch	1	Beruf	2	Frauen	1	45	115		105		42,2	2,8
hoch	1	Beruf	2	Männer	2	60	171				62,8	2,8
hoch	1	Studium	3	Frauen	1	60	190			146	89,5	29,5
hoch	1	Studium	3	Männer	2	86	120				56,5	29,5
mittel	2	keine	1	Frauen	1	25	296	61			27,3	2,3
mittel	2	keine	1	Männer	2	36	366				33,7	2,3
mittel	2	Beruf	2	Frauen	1	50	115		116		46,6	3,4
mittel	2	Beruf	2	Männer	2	66	171				69,4	3,4
mittel	2	Studium	3	Frauen	1	125	190			151	92,5	32,5
mittel	2	Studium	3	Männer	2	26	120				58,5	32,5
niedrig	3	keine	1	Frauen	1	256	296	580			259,3	3,3
niedrig	3	keine	1	Männer	2	324	366				320,7	3,3
niedrig	3	Beruf	2	Frauen	1	20	115		65		26,1	6,1
niedrig	3	Beruf	2	Männer	2	45	171				38,9	6,1
niedrig	3	Studium	3	Frauen	1	5	190			13	8,0	3,0
niedrig	3	Studium	3	Männer	2	8	120				5,0	3,0
				total		1.258		662	286	310	1.258	177

Abb. 166: Erster Schritt Erwartungswertermittlung

Abbildung 167 zeigt den zweiten Schritt. Die Neuberechnung der Erwartungswerte erfolgt mit:

$$e_{(2)} = \frac{e_{(1)} * n_{i.k}}{m_{i.k}}.$$

Abbildung 168 beschreibt den dritten Schritt der Ermittlung der Erwartungswerte. Die Neuberechnung der Erwartungswerte erfolgt mit:

$$e_{(3)} = \frac{e_{(2)} * n_{ij.}}{m_{ij.}}.$$

Abbildung 169 stellt den vierten Schritt der Ermittlung der Erwartungswerte dar. Die Neuberechnung der Erwartungswerte erfolgt mit:

$$e_{(4)} = \frac{e_{(3)} * n_{.jk}}{m_{.jk}}.$$

r		s		t		2. Schritt zur Ermittlung der Erwartungswerte				
3		3		2						
Einkommen	i	Qualifikation	j	Geschlecht	k	$e_{(1)}$	$m_{i.k}$	$n_{i.k}$	$e_{(2)}$	|Abw.|
hoch	1	keine	1	Frauen	1	9	141	120	8,0	1,4
hoch	1	keine	1	Männer	2	12	131	152	13,5	1,9
hoch	1	Beruf	2	Frauen	1	42	141	120	35,9	6,3
hoch	1	Beruf	2	Männer	2	63	131	152	72,9	10,1
hoch	1	Studium	3	Frauen	1	89	141	120	76,1	13,4
hoch	1	Studium	3	Männer	2	57	131	152	65,6	9,1
mittel	2	keine	1	Frauen	1	27	166	200	32,8	5,5
mittel	2	keine	1	Männer	2	34	162	128	26,7	7,0
mittel	2	Beruf	2	Frauen	1	47	166	200	56,0	9,4
mittel	2	Beruf	2	Männer	2	69	162	128	55,0	14,4
mittel	2	Studium	3	Frauen	1	93	166	200	111,2	18,6
mittel	2	Studium	3	Männer	2	58	162	128	46,3	12,1
niedrig	3	keine	1	Frauen	1	259	293	281	248,3	11,0
niedrig	3	keine	1	Männer	2	321	365	377	331,6	10,9
niedrig	3	Beruf	2	Frauen	1	26	293	281	25,0	1,1
niedrig	3	Beruf	2	Männer	2	39	365	377	40,2	1,3
niedrig	3	Studium	3	Frauen	1	8	293	281	7,6	0,3
niedrig	3	Studium	3	Männer	2	5	365	377	5,2	0,2
				total		1.258			1.258	134

Abb. 167: Zweiter Schritt Erwartungswertermittlung

r		s		t	3. Schritt zur Ermittlung der Erwartungswerte					
3		3		2						
Einkommen	i	Qualifikation	j	Geschlecht	k	$e_{(2)}$	$m_{ij.}$	$n_{ij.}$	$e_{(3)}$	|Abw.|
hoch	1	keine	1	Frauen	1	8	21	21	7,8	0,2
hoch	1	keine	1	Männer	2	13	21	21	13,2	0,3
hoch	1	Beruf	2	Frauen	1	36	109	105	34,7	1,3
hoch	1	Beruf	2	Männer	2	73	109	105	70,3	2,5
hoch	1	Studium	3	Frauen	1	76	142	146	78,4	2,3
hoch	1	Studium	3	Männer	2	66	142	146	67,6	2,0
mittel	2	keine	1	Frauen	1	33	59	61	33,6	0,8
mittel	2	keine	1	Männer	2	27	59	61	27,4	0,7
mittel	2	Beruf	2	Frauen	1	56	111	116	58,6	2,5
mittel	2	Beruf	2	Männer	2	55	111	116	57,4	2,5
mittel	2	Studium	3	Frauen	1	111	158	151	106,6	4,6
mittel	2	Studium	3	Männer	2	46	158	151	44,4	1,9
niedrig	3	keine	1	Frauen	1	248	580	580	248,4	0,0
niedrig	3	keine	1	Männer	2	332	580	580	331,6	0,0
niedrig	3	Beruf	2	Frauen	1	25	65	65	24,9	0,1
niedrig	3	Beruf	2	Männer	2	40	65	65	40,1	0,1
niedrig	3	Studium	3	Frauen	1	8	13	13	7,7	0,1
niedrig	3	Studium	3	Männer	2	5	13	13	5,3	0,1
				total		1.258			1.258	22

Abb. 168: Dritter Schritt Erwartungswertermittlung

r		s		t	4. Schritt zur Ermittlung der Erwartungswerte					
3		3		2						
Einkommen	i	Qualifikation	j	Geschlecht	k	$e_{(3)}$	$m_{.jk}$	$n_{.jk}$	$e_{(4)}$	|Abw.|
hoch	1	keine	1	Frauen	1	8	290	296	8,0	0,2
hoch	1	keine	1	Männer	2	13	372	366	13,0	0,2
hoch	1	Beruf	2	Frauen	1	35	118	115	33,7	0,9
hoch	1	Beruf	2	Männer	2	70	168	171	71,7	1,3
hoch	1	Studium	3	Frauen	1	78	193	190	77,3	1,1
hoch	1	Studium	3	Männer	2	68	117	120	69,2	1,6
mittel	2	keine	1	Frauen	1	34	290	296	34,3	0,7
mittel	2	keine	1	Männer	2	27	372	366	26,9	0,5
mittel	2	Beruf	2	Frauen	1	59	118	115	57,0	1,6
mittel	2	Beruf	2	Männer	2	57	168	171	58,5	1,1
mittel	2	Studium	3	Frauen	1	107	193	190	105,1	1,5
mittel	2	Studium	3	Männer	2	44	117	120	45,4	1,0
niedrig	3	keine	1	Frauen	1	248	290	296	253,7	5,3
niedrig	3	keine	1	Männer	2	332	372	366	326,1	5,5
niedrig	3	Beruf	2	Frauen	1	25	118	115	24,3	0,7
niedrig	3	Beruf	2	Männer	2	40	168	171	40,8	0,8
niedrig	3	Studium	3	Frauen	1	8	193	190	7,6	0,1
niedrig	3	Studium	3	Männer	2	5	117	120	5,4	0,1
				total		1.258			1.258	24

Abb. 169: Vierter Schritt Erwartungswertermittlung

r		s		t	5. Schritt zur Ermittlung der Erwartungswerte					
3		3		2						
Einkommen	i	Qualifikation	j	Geschlecht	k	$e_{(4)}$	$m_{i.k}$	$n_{i.k}$	$e_{(5)}$	|Abw.|
hoch	1	keine	1	Frauen	1	8	119	120	8,0	0,1
hoch	1	keine	1	Männer	2	13	154	152	12,8	0,2
hoch	1	Beruf	2	Frauen	1	34	119	120	34,0	0,3
hoch	1	Beruf	2	Männer	2	72	154	152	70,8	0,8
hoch	1	Studium	3	Frauen	1	77	119	120	77,9	0,7
hoch	1	Studium	3	Männer	2	69	154	152	68,4	0,8
mittel	2	keine	1	Frauen	1	34	196	200	34,9	0,6
mittel	2	keine	1	Männer	2	27	131	128	26,3	0,6
mittel	2	Beruf	2	Frauen	1	57	196	200	58,0	1,0
mittel	2	Beruf	2	Männer	2	59	131	128	57,2	1,3
mittel	2	Studium	3	Frauen	1	105	196	200	107,0	1,9
mittel	2	Studium	3	Männer	2	45	131	128	44,4	1,0
niedrig	3	keine	1	Frauen	1	254	286	281	249,6	4,1
niedrig	3	keine	1	Männer	2	326	372	377	330,2	4,1
niedrig	3	Beruf	2	Frauen	1	24	286	281	23,9	0,4
niedrig	3	Beruf	2	Männer	2	41	372	377	41,3	0,5
niedrig	3	Studium	3	Frauen	1	8	286	281	7,5	0,1
niedrig	3	Studium	3	Männer	2	5	372	377	5,5	0,1
				total		1.258			1.258	19

Abb. 170: Fünfter Schritt Erwartungswertermittlung

r		s		t	6. Schritt zur Ermittlung der Erwartungswerte					
3		3		2						
Einkommen	i	Qualifikation	j	Geschlecht	k	$e_{(5)}$	$m_{ij.}$	$n_{ij.}$	$e_{(6)}$	|Abw.|
hoch	1	keine	1	Frauen	1	8	21	21	8,1	0,1
hoch	1	keine	1	Männer	2	13	21	21	12,9	0,1
hoch	1	Beruf	2	Frauen	1	34	105	105	34,1	0,1
hoch	1	Beruf	2	Männer	2	71	105	105	70,9	0,1
hoch	1	Studium	3	Frauen	1	78	146	146	77,8	0,2
hoch	1	Studium	3	Männer	2	68	146	146	68,2	0,1
mittel	2	keine	1	Frauen	1	35	61	61	34,8	0,2
mittel	2	keine	1	Männer	2	26	61	61	26,2	0,1
mittel	2	Beruf	2	Frauen	1	58	115	116	58,4	0,4
mittel	2	Beruf	2	Männer	2	57	115	116	57,6	0,4
mittel	2	Studium	3	Frauen	1	107	151	151	106,7	0,3
mittel	2	Studium	3	Männer	2	44	151	151	44,3	0,1
niedrig	3	keine	1	Frauen	1	250	580	580	249,7	0,1
niedrig	3	keine	1	Männer	2	330	580	580	330,3	0,1
niedrig	3	Beruf	2	Frauen	1	24	65	65	23,8	0,1
niedrig	3	Beruf	2	Männer	2	41	65	65	41,2	0,1
niedrig	3	Studium	3	Frauen	1	7	13	13	7,5	0,0
niedrig	3	Studium	3	Männer	2	5	13	13	5,5	0,0
				total		1.258			1.258	2

Abb. 171: Sechster Schritt Erwartungswertermittlung

Abbildung 170 zeigt den fünften Schritt der Ermittlung der Erwartungswerte. Die Neuberechnung der Erwartungswerte erfolgt mit:

$$e_{(5)} = \frac{e_{(4)} * n_{i.k}}{m_{i.k}}.$$

In Abbildung 171 ist der sechste Schritt der Ermittlung der Erwartungswerte dargestellt. Die Neuberechnung der Erwartungswerte erfolgt mit:

$$e_{(6)} = \frac{e_{(5)} * n_{ij.}}{m_{ij.}}.$$

Abbildung 172 zeigt den siebten Schritt der Ermittlung der Erwartungswerte. Die Neuberechnung der Erwartungswerte erfolgt mit:

$$e_{(7)} = \frac{e_{(6)} * n_{.jk}}{m_{.jk}}.$$

r		s		t		7. Schritt zur Ermittlung der Erwartungswerte				
3		3		2						
Einkommen	i	Qualifikation	j	Geschlecht	k	$e_{(6)}$	$m_{.jk}$	$n_{.jk}$	$e_{(7)}$	|Abw.|
hoch	1	keine	1	Frauen	1	8	293	296	8,2	0,1
hoch	1	keine	1	Männer	2	13	369	366	12,8	0,1
hoch	1	Beruf	2	Frauen	1	34	116	115	33,7	0,4
hoch	1	Beruf	2	Männer	2	71	170	171	71,5	0,5
hoch	1	Studium	3	Frauen	1	78	192	190	77,0	0,8
hoch	1	Studium	3	Männer	2	68	118	120	69,4	1,2
mittel	2	keine	1	Frauen	1	35	293	296	35,2	0,4
mittel	2	keine	1	Männer	2	26	369	366	26,0	0,2
mittel	2	Beruf	2	Frauen	1	58	116	115	57,8	0,6
mittel	2	Beruf	2	Männer	2	58	170	171	58,0	0,4
mittel	2	Studium	3	Frauen	1	107	192	190	105,6	1,1
mittel	2	Studium	3	Männer	2	44	118	120	45,1	0,8
niedrig	3	keine	1	Frauen	1	250	293	296	252,6	2,9
niedrig	3	keine	1	Männer	2	330	369	366	327,2	3,1
niedrig	3	Beruf	2	Frauen	1	24	116	115	23,5	0,3
niedrig	3	Beruf	2	Männer	2	41	170	171	41,5	0,3
niedrig	3	Studium	3	Frauen	1	8	192	190	7,4	0,1
niedrig	3	Studium	3	Männer	2	5	118	120	5,6	0,1
				total		1.258			1.258	13

Abb. 172: Siebter Schritt Erwartungswertermittlung

r		s		t		8. Schritt zur Ermittlung der Erwartungswerte				
3		3		2						
Einkommen	i	Qualifikation	j	Geschlecht	k	$e_{(7)}$	$m_{i.k}$	$n_{i.k}$	$e_{(final)}$	|Abw.|
hoch	1	keine	1	Frauen	1	8	119	120	8,3	0,1
hoch	1	keine	1	Männer	2	13	154	152	12,6	0,1
hoch	1	Beruf	2	Frauen	1	34	119	120	34,0	0,3
hoch	1	Beruf	2	Männer	2	71	154	152	70,7	0,8
hoch	1	Studium	3	Frauen	1	77	119	120	77,7	0,7
hoch	1	Studium	3	Männer	2	69	154	152	68,6	0,7
mittel	2	keine	1	Frauen	1	35	199	200	35,4	0,3
mittel	2	keine	1	Männer	2	26	129	128	25,8	0,2
mittel	2	Beruf	2	Frauen	1	58	199	200	58,2	0,4
mittel	2	Beruf	2	Männer	2	58	129	128	57,6	0,5
mittel	2	Studium	3	Frauen	1	106	199	200	106,4	0,8
mittel	2	Studium	3	Männer	2	45	129	128	44,7	0,4
niedrig	3	keine	1	Frauen	1	253	284	281	250,3	2,3
niedrig	3	keine	1	Männer	2	327	374	377	329,6	2,3
niedrig	3	Beruf	2	Frauen	1	24	284	281	23,3	0,2
niedrig	3	Beruf	2	Männer	2	42	374	377	41,8	0,3
niedrig	3	Studium	3	Frauen	1	7	284	281	7,4	0,1
niedrig	3	Studium	3	Männer	2	6	374	377	5,6	0,0
				total		1.258			1.258	11

Abb. 173: Achter Schritt Erwartungswertermittlung

Abbildung 173 beschreibt den achten Schritt der Ermittlung der Erwartungswerte. Die Neuberechnung der Erwartungswerte erfolgt mit:

$$e_{(8)} = \frac{e_{(7)} * n_{i.k}}{m_{i.k}}.$$

Diese Prozedur wiederholt man so lange, bis sich keine Abweichung mehr ergibt oder die verbleibende Abweichung hinnehmbar ist. Das Beispiel geht davon aus, dass die Abweichung akzeptabel ist. Die Teststatistik G^2 wird mit diesen Erwartungswerten in Abbildung 174 berechnet.

Die Teststatistik G^2 von 46,5846 vergleicht man mit dem kritischen Wert einer χ^2-Verteilung, deren Freiheitsgrade sich aus der Anzahl der weggelassenen Dimensionen, jeweils minus 1 ergeben. Im Beispiel wird die dreifache Wechselwirkung geprüft.

r		s		t		G² - Berechnung zu H_0: $u_{rst(ijk)} = 0$		
3		3		2				
Einkommen	i	Qualifikation	j	Geschlecht	k	n	$e_{(final)}$	G^2
hoch	1	keine	1	Frauen	1	15	8,3	17,8460
hoch	1	keine	1	Männer	2	6	12,6	-8,9453
hoch	1	Beruf	2	Frauen	1	45	34,0	25,1965
hoch	1	Beruf	2	Männer	2	60	70,7	-19,7194
hoch	1	Studium	3	Frauen	1	60	77,7	-31,0427
hoch	1	Studium	3	Männer	2	86	68,6	38,7819
mittel	2	keine	1	Frauen	1	25	35,4	-17,4573
mittel	2	keine	1	Männer	2	36	25,8	24,0858
mittel	2	Beruf	2	Frauen	1	50	58,2	-15,1716
mittel	2	Beruf	2	Männer	2	66	57,6	18,0828
mittel	2	Studium	3	Frauen	1	125	106,4	40,3662
mittel	2	Studium	3	Männer	2	26	44,7	-28,1602
niedrig	3	keine	1	Frauen	1	256	250,3	11,5366
niedrig	3	keine	1	Männer	2	324	329,6	-11,0808
niedrig	3	Beruf	2	Frauen	1	20	23,3	-6,1602
niedrig	3	Beruf	2	Männer	2	45	41,8	6,6396
niedrig	3	Studium	3	Frauen	1	5	7,4	-3,8850
niedrig	3	Studium	3	Männer	2	8	5,6	5,6718
				total		1.258	1.258	46,5846
Berechnung Freiheitsgrade:						α=	0,05	krit. χ2:
2	*	2	*	1		=	4	9,49
G² ist größer als der kritische Wert von χ². Der Parameter ist für die Abbildung des Modells relevant.								

Abb. 174: G²-Berechnung

Für die Freiheitsgrade berechnet man:

$$(r-1)*(s-1)*(t-1)$$
$$=(3-1)*(3-1)*(2-1)$$
$$=4 \text{ Freiheitsgrade}$$

Damit liest man einen kritischen Wert von 9,49 ab. Die zugrunde liegende Nullhypothese ist falsifiziert, da $G^2 > 9{,}49$ ist. Den Term darf man nicht weggelassen, weil die dreifache Wechselwirkung nicht unwesentlich ist.

Diese Berechnungen muss man für jeden Term, der weggelassen werden soll, einzeln vornehmen.

8.4.2 Multiple lineare Regression

Mit der multiplen linearen Regression stellt man den linearen Ursache-Wirkungs-Zusammenhang eines Regressanden, der endogenen Variablen, und mehreren Regressoren, den exogenen Variablen, in Form einer Funktion dar (Hartung et al., 2009). Dazu benötigt man unbedingt metrisch skalierte, gepaarte Variablen. Außerdem muss man vorher wissen, welche Variable die endogene ist und welche Variablen exogen sind.

Die Modellwerte bestimmt man durch eine Minimum-Likelihood-Schätzung mit dem Normalengleichungssystem. Aus dessen Wertetabelle entwickelt man die Faktoren anhand der Summen der Quadrate der Differenzen (SQ) und der Summenprodukte der Differenzen (SP). Dies wird an einem unmittelbar an Hartung et al. (2019) angelehnten Beispiel für eine dreidimensionale Wertetabelle beschrieben:

Das Normalengleichungssystem für das Beispiel lautet:

$$b_1 SQ_{x_1} + b_2 SP_{x_1 x_2} = SP_{x_1 Y}$$

$$b_1 SP_{x_1 x_2} + b_2 SQ_{x_2} = SP_{x_2 Y}$$

Nach der Aufstellung des Normalengleichungssystems kann man b_1 und b_2 mittels des einfachen mathematischen Additionsverfahrens ermitteln. Die Schätzung des absoluten Gliedes erfolgt mit:

$$a = \bar{y} - b_1 \bar{x}_1 - b_2 \bar{x}_2$$

SQ und SP sind folgendermaßen definiert:

$$SQ_{x_1} = (x_1 - \bar{x}_1)^2$$

$$SQ_{x_2} = (x_2 - \bar{x}_2)^2$$

$$SP_{x_{1Y}} = (x_1 - \bar{x}_1) * (y - \bar{y})$$

$$SP_{x_{2Y}} = (x_2 - \bar{x}_2) * (y - \bar{y})$$

$$SP_{x_{1x_2}} = (x_1 - \bar{x}_1) * (x_2 - \bar{x}_2)$$

Zuletzt berechnet man noch das Bestimmtheitsmaß:

$$B_{Y,(x_1,x_2)} = 1 - \sum_{i=1}^{n} \left(y_1 - a - \sum_{j=1}^{k} b_j x_{ji} \right)^2 / \sum_{i=1}^{n} (y_i - \bar{y})^2$$

Abbildung 175 beschreibt die Berechnung der Parameter für das Normalengleichungssystem. Dieses lautet:

$$12{,}4b_1 - 61b_2 = 70$$

$$-61b_1 + 954b_2 = -187$$

Durch die Auflösung des Systems erhält man

$$b_1 = 6{,}8289, b_2 = 0{,}2406 \text{ und } a = -12{,}38.$$

i	y	x_1	x_2	SQ_{x_1} $(x_1 - \bar{x}_1)^2$	SQ_{x_2} $(x_2 - \bar{x}_2)^2$	$SP_{x_{1Y}}$ $(y - \bar{y}) * (x_1 - \bar{x}_1)$	$SP_{x_{2Y}}$ $(y - \bar{y}) * (x_2 - \bar{x}_2)$	$SP_{x_1x_2}$ $(x_1 - \bar{x}_1) * (x_2 - \bar{x}_2)$
1	24	4	31	0,16	169	-0,8	26	-5,2
2	28	6	3	2,56	225	9,6	-90	-24,0
3	25	5	7	0,36	121	1,8	-33	-6,6
4	13	3	29	1,96	121	12,6	-99	-15,4
5	27	5	27	0,36	81	3,0	45	5,4
6	14	3	18	1,96	0	11,2	0	0,0
7	15	3	28	1,96	100	9,8	-70	-14,0
8	32	6	17	2,56	1	16,0	-10	-1,6
9	14	4	8	0,16	100	3,2	80	4,0
10	28	5	12	0,36	36	3,6	-36	-3,6
	22	4,4	18	12,4	954	70,0	-187	-61,0

Abb. 175: Berechnung Normalengleichungssystem

i	y	x_1	x_2	$(y_i\text{-}a\text{-}b_1x_{1i}\text{-}b_2x_{2i})^2$	$(y_i\text{-}\bar{y})^2$
1	24	4	31	2,5707	4
2	28	6	3	1,7339	36
3	25	5	7	2,4013	9
4	13	3	29	4,3534	81
5	27	5	27	1,5953	25
6	14	3	18	2,4351	64
7	15	3	28	0,0238	49
8	32	6	17	0,4701	100
9	14	4	8	8,1916	64
10	28	5	12	11,1987	36
	22	4,4	18	34,9739	468
				$B_{Y.(x_1,x_2)}$	0,9253

Abb. 176: Bestimmtheitsmaß multiple lineare Regression

Die Berechnung des Bestimmtheitsmaßes zur gefundenen Funktion in Abbildung 176 bestätigt eine Genauigkeit von 92,5%.

8.4.3 Diskriminanzanalyse

Die Diskriminanzanalyse verwendet man für die Prüfung der Zugehörigkeit von Werten zu einer Gruppe (Hartung et al., 2009). Man kann sie nutzen, um Gruppen zu definieren oder deren Elemente zu prüfen. Vereinfacht sollen Werte diskriminiert, also gegebenenfalls ausgeschlossen werden. Da man sie für verschiedene Zwecke einsetzen kann, gibt es auch viele Modelle.

An einem Beispiel wird gezeigt, wie man die Zugehörigkeit von Werten zu ihrer Klassifikation prüft. Es basiert auf den im Beispiel für die multiple lineare Regression verwendeten Werte, nur dass hier der y-Wert die Gruppenklassifikation ist. Grundlage der Prüfung ist die bei der multiplen linearen Regression berechnete Funktion:

$$y = -1{,}2544 + 0{,}14101x_1 + 0{,}03522x_2.$$

Abbildung 177 gibt die y-Werte für die Klassifikation vor und zeigt die mittels der Funktion berechneten, technischen Erwartungswerte $\hat{y}$. Im unteren Bereich sind die Anzahlen der Ursprungsgruppen und die Durchschnitte der technischen Erwartungswerte genannt. Die technische Grenze c ergibt sich durch Multiplikation der Summe der Anzahlen der Gruppen mit ihrem Durchschnitt dividiert durch die Summe der Anzahlen der Gruppen. Damit können die Erwartungswerte bestimmt werden. Der Wert der Klassifizierung entspricht einer 0, wenn der technische Erwartungswert kleiner als die technische Grenze c ist. Andernfalls ist der Wert als Gruppe 1 zu klassifizieren. Durch den Vergleich von y mit dem Erwartungswert kann man nun einfach feststellen, welche Werte falsch klassifiziert sein sollten.

i	y	x_1	x_2	$\hat{y}$	Erwartungswerte	Fehlklassifikation
1	1	4	31	0,40	1	0
2	0	6	3	-0,30	0	0
3	0	5	7	-0,30	0	0
4	0	3	29	0,19	1	1
5	1	5	27	0,40	1	0
6	1	3	18	-0,20	0	1
7	1	3	28	0,15	1	0
8	1	6	17	0,19	1	0
9	0	4	8	-0,41	0	0
10	1	5	12	-0,13	1	0
		4,4	18	0,00		

n_0	4
n_1	6
d_0	-0,21
d_1	-0,14
c	-0,16

Abb. 177: Diskriminanzanalyse

8.5 Unterschiedstests

8.5.1 Erläuterungen zu Unterschiedstests

Unterschiedstests verwendet man meistens für die Prüfung von Hypothesen. Die Daten der endogenen Variablen müssen für Unterschiedstests immer mindestens zwei Gruppen abbilden. Entwickler wissen bei der mathematischen Konstruktion der Tests nicht, ob spätere Hypothesen von der Gleichheit oder der Ungleichheit der Daten der zu vergleichenden Gruppen ausgehen. Daher gehen sie in der Regel von einer theoretischen Nullhypothese, der Gleichverteilung der Gruppen, aus. In der Praxis kann die zu prüfende Hypothese von der technischen Richtung des Tests abweichen, wenn man die Ungleichheit der Gruppen erwartet. Daher muss man immer prüfen, ob die technische Konstruktion des Tests mit der eigenen Hypothese übereinstimmt und dies gegebenenfalls berücksichtigen.

Unterschiedstests verwenden meistens den arithmetischen Mittelwert der Variablen. Dies gilt im Grunde für die meisten Tests, da auch die Varianz über den Mittelwert berechnet wird. Für den Vergleich kategorialer Variablen verwenden sie auch Häufigkeitsverteilungen.

Die exogenen und endogenen Variablen müssen für Unterschiedstests bestimmte Voraussetzungen erfüllen. Darüber hinaus setzen parametrische Tests eine normalverteilte Grundgesamtheit für den Vergleich der endogenen Variablen voraus. Andernfalls muss man auf einen sogenannten nichtparametrischen Test ausweichen.

8.5.2 Tests über zentrale Tendenzen

8.5.2.1 Paired t-Test

Mit dem Paired t-Test prüft man Unterschiede zweier Gruppen unter Verwendung der Mittelwerte und der empirischen Standardabweichungen (Hartung et al., 2009; Matthäus et al., 2016; Zaiontz, 2019). Als parametrischer Test setzt er eine Normalverteilung der endogenen Variablen voraus. Die Prüfung erfolgt gegen das Quantil der Student t-Verteilung. Deren Schar von Verteilungsfunktionen entfernt sich mit niedrigeren Freiheitsgraden zunehmend von der Normalverteilung.

Er ist als Test für gleich lange, gepaarte Daten mit gleichartigen, wiederholten Beobachtungen zu zwei Zeitpunkten, die metrisch interpretierbar sein müssen, konzipiert. Formal benötigt man eine exogene Variable, die dichotom sein oder als dichotom dargestellt sein muss, und eine endogene Variable, die die Differenz der beiden Beobachtungszeitpunkte abbildet. Dann kann man auch ordinal erhobene Beobachtungen endogen verwenden. Seine Nullhypothese geht technisch von der Übereinstimmung der Erwartungswerte der zu prüfenden Gruppen aus. Daher berechnet man die Differenzen der gepaarten Werte. Formal lautet die technische Nullhypothese:

$$H_0: \mu = 0$$

Die Teststatistik t ermittelt man mit:

$$t = \frac{\bar{x} * \sqrt{n}}{s}$$

Die Prüfung erfolgt gegen das Quantil $t_{1-\alpha,m}$ der Student t-Verteilung mit $m = n - 1$ Freiheitsgraden. Den kritischen Wert für den Beginn des Ablehnungsbereiches kann man der Tabelle der Student t-Verteilung entnehmen.

Der Bademeister eines Schwimmbades betreibt nebenbei einen Kiosk. Er glaubt, dass er an den sieben Wochentagen der Woche immer die gleiche Anzahl Eis verkauft. Er zählt die Verkäufe von zwei Wochen und stellt fest, dass er von einer normalverteilten Grundgesamtheit ausgehen darf. Dann prüft er seine Annahme statistisch mit $\alpha = 0{,}05$ (Abb. 178).

Zunächst bildet er die Differenz für die jeweiligen Wochentage. Dann berechnet er deren Anzahl, ihren Mittelwert und die Standardabweichung. Durch das Einsetzen der Werte in die Formel erhält er die Teststatistik $t = 7{,}111$. Den kritischen Wert entnimmt er der Student t-Verteilung für 6 Freiheitsgrade und $\alpha = 0{,}05$ mit

2,447. Da der Wert der Teststatistik größer als der kritische Wert ist, liegt er im Ablehnungsbereich und die technische Nullhypothese ist abzulehnen. Diese geht von der Gleichheit der Erwartungswerte aus und stimmt mit der Untersuchungsrichtung überein, so dass der Bademeister seine Annahme verwerfen muss.

1. Beobachtung	2. Beobachtung	Differenz		
25	24	1,00		
36	35	1,00		
78	56	22,00		
15	18	3,00		
26	25	1,00		
86	95	9,00		
89	67	22,00		
		Summe: 59,00	Freiheitsgrade: 6	
		Anzahl: 7	s^2: 9,833	α: 0,05
		$\bar{x}$: 8,43	s: 3,136	Quantil $t_{1-\alpha,m}$: 2,447
			t: 7,111	t > Quantil Ablehnung

Abb. 178: Paired t-Test

8.5.2.1.1 Effektstärke beim paired t-Test

Hat man mit einem paired t-Test festgestellt, dass ein signifikanter Unterschied zwischen zwei nicht gepaarten Gruppen besteht, hat man nur das Bestehen, nicht aber die Stärke des Unterschiedes zwischen diesen Gruppen nachgewiesen. Es kann also durchaus sein, dass der Unterschied zwar statistisch signifikant, aber in der Praxis geringfügig und damit unbedeutend ist. Daher schlägt Cohen (1988) vor, zusätzlich die standardisierte Effektstärke zu berechnen:

$$D = \frac{\mu_1 - \mu_2}{\sigma}$$

Diese Formel ist auf gleich große Gruppen mit gleicher mathematischer Standardabweichung abgestellt. Da diese Voraussetzungen normalerweise nicht gegeben sind, braucht es Anpassungen für ihre praktische Verwendung.

Daher schlägt Cohen für gleiche Gruppengrößen und unterschiedliche mathematischen Varianzen folgende Berechnung über die beiden jeweiligen Mittelwerte und empirischen Varianzen vor:

$$d = \frac{|\bar{x}_1 - \bar{x}_2|}{\sqrt{\frac{(s_1^2 + s_2^2)}{2}}}$$

Liegt d zwischen 0,2 und 0,5 spricht er von einem kleinen, zwischen 0,5 und 0,8 von einem mittleren und über 0,8 von einem starken Effekt.

Hartung et al. (2008) wenden auf die Berechnung für ungleich große Gruppen mit unterschiedlichen Varianzen folgendes Pooling auf die empirische Standardabweichung an:

$$d = \frac{|\bar{x}_1 - \bar{x}_2|}{\sqrt{\frac{(n_1 - 1)s_1^2 + (n_2 - 1)s_2^2}{n_1 + n_2 - 2}}}$$

8.5.2.2 Wilcoxon Signed-Rank-Test

Der Vorzeichenrangtest von Wilcoxon ist die nichtparametrische Alternative zum Paired t-Test (Hartung et al., 2009; Matthäus et al., 2016; Zaiontz, 2019). Er setzt keine bestimmte Verteilung der endogenen Variablen voraus. In der vorgestellten Version ist er als Test für gepaarte Datenreihen konzipiert. Formal benötigt man eine dichotome oder als dichotom dargestellte exogene Variable und eine metrisch interpretierbare endogene Variable, die die Differenz der jeweiligen Beobachtungszeitpunkte abbildet.

Zuerst ermittelt man die Differenzen der Werte der Beobachtungspaare. Den aufsteigend sortierten, absoluten Werten der Differenzen weist man anschließend ihre Ränge zu, wobei man gleichen Differenzen das arithmetische Mittel ihrer Ränge zuweist. Wenn die Differenz Null ist, kann man sie unter Korrektur der Anzahl der Beobachtungsobjekte ignorieren oder zu gleichen Teilen auf beide Gruppen verteilen. Anschließend bildet man die Summe der Ränge für positive und für negative Abweichungen. Die approximativ normalverteilte Teststatistik W ist die kleinere Summe.

Die Nullhypothese lautet:

$$H_0\text{: Median } x_1 = \text{Median } x_2$$

Die Gegenhypothesen für den einseitigen Test lauten:

$$H_{1.1}\text{: Median } x_1 > \text{Median } x_2$$

$$H_{1.2}\text{: Median } x_1 < \text{Median } x_2$$

Die Gegenhypothese für den zweiseitigen Test lautet:

$$H_{1.2}\text{: Median } x_1 \neq \text{Median } x_2$$

Formal ermittelt man zunächst die Ränge der absoluten Differenzen:

$$R_i = \text{Rang}\,(|D_i|)$$

Daraus ergeben sich für die positiven und negativen Abweichungen folgende mögliche Teststatistiken:

$$W_+ = \sum_{i=1}^{n} R_1 \text{, wenn } x_{i,1} - x_{i;2} > 0$$

$$W_- = \sum_{i=1}^{n} R_1 \text{, wenn } x_{i,1} - x_{i;2} < 0$$

Deren Minimum ist die finale Teststatistik:

$$W = \text{Min}\,(W_+, W_-)$$

Für die Beurteilung der Teststatistik approximiert man ihre z-Verteilung mit:

$$z = \frac{W - \frac{1}{4} * n * (n+1)}{\sqrt{\frac{n * (n+1) * (2n+1)}{24}}}$$

Für $n \leq 60$ wird eine Stetigkeitskorrektur empfohlen:

$$z = \frac{\left|W - \frac{1}{4} * n * (n+1)\right| - 0{,}5}{\sqrt{\frac{n * (n+1) * (2n+1)}{24}}}$$

Die Prüfung erfolgt für den einseitigen Test gegen das Konfidenzniveau $1 - \alpha$ und für den zweiseitigen Test gegen das Konfidenzniveau $1 - \frac{\alpha}{2}$ der Standardnormalverteilung.

Ein Gastwirt ist der Meinung, dass er an den sieben Wochentagen der Woche immer die gleiche Anzahl Salate verkauft. Er zählt die Verkäufe von zwei Wochen und prüft seine Annahme unter Verzicht auf die Prüfung der Normalverteilung mit $\alpha = 0{,}05$ (Abb. 179).

Nach Bildung der Differenzen teilt er die Ränge zu und addiert die Ränge der positiven und negativen Differenzen. Den kleineren Wert für die negativen Differenzen verwendet er für die Berechnung des z-Wertes.

Die Teststatistik z beträgt 0,761 und liegt damit nicht im Ablehnungsbereich, der für den zweiseitigen Test auf der Basis des Konfidenzniveaus von 0,975 aus der Tabelle der Standardnormalverteilung mit 1,96 abgelesen wird und folglich außerhalb des Intervalls [-1,96, +1,96] liegt. Der Gastwirt hat die Nullhypothese ‚H_0: die Gruppen sind gleich' nicht signifikant widerlegt, so dass seine Meinung anders als beim paired t-Test bestätigt wird.

1. Beobachtung	2. Beobachtung	Vorzeichen	| Differenz |	Rang	W_+	W_-
25	24	+	1,00	2,0	2,0	
36	35	+	1,00	2,0	2,0	
78	56	+	22,00	6,5	6,5	
15	18	-	3,00	4,0		4,0
26	25	+	1,00	2,0	2,0	
86	95	-	9,00	5,0		5,0
89	67	+	22,00	6,5	6,5	
	n:	7			19,0	9,0
					W:	9,0
				$z = \frac{\left\|W - \frac{1}{4} * n * (n+1)\right\| - 0,5}{\sqrt{\frac{n * (n+1) * (2n+1)}{24}}}$		0,761
zweiseitiger Test mit $\alpha = 0,05$ => 0,975				Beginn des Ablehnungsbereich gemäß		1,96
Die Teststatistik z = 0,761 liegt innerhalb des Intervalls von -1,960 bis +1,960						

Abb. 179: Wilcoxon Signed-Rank-Test

8.5.2.2.1 Effektstärke beim Wilcoxon Signed-Rank-Test

Für den Mann Wilcoxon Signed-Rank-Test gilt auch, dass er nur eine Aussage über das Bestehen eines signifikanten Unterschieds, nicht jedoch über die praktische Bedeutsamkeit des damit verbundenen Effekts liefert. Um diesen zu prüfen, verwendet man den sogenannten r-Wert (UZH, 2021).

$$r = \left|\frac{z}{\sqrt{n}}\right|$$

Für das Beispiel ergibt sich:

$$r = \left|\frac{0,761}{\sqrt{7}}\right| = 0,287$$

Es handelt sich also um einen recht niedrigen, mittleren Effekt.

8.5.2.3 t-Test

Mit dem t-Test prüft man Unterschiede zweier Gruppen unter Verwendung ihrer Mittelwerte beziehungsweise der empirischen Standardabweichungen (Hartung et al., 2009; Matthäus et al., 2016; Zaiontz, 2019). Er setzt als parametrischer Test die Normalverteilung der endogenen Variablen voraus. Die Teststatistik prüft man gegen das Quantil der Student t-Verteilung.

Er ist als Test für ungleich lange, nicht gepaarte Daten mit gleichartigen Beobachtungen konzipiert. Formal benötigt man eine dichotome oder als dichotom dargestellte exogene Variable und eine metrisch interpretierbare endogene Variable. Für nicht dichotome, nominale Merkmale kann er nicht verwendet werden. Die technische Nullhypothese geht von der Übereinstimmung der Erwartungswerte zweier Gruppen aus. Formal lautet die Nullhypothese:

$$H_0: \mu_1 = \mu_2$$

Die Teststatistik t ermittelt man mit:

$$t = \frac{\bar{x} - \bar{y}}{\sqrt{\frac{(n_1 - 1) * s_1^2 + (n_2 - 1) * s_2^2}{n_1 + n_2 - 2} * \frac{n_1 + n_2}{n_1 * n_2}}}$$

Bei gleicher Länge der Stichproben, also $n_1 = n_2$, kann man mit der vereinfachten Formel arbeiten:

$$t = \sqrt{n} * \frac{\bar{x} - \bar{y}}{\sqrt{s_1^2 + s_2^2}}$$

Die Prüfung für den einseitigen Test ($H_1: \mu_1 > \mu_2$ oder $H_1: \mu_1 < \mu_2$) erfolgt gegen das Quantil $t_{1-\alpha,m}$ und die Prüfung für den zweiseitigen Test ($H_1: \mu_1 \neq \mu_2$) gegen das Quantil $t_{1-\alpha/2,m}$ der Student t-Verteilung mit $m = 2 * n - 2$ Freiheitsgraden. Den kritischen Wert für den Beginn des Ablehnungsbereiches entnimmt man der Tabelle der Student t-Verteilung.

Der Autohändler Besserweis behauptet, dass seine männlichen und weiblichen Kunden gleich hohe Geldbeträge beim Neuwagenkauf ausgeben. Er prüft seine Hypothese anhand eines Tages, an dem er 7 Fahrzeuge verkauft hat (Abb. 180). Nachdem er die Normalverteilung bestätigt hat, unterstellt er einen zweiseitigen t-Test, also die Ungleichheit als Gegenhypothese. Die Prüfung nimmt er mit einem Konfidenzniveau von $1 - \alpha = 0{,}95$ vor.

Zunächst teilt er die 7 Verkäufe in 2 Gruppen für Männer und Frauen auf und ermittelt die jeweiligen Mittelwerte. Anschließend berechnet er die empirische Varianz der beiden Zahlenreihen. Nach Berechnung erhält er die Teststatistik t = -1,290. Da sie nicht außerhalb des sich für $t_{0,975,5}$ ergebenden Intervalls [-3,163; 3,163] liegt, hat er seine Hypothese nicht signifikant widerlegt und darf davon ausgehen, dass seine Hypothese zutreffend ist.

Geschlecht	Einkauf-summe	Männer	Frauen	$(x_i-\bar{x})^2$	$(y_i-\bar{y})^2$
m	24.500,00	24.500		1.000.000	
w	23.800,00		23.800		33.640.000
w	32.000,00		32.000		5.760.000
m	23.500,00	23.500		4.000.000	
m	28.500,00	28.500		9.000.000	
w	27.600,00		27.600		4.000.000
w	35.000,00		35.000		29.160.000
	n:	n_1:	n_2:	Summe:	Summe:
	7	3	4	14.000.000	72.560.000
		$\bar{x}$:	$\bar{y}$:	n_1-1:	n_2-1:
		25.500	29.600	2	3
				s_1^2:	s_2^2:
				7.000.000	24.186.667

$t = \frac{\bar{x} - \bar{y}}{\sqrt{\frac{(n_1 - 1) * s_1^2 + (n_2 - 1) * s_2^2}{n_1 + n_2 - 2} * \frac{n_1 + n_2}{n_1 * n_2}}}$		-1,290
Quantil $t_{1-\alpha/2},m$ der Student t-Verteilung ($t_{0,975,12}$)	$\alpha = 0{,}05$	2,560
Die Teststatistik t = -1,290 liegt innerhalb des Intervalls von -2,560 bis +2,560		

Abb. 180: t-Test

8.5.2.3.1 Effektstärke beim t-Test

Für den t-Test gilt auch, dass er nur eine Aussage über das Bestehen eines signifikanten Unterschieds, nicht jedoch über die praktische Bedeutsamkeit des damit verbundenen Effekts liefert. Analog zum paired t-Test kann man zu diesem Zweck wiederum die Effektstärke mit Cohens d berechnen. Die für das Beispiel nicht erforderliche Berechnung für gleiche Gruppengrößen und unterschiedliche mathematische Varianzen erfolgt wiederum unter Verwendung des obigen Poolings (Cohen, 1988; Hartung et al., 2008):

$$d = \frac{|\bar{x}_1 - \bar{x}_2|}{\sqrt{\frac{(n_1 - 1)s_1^2 + (n_2 - 1)s_2^2}{n_1 + n_2 - 2}}}$$

8.5.2.4 Mann Whitney U-Test

Der Mann Whitney U-Test ist die nichtparametrische Alternative zum t-Test (Hartung et al., 2009; Matthäus et al., 2016; Zaiontz, 2019). Er setzt keine bestimmte Verteilung der endogenen Variablen voraus. In der vorgestellten Version ist er als Test für nicht gepaarte Datenreihen konzipiert. Formal benötigt man eine dichotome oder als dichotom dargestellte exogene Variable und eine metrisch interpretierbare endogene Variable.

Der Mann Whitney U-Test wird ebenfalls am Beispiel des Autohändlers Besserweis erläutert, wobei der nichtparametrische Test dem nachfolgend beschriebenen Ablauf folgt (Abb. 181). Zuerst ermittelt man die Ränge der einzelnen, aufsteigend sortierten Werte der endogenen Variablen und summiert diese für die beiden Gruppen. Die formale Beschreibung der Teststatistik lautet:

$$U_1 = n_1 * n_2 + \frac{n_1 * (n_1 + 1)}{2} - R_1$$

$$U_2 = n_1 * n_2 + \frac{n_2 * (n_2 + 1)}{2} - R_2$$

$$U = \text{Min}(U_1; U_2)$$

Geschlecht	Einkauf-summe	Ränge	Männer	Frauen
m	24.500,00	3	3	
w	23.800,00	2		2
w	32.000,00	6		6
m	23.500,00	1	1	
m	28.500,00	5	5	
w	27.600,00	4		4
w	35.000,00	7		7
			R_1:	R_2:
			9	19
			n_1:	n_2:
			3	4

$\mu = \frac{n_1 * n_2}{2}$	6
$\sigma = \sqrt{\frac{n_1 * n_2 * (n_1 + n_2 + 1)}{12}}$	2,828
$z_\alpha = z_{0,05}$	-1,645
$U_1 = n_1 * n_2 + \frac{n_1 * (n_1 + 1)}{2} - R_1$	9,000
$U_2 = n_1 * n_2 + \frac{n_2 * (n_2 + 1)}{2} - R_2$	3,000
$U = \text{Min}(U_1; U_2)$	3,000
$U_{krit} = \mu + \sigma * z_\alpha - 0,5$	0,847

U_{krit} 0,847 ≤ U 3,000 Nullhypothese nicht signifikant widerlegt

Abb. 181: Mann Whitney U-Test

Die Prüfung erfolgt gegen den kritischen Wert für U, wobei man beachten muss, dass z_α für $\alpha < 0,5$ negativ wird:

$$U_{krit} = \mu + \sigma * z_\alpha - 0,5$$

mit

$$\mu = \frac{n_1 * n_2}{2}$$

und

$$\sigma = \sqrt{\frac{n_1 * n_2 * (n_1 + n_2 + 1)}{12}}$$

Die Nullhypothese ist nicht nicht signifikant widerlegt, wenn $U < U_{krit}$ ist.

8.5.2.4.1 Effektstärke beim Mann Whitney U-Test

Für den Mann Whitney U-Test gilt ebenso wie für den paired t-Test, dass er nur eine Aussage über das Bestehen eines signifikanten Unterschieds, nicht jedoch über die praktische Bedeutsamkeit des damit verbundenen Effekts liefert. Um diesen zu prüfen, verwendet man wiederum den sogenannten r-Wert (UZH, 2021).

$$r = \left|\frac{z}{\sqrt{n}}\right|$$

Hierfür benötigt man zunächst noch den z-Wert, der wie folgt berechnet wird:

$$z = \frac{U - \mu_U}{\sigma_U}$$

Für das Beispiel ergibt sich:

$$z = \frac{3 - 6}{2{,}828} = -1{,}061$$

$$r = \left|\frac{-1{,}061}{\sqrt{7}}\right| = 0{,}401$$

Es handelt sich also um einen mäßigen, mittleren Effekt.

8.5.3 Tests über Varianzen

8.5.3.1 Einfaktorielle Varianzanalyse

Die Varianzanalyse wird auch gerne mit ANOVA, der Kurzform für analysis of variance, bezeichnet (Hartung et al., 2009; Matthäus et al., 2016; Zaiontz, 2019). Die einfaktorielle Varianzanalyse setzt als parametrischer Test die Normalverteilung der endogenen Variablen voraus. Sie dient dem Vergleich von mehr als zwei unabhängigen Messreihen, die nicht gepaart und nicht gleich lang sein müssen. Man benötigt eine nicht dichotome exogene Variable und eine endogene Variable, die metrisch oder metrisch interpretierbar sein muss.

Ihre Nullhypothese geht von der Gleichheit der Erwartungswerte der endogenen Variablen für die Anzahl k geprüfter Gruppen aus und lautet formal:

$$H_0: \mu_1 = \mu_2 = \cdots = \mu_k$$

Die Gegenhypothese lautet demnach:

$$H_1: \neg\, \mu_1 = \mu_2 = \cdots = \mu_k$$

Die Prüfung erfolgt mittels des sogenannten F-Tests, indem man die Teststatistik F ermittelt und mit dem Quantil $f_{1-\alpha,k-1,n-k}$ abgleicht. Die Teststatistik F ist der Quotient aus den mittleren Quadratsummen der Unterschiede zwischen den Messreihen dividiert durch die mittlere Quadratsumme der zufälligen Fehler. Formal wird sie wie folgt beschrieben:

$$F = \frac{\frac{QS_M}{k-1}}{\frac{QS_Z}{n-k}}$$

Die Quadratsumme der Unterschiede zwischen den Messreihen beschreibt folgende Formel:

$$QS_M = \sum_{i=1}^{k} n_i * (\bar{x}_{i.} * \bar{x}_{..})^2$$

Die Quadratsumme der zufälligen Fehler erhält man durch Subtraktion der Quadratsumme der Unterschiede zwischen den Messreihen von der Gesamtvarianz:

$$QS_Z = QS_{Gesamt} - QS_M$$

Die Gesamtvarianz approximiert man mit:

$$QS_{Gesamt} = \left(\sum_{i=1}^{k}\sum_{i=j}^{k} x_{ij}^{2}\right) - \frac{s_{..}^{2}}{n}$$

Fahrzeug-typen	Verbräuche pro 100 km										Anzahl	Gruppen-summen	Gruppen-mittel
Goldwagen	8,6	8,4	7,6	7,8	6,9	9,5	6,9	7,8			8	63,5	7,94
Perfedes	6,9	10,2	9,1	7,3	7,2	8,5	8,3	8,9	7,6	8,0	10	82,0	8,20
Schlaudi	9,0	8,2	8,4	7,3	7,1	7,6	8,6	8,4	7,9		9	72,5	8,06
Summen:											27	218,0	8,07

Abb. 182: Daten für einfaktorielle Varianzanalyse

Das Management einer Vertriebsgesellschaft möchte prüfen, ob die Fahrzeuge ihrer Flotte den gleichen Treibstoffverbrauch haben. Hierfür legt sie $\alpha = 0{,}05$ zugrunde. Abbildung 182 zeigt die normalverteilten Verbräuche und die Berechnung der Mittelwerte. In Abbildung 183 werden die benötigten Quadratsummen ermittelt.

Anzahl	Gruppen-summen	Gruppen-Mittel	Berechnung der Quadratsumme	QS_M
8	63,5	7,94	$8*(7{,}94 - 8{,}07)^2$	0,1492
10	82,0	8,20	$10*(8{,}2 - 8{,}07)^2$	0,1586
9	72,5	8,06	$9*(8{,}06 - 8{,}07)^2$	0,0031
27	218,0	8,07	Summe:	0,3109

Abb. 183: Quadratsummen einfaktorielle Varianzanalyse

Zudem leitet man die benötigte Gesamtquadratsumme her (Abb. 184). Mit diesen Werten kann man die Varianztafel für die einfaktorielle Varianzanalyse erstellen (Abb. 185). Für den Hypothesentest prüft man, ob die Teststatistik F größer als das Quantil $f_{1-\alpha,k-1,n-k}$ ist. Da dies im Beispiel nicht der Fall ist, ist H_0 nicht abzulehnen. Das Management darf davon ausgehen, dass die unterschiedlichen Fahrzeugtypen den gleichen Treibstoffverbrauch haben.

Ermittlung QS_{Gesamt}	$(8,6)^2$ $(8,4)^2$ $(7,6)^2$ $(7,8)^2$ $(6,9)^2$ $(9,5)^2$ $(6,9)^2$ $(7,8)^2$ $(6,9)^2$ $(10,2)$ $(9,1)^2$ $(7,3)^2$ $(7,2)^2$ $(8,5)^2$ $(8,3)^2$ $(8,9)^2$ $(7,6)^2$ $(8,)^2$ $(9,)^2$ $(8,2)^2$ $(8,4)^2$ $(7,3)^2$ $(7,1)^2$ $(7,6)^2$ $(8,6)^2$ $(8,4)^2$ $(7,9)^2$	
	74,0 70,6 57,8 60,8 47,6 90,3 47,6 60,8 47,6 104,0 82,8 53,3 51,8 72,3 68,9 79,2 57,8 64,0 81,0 67,2 70,6 53,3 50,4 57,8 74,0 70,6 62,4	
Summe:		1.778,3
abzüglich:	$218{,}0^2/27{,}0$	18,2

Abb. 184: Gesamtquadratsumme einfaktorielle Varianzanalyse

Variationsursache	QS	Freiheitsgrade	$\frac{QS_M}{k-1}$	$\frac{QS_Z}{n-k}$	$F = \frac{\frac{QS_M}{k-1}}{\frac{QS_Z}{n-k}}$
zwischen den Gruppen	0,31	2	0,16		
innerhalb der Gruppen	17,86	24		0,74	
Gesamt	18,17	26			0,209
$f_{1-\alpha,k-1,n-k}$			gegebenenfalls anteilig gemittelt:		3,403
0,209 > 3,403 ?		Hypothese nicht signifikant widerlegt			

Abb. 185: Varianztafel einfaktorielle Varianzanalyse

8.5.3.2 Kruskal-Wallis-Test

Der Kruskal-Wallis-Test ist eine nichtparametrische Alternative zur einfaktoriellen Varianzanalyse (Hartung et al., 2009; Zaiontz, 2019). Er setzt keine Normalverteilung der endogenen Variablen voraus und dient dem Vergleich mehrerer unabhängiger Messreihen, die nicht gepaart und nicht gleich lang sein müssen. Der Kruskal-Wallis-Test benötigt eine nicht dichotome exogene Variable und eine endogene Variable, die metrisch oder metrisch interpretierbar sein muss. Seine Nullhypothese besagt, dass die Erwartungswerte der endogenen Variablen für die Anzahl k geprüfter Gruppen gleich sind und wird wie folgt formal beschrieben:

$$H_0: \mu_1 = \mu_2 = \cdots = \mu_k$$

Die Gegenhypothese lautet demnach:

$$H_1: \neg\ \mu_1 = \mu_2 = \cdots = \mu_k$$

Die Teststatistik H ermittelt man mit:

$$H = \frac{12}{n * (n+1)} * \sum_{i=1}^{k} \frac{R_i^2}{n_i} - 3 * (n+1)$$

Zuerst weist man den einzelnen Werten der endogenen Variablen ihre aufsteigend sortierten Ränge zu und summiert diese für die Gruppen. Dann dividiert man die Summe aller Rangsummen durch die Anzahl aller Werte und die quadrierten Rangsummen der Gruppen durch die Anzahl der Werte der jeweiligen Gruppen und bildet anschließend die jeweiligen Gesamtsummen. Mit den so ermittelten Werten berechnet man die Teststatistik H.

Fahrzeug-typen	**Verbräuche pro 100 km**										**Anzahl**	
Goldwagen	8,6	8,4	7,6	7,8	6,9	9,5	6,9	7,8			8	
Perfedes	6,9	10,2	9,1	7,3	7,2	8,5	8,3	8,9	7,6	8,0	10	
Schlaudi	9,0	8,2	8,4	7,3	7,1	7,6	8,6	8,4	7,9		9	
Summen:											27	
	Ränge										**Rang-summe**	$\mathbf{\frac{R_i^2}{n_i}}$
Goldwagen	21,5	18,0	9,0	11,5	2,0	26,0	2,0	11,5			101,5	1.287,78
Perfedes	2,0	27,0	25,0	6,5	5,0	20,0	16,0	23,0	9,0	14,0	147,5	2.175,63
Schlaudi	24,0	15,0	18,0	6,5	4,0	9,0	21,5	18,0	13,0		129,0	1.849,00
Summen:											378	5.312,41
$H = \frac{12}{n * (n+1)} * \sum_{i=1}^{k} \frac{R_i^2}{n_i} - 3 * (n+1)$											0,324	$\neg$ H > χ^2; Hypothese nicht signifikant widerlegt
k-1 Freiheitsgrade:											2	
$\chi^2_{1-\alpha,k-1}$	für α =	0,05									5,991	

Abb. 186: Kruskal-Wallis-Test

Die Prüfung erfolgt gegen konkret vorliegende kritische Werte oder, wie hier vorgeschlagen, alternativ approximativ gegen das 1 - α Quantil der χ^2-Verteilung mit k – 1 Freiheitsgraden.

Der Wiederholung des mit der einfaktoriellen Varianzanalyse vorgenommenen Tests mit dem nichtparametrischen Kruskal-Wallis-Test liegt erneut $\alpha = 0{,}05$ zugrunde. Die hierfür durchzuführende Rechnung ist in Abbildung 186 wiedergegeben und bestätigt das vorherige Ergebnis.

8.5.3.3 Einfaktorielle Varianzanalyse mit Wiederholung

Die einfaktorielle Varianzanalyse mit Wiederholung setzt als parametrischer Test die Normalverteilung der endogenen Variablen voraus (Hartung et al., 2009; Matthäus et al., 2016; Zaiontz, 2019). Sie dient dem Vergleich zweier unabhängiger Messreihen, die nicht gepaart und nicht gleich lang sein müssen. Gedanklich erwartet man das gleiche Zufallsexperiment zu zwei Zweitpunkten. Man benötigt eine nicht dichotome, kategoriale exogene Variable und zwei endogene Variablen, die metrisch oder metrisch interpretierbar sein müssen. Ihre Nullhypothese besagt, dass die Erwartungswerte der endogenen Variablen für die Anzahl k geprüfter Gruppen gleich sind und wird wie folgt formal beschrieben:

$$H_0\colon \mu_1 = \mu_2 = \cdots = \mu_k$$

Die Gegenhypothese lautet demnach:

$$H_1\colon \neg\, \mu_1 = \mu_2 = \cdots = \mu_k$$

Die Prüfung erfolgt technisch wie bei der einfaktoriellen Varianzanalyse. Man bezieht jedoch zwei statt einer endogenen Variablen in die Prüfung ein.

Das Management der Vertriebsgesellschaft möchte mit einer wiederholten Messung erneut prüfen, ob die Fahrzeuge ihrer Flotte den gleichen Treibstoffverbrauch haben. Sie legt wiederum $\alpha = 0{,}05$ zugrunde. Die normalverteilten Verbräuche sind in Abbildung 187 wiedergegeben, in der auch bereits die Mittelwerte berechnet sind.

Fahrzeug-typen	Verbräuche pro 100 km / 1. Messung										Anzahl	Gruppen-summen	Gruppen-mittel
Goldwagen	8,6	8,4	7,6	7,8	6,9	9,5	6,9	7,8			8	63,5	7,94
Perfedes	6,9	10,2	9,1	7,3	7,2	8,5	8,3	8,9	7,6	8,0	10	82,0	8,20
Schlaudi	9,0	8,2	8,4	7,3	7,1	7,6	8,6	8,4	7,9		9	72,5	8,06
Fahrzeug-typen	Verbräuche pro 100 km / 2. Messung												
Goldwagen	8,5	8,3	7,7	7,9	7,0	9,6	7,0	8,0			8	64,0	8,00
Perfedes	7,0	10,0	9,0	7,0	7,0	8,0	9,0	9,0	7,5	8,0	10	81,5	8,15
Schlaudi	9,2	8,0	8,5	7,1	7,0	7,7	8,6	8,3	8,0		9	72,4	8,04
Summen:											54	435,9	8,07

Abb. 187: Daten für einfakt. Varianzanalyse mit Wdhlg.

In Abbildung 188 werden die benötigten Quadratsummen ermittelt. Die ebenfalls erforderliche Gesamtquadratsumme wird in Abbildung 189 hergeleitet. Mit diesen Werten erstellt man die Varianztafel für die einfaktorielle Varianzanalyse (Abb. 190). Für den Hypothesentest prüft man, ob die Teststatistik F größer als das Quantil $f_{1-\alpha,k-1,n-k}$ ist. Da dies hier nicht der Fall ist, wird H_0 nicht abgelehnt. Das Management darf auch nach Messwiederholung davon ausgehen, dass die unterschiedlichen Fahrzeugtypen statistisch den gleichen Treibstoffverbrauch haben.

Anzahl	Gruppen-summen	Gruppen-Mittel	Berechnung der Quadratsumme	QS_M
8	63,5	7,94	$8*(7{,}94 - 8{,}07)^2$	0,1452
10	82,0	8,20	$10*(8{,}2 - 8{,}07)^2$	0,1633
9	72,5	8,06	$9*(8{,}06 - 8{,}07)^2$	0,0025
8	64,0	8,00	$8*(8{,}0 - 8{,}07)^2$	0,0417
10	81,5	8,15	$10*(8{,}15 - 8{,}07)^2$	0,0605
9	72,4	8,04	$9*(8{,}04 - 8{,}07)^2$	0,0069
54	435,9	8,07	Summe:	0,4201

Abb. 188: Quadrate einfakt. Varianzanalyse mit Wdhlg.

Ermittlung QS_{Gesamt}	$(8{,}6)^2$ $(8{,}4)^2$ $(7{,}6)^2$ $(7{,}8)^2$ $(6{,}9)^2$ $(9{,}5)^2$ $(6{,}9)^2$ $(7{,}8)^2$ $(6{,}9)^2$ $(10{,}2)$ $(9{,}1)^2$ $(7{,}3)^2$ $(7{,}2)^2$ $(8{,}5)^2$ $(8{,}3)^2$ $(8{,}9)^2$ $(7{,}6)^2$ $(8{,}0)^2$ $(9{,}0)^2$ $(8{,}2)^2$ $(8{,}4)^2$ $(7{,}3)^2$ $(7{,}1)^2$ $(7{,}6)^2$ $(8{,}6)^2$ $(8{,}4)^2$ $(7{,}9)^2$	
	74,0 70,6 57,8 60,8 47,6 90,3 47,6 60,8 47,6 104,0 82,8 53,3 51,8 72,3 68,9 79,2 57,8 64,0 81,0 67,2 70,6 53,3 50,4 57,8 74,0 70,6 62,4	
	$(8{,}5)^2$ $(8{,}3)^2$ $(7{,}7)^2$ $(7{,}9)^2$ $(7{,}0)^2$ $(9{,}6)^2$ $(7{,}0)^2$ $(8{,}0)^2$ $(7{,}0)^2$ $(10{,}0)$ $(9{,}0)^2$ $(7{,}0)^2$ $(7{,}0)^2$ $(8{,}0)^2$ $(9{,}0)^2$ $(9{,}0)^2$ $(7{,}5)^2$ $(8{,}0)^2$ $(9{,}2)^2$ $(8{,}0)^2$ $(8{,}5)^2$ $(7{,}1)^2$ $(7{,}0)^2$ $(7{,}7)^2$ $(8{,}6)^2$ $(8{,}3)^2$ $(8{,}0)^2$	
	72,3 68,9 59,3 62,4 49,0 92,2 49,0 64,0 49,0 100,0 81,0 49,0 49,0 64,0 81,0 81,0 56,3 64,0 84,6 64,0 72,3 50,4 49,0 59,3 74,0 68,9 64,0	
Summe:		3.556,0
abzüglich:	$435{,}9^2/54{,}0$	37,3

Abb. 189: Gesamtquadrate einfakt. Varianzanalyse mit Wdhlg.

Variations-ursache	QS	Freiheits-grade	$\frac{QS_M}{k-1}$	$\frac{QS_Z}{n-k}$	$F = \frac{\frac{QS_M}{k-1}}{\frac{QS_Z}{n-k}}$
zwischen den Gruppen	0,42	2	0,21		
innerhalb der Gruppen	36,91	51		0,72	
Gesamt	37,33	53			0,290
$f_{1-\alpha,k-1,n-k}$			gegebenenfalls anteilig gemittelt:		3,173
0,290 > 3,173 ?			Hypothese nicht signifikant widerlegt		

Abb. 190: Varianztafel einfakt. Varianzanalyse mit Wdhlg.

8.5.3.4 Kruskal-Wallis-Test mit Wiederholung

Der Kruskal-Wallis-Test mit Wiederholung ist eine nichtparametrische Alternative zur einfaktoriellen Varianzanalyse mit Wiederholung. Er setzt keine Normalverteilung der endogenen Variablen voraus und dient dem Vergleich mehrerer unabhängiger Messreihen, die nicht gepaart und nicht gleich lang sein müssen. Er benötigt eine nicht dichotome, kategoriale exogene Variable und eine endogene Variable, die metrisch oder metrisch interpretierbar sein muss. Er ist grundsätzlich mit dem einfachen Kruskal-Wallis-Test identisch. Man führt ihn nur über eine größere Anzahl von Gruppen aus. Die Literatur bietet für diese Datenkonstellation auch den Friedman-Test an, der hier zwecks Vereinfachung nicht dargestellt wird.

Fahrzeug-typen	Verbräuche pro 100 km										Anzahl	
Goldwagen 1	8,6	8,4	7,6	7,8	6,9	9,5	6,9	7,8			8	
Perfedes 1	6,9	10,2	9,1	7,3	7,2	8,5	8,3	8,9	7,6	8,0	10	
Schlaudi 1	9,0	8,2	8,4	7,3	7,1	7,6	8,6	8,4	7,9		9	
Goldwagen 2	8,5	8,3	7,7	7,9	7,0	9,6	7,0	8,0			8	
Perfedes 2	7,0	10,0	9,0	7,0	7,0	8,0	9,0	9,0	7,5	8,0	10	
Schlaudi 2	9,2	8,0	8,5	7,1	7,0	7,7	8,6	8,3	8,0		9	
Summen:											54	
	Ränge										Rang-summe	$\frac{R_i^2}{n_i}$
Goldwagen 1	42,0	36,0	17,0	21,5	2,0	51,0	2,0	21,5			193,0	4.656,13
Perfedes 1	2,0	54,0	49,0	13,5	12,0	39,0	33,0	44,0	17,0	27,5	291,0	8.468,10
Schlaudi 1	46,5	31,0	36,0	13,5	10,5	17,0	42,0	36,0	23,5		256,0	7.281,78
Goldwagen 2	39,0	33,0	19,5	23,5	6,5	52,0	6,5	27,5			207,5	5.382,03
Perfedes 2	6,5	53,0	46,5	6,5	6,5	27,5	46,5	46,5	15,0	27,5	282,0	7.952,40
Schlaudi 2	50,0	27,5	39,0	10,5	6,5	19,5	42,0	33,0	27,5		255,5	7.253,36
Summen:											1.485,00	20.406,00
$H = \frac{12}{n * (n+1)} * \sum_{i=1}^{k} \frac{R_i^2}{n_i} - 3 * (n+1)$											-82,552	$\neg H > \chi^2$; Hypothese nicht signifikant widerlegt
k-1 Freiheitsgrade:											5	
$\chi^2_{1-\alpha,k-1}$ für $\alpha =$ 0,05											11,070	

Abb. 191: Kruskal-Wallis-Test mit Wdhlg.

Abbildung 191 ergänzt das Beispiel für den einfachen Kruskal-Wallis-Tests um eine zweite Messreihe. Alle Erläuterungen kann man daher der Testdarstellung des einfachen Tests entnehmen.

8.5.3.5 Zweifaktorielle Varianzanalyse

Die mehrfaktorielle Varianzanalyse wird hier nur am Beispiel einer zweifaktoriellen beschrieben. Man kann sie analog der hier beschriebenen Vorgehensweise ausbauen. Auch sie geht technisch von der Gleichheit der Gruppen aus. Exogen benötigt sie zwei kategoriale und endogen eine metrisch-verhältnisskalierte Variable.

Abbildung 192 zeigt die Daten für das Beispiel und berechnet die Quadratsummen. Die exogene Variable 1 enthält drei unterschiedliche Kategorien, die mit Typ 1 bis 3 bezeichnet sind. Die zweite exogene Variable 2 ist ebenfalls kategorial und beinhaltet die Typen A bis D.

Variable 1	Variable 2	Wert	V1: $(x_i-\bar{x})^2$	V2: $(x_i-\bar{x})^2$	V1+V2: $(x-\bar{x})^2$
Typ1	Typ A	285	22,56	1.002,78	294,69
Typ1	Typ B	302	150,06	1.089,00	1.167,36
Typ1	Typ C	282	60,06	784,00	200,69
Typ1	Typ D	290	0,06	25,00	491,36
Typ2	Typ A	235	264,06	336,11	1.078,03
Typ2	Typ B	245	39,06	576,00	521,36
Typ2	Typ C	225	689,06	841,00	1.834,69
Typ2	Typ D	300	2.376,56	25,00	1.034,69
Typ3	Typ A	240	506,25	177,78	774,69
Typ3	Typ B	260	6,25	81,00	61,36
Typ3	Typ C	255	56,25	1,00	164,69
Typ3	Typ D	295	1.056,25	0,00	738,03
	MW_a:	267,83	Gesamtquadratsummen:		8.361,67

Abb. 192: Daten zweifaktorielle Varianzanalyse

Die Berechnung der Quadratsummen erfolgt in der drittletzten Spalte für die Variable 1, in der vorletzten Spalte für die Variable 2 und in der letzten Spalte für die beiden Variablen zusammen. Die Berechnung basiert auf den Mittelwerten der jeweilen Typen.

Die Ermittlung der Mittelwerte ist in Abbildung 193 dargestellt. Die Varianz kalkuliert man vereinfacht über die Quadratsummen der einzelnen kategorialen Variablen, indem man diese addiert und die Summe durch die Anzahl ihrer Summanden minus 1 dividiert. In der letzten Spalte werden die Werte für die Varianztafel berechnet.

Zusammenfassung:

Typ 1 bis 3	Typ A bis D	Anzahl a	Summe	Mittelwert MW_b	Varianz	$a^*(MW_a-MW_b)^2$
Typ1		4	1.159	289,75	77,58	1.921,36
Typ2		4	1.005	251,25	1.122,92	1.100,03
Typ3		4	1.050	262,50	541,67	113,78
	Typ A	3	760	253,33	758,33	630,75
	Typ B	3	807	269,00	873,00	4,08
	Typ C	3	762	254,00	813,00	574,08
	Typ D	3	885	295,00	25,00	2.214,08

Abb. 193: Zusammenfassung zweifaktorielle Varianzanalyse

Abbildung 194 zeigt die Varianztafel für die zweifaktorielle Varianzanalyse. Unter dem numerischen Typ sind die Werte für die Typen 1 bis 3 und unter dem alphabetischen Typ sind die Werte für die Typen A bis D summiert. Die Freiheitsgrade entsprechen jeweils der Anzahl der Typen minus 1, so dass man die mittleren Quadratsummen durch die simple Division der Quadratsummen durch die Freiheitsgrade erhält.

Den Zufallsfehler erhält man durch Subtraktion der Quadratsummen des numerischen und des alphabetischen Typs von der Gesamtquadratsumme. Die Freiheitsgrade für den Zufallsfehler berechnet man durch Multiplikation der beiden zugehörigen Freiheitsgrade. Die Teststatistik für die einzelnen Typen, den F-Wert, erhält man durch Division der mittleren Quadratsumme durch die mittlere Quadratsumme der Zufallsfehler.

Den kritischen Wert kann man der F-Verteilung für n-1 und k-1 Freiheitsgraden entnehmen. Für die numerischen Typen wurde die zugrunde liegende Gleichheitshypothese nicht nicht signifikant falsifiziert, so dass man nicht von der Gleichheit der Gruppen ausgehen darf. Für die alphabetischen Typen wurde die zugrunde liegende Hypothese nicht signifikant falsifiziert. Hier darf man von der Gleichheit der Gruppen ausgehen.

Varianztafel:

Streuungsursache	Quadratsummen	Freiheitsgrade	mittl. QS	F-Wert
numerischer Typ	3.135,17	2	1.567,58	5,215
alphabetischer Typ	3.423,00	3	1.141,00	3,796
Zufallsfehler	1.803,50	6	300,58	
Gesamt	8.361,67	11		
numerisch: $f_{1-\alpha,k-1,n-k}$		$f_{0,95,2,6}$	5,143	Hypothese nicht nicht signifikant
alphabetisch: $f_{1-\alpha,k-1,n-k}$		$f_{0,95,3,6}$	4,757	Hypothese nicht signifikant

Abb. 194: Varianztafel zweifaktorielle Varianzanalyse

8.5.3.6 Multiple Varianzanalyse

Die multiple Varianzanalyse, auch kurz MANOVA genannt, wird anhand eines einfachen Beispiels mit zwei kategorialen exogenen Variablen und metrisch-verhältnisskalierten Werten zu zwei Zeitpunkten beschrieben. Abbildung 195 zeigt die für das Beispiel verwendeten Variablen und Werte sowie die Berechnung der jeweiligen Mittelwerte und Quadratsummen.

Die Werte der Datentabelle sind in Abbildung 196 für die einzelnen Variablen zusammengefasst. Die Quadratsumme ergibt sich durch die Multiplikation der quadrierten Differenz des jeweiligen Mittelwertes der Typen und des Mittelwertes der zugehörigen Messung mit der Anzahl der Typen. Die Zusammenfassung ist Grundlage der Varianztafel in Abbildung 197.

Variable 1	Variable 2	1. Messung	2. Messung	M1: $(x_i-\bar{x})^2$	M2: $(x_i-\bar{x})^2$
Typ1	Typ A	285	270	330,028	10,028
Typ1	Typ B	302	300	1236,694	1100,028
Typ1	Typ C	282	280	230,028	173,361
Typ1	Typ D	290	280	536,694	173,361
Typ2	Typ A	235	245	1013,361	476,694
Typ2	Typ B	245	250	476,694	283,361
Typ2	Typ C	225	230	1750,028	1356,694
Typ2	Typ D	300	295	1100,028	793,361
Typ3	Typ A	240	235	720,028	1013,361
Typ3	Typ B	260	255	46,694	140,028
Typ3	Typ C	255	250	140,028	283,361
Typ3	Typ D	295	300	793,361	1100,028
	MW:	267,83	265,83	8373,667	6903,667
	MW_{Gesamt}:	266,83		15.277,33	

Abb. 195: Daten für die multiple Varianzanalyse

Zusammenfassung:

1. Messung:	Variable 2: Typ A	Typ B	Typ C	Typ D
Anzahl:	3	3	3	3
Summe:	760	807	762	885
Mittelwert:	253,333	269,000	254,000	295,000
Quadratsumme:	630,750	4,083	574,083	2214,083

2. Messung:	Variable 2: Typ A	Typ B	Typ C	Typ D
Anzahl:	3	3	3	3
Summe:	750	805	760	875
Mittelwert:	250,000	268,333	253,333	291,667
Quadratsumme:	752,083	18,750	468,750	2002,083

Gesamt:	Variable 2: Typ A	Typ B	Typ C	Typ D
Anzahl:	6	6	6	6
Summe:	1510	1612	1522	1760
Mittelwert:	251,667	268,667	253,667	293,333
Quadratsumme:	1380,167	20,167	1040,167	4213,500

Abb. 196: Zusammenfassung multiple Varianzanalyse

Varianztafel:

Streuungsursache	Quadratsummen	Freiheitsgrade	mittl. Quadratsumme	F-Wert
Stichprobe	24	1	24	0,045
Spalten:	6.654,000	3	2.218,000	4,132
Wechselwirkung:	10,667	3	3,556	0,007
Zufallsfehler:	8.588,67	16	536,79	
Gesamt	15.277,33	23		
Stichprobe: $f_{1-\alpha,k-1,n-k}$	$f_{0,95,1,16}$		4,494	Hypothese nicht signifikant
Spalten: $f_{1-\alpha,k-1,n-k}$	$f_{0,95,3,16}$		3,239	Hypothese nicht nicht signifikant
Wechselwirkung: $f_{1-\alpha,k-1,n-k}$	$f_{0,95,3,16}$		3,239	Hypothese nicht signifikant

Abb. 197: Varianztafel multiple Varianzanalyse

Die multiple Varianzanalyse erfolgt analog der zweifaktoriellen Varianzanalyse und stellt die Prüfung der Gleichheitshypothese sowohl für die gesamte Stichprobe, als auch für die Spalten und die Wechselwirkungen dar. Im Beispiel dürfen die gesamte Stichprobe und die Wechselwirkungen, nicht jedoch die einzelnen Spalten als gleichverteilt betrachtet werden.

8.5.4 Tests über Häufigkeiten

8.5.4.1 χ^2-Homogenitätstest

Mit dem χ^2-Homogenitätstest prüft man für beliebige Kontingenztafeln mit r Zeilen und s Spalten die Hypothese, ob zwei Stichproben einer Gleichverteilung unterliegen (Bowker, 1948; Hartung et al., 2009; Pearson, 1900). Dazu benötigt man zwei kategoriale Variablen, die keiner bestimmten Verteilung unterliegen müssen. Er ist universell für alle kategorialen Variablen einsetzbar.

Die zugrunde liegende Hypothese geht von der Gleichheit der Verteilungsfunktionen der beiden Variablen aus:

$$H_0: F_{(x_1)} = F_{(x_2)}$$

Die Teststatistik lautet:

$$\chi^2 = \sum_{i=1}^{m} \sum_{j=1}^{k} \frac{(h_{ij} - e_{ij})^2}{e_{ij}}$$

Diese prüft man gegen das 1 - α Quantil der χ^2-Verteilung mit $m = (r - 1) * (s - 1)$ Freiheitsgraden.

Der Trainer des 1. FC Moppel schätzt den nächsten Gegner etwa gleich stark wie seine Mannschaft ein. Er glaubt, dass beide Mannschaften die gleichen Ergebnisse gegen die Konkurrenten erzielen. Diese Hypothese möchte er auf dem Niveau $\alpha = 0{,}05$ prüfen. Aus den bisherigen Ergebnissen beider Mannschaften gegen die Konkurrenz hat er folgende Kontingenztafel entwickelt (Abb. 198):

1. FC Moppel / Gegner	Sieg	Unentschieden	Niederlage	Randsumme
Sieg	6	4	5	15
Unentschieden	3	5	2	10
Niederlage	2	2	3	7
Randsumme	11	11	10	32

Abb. 198: Kontingenztafel Homogenitätstest

Mit den Erwartungswerten aus Abbildung 199 berechnet man zuerst die χ^2-Einzelwerte (Abb. 200). Diese ergeben in Summe die Teststatistik von 2,028. Beide Variablen haben 3 Ausprägungen, so dass man das Quantil für 4 Freiheitsgrade in Höhe von 9,488 benötigt. Die Teststatistik ist nicht größer als das Quantil. Damit wurde die Nullhypothese nicht signifikant falsifiziert. Der Trainer darf annehmen, dass seine Annahme zutrifft.

Herleitung der Erwartungwerte				
1. FC Moppel / Gegner	Sieg	Unent-schieden	Niederlage	Randsumme
Sieg	5,156	5,156	4,688	15
Unentschieden	3,438	3,438	3,125	10
Niederlage	2,406	2,406	2,188	7
Randsumme	11	11	10	32

Abb. 199: Erwartungswerte Homogenitätstest

Ermittlung χ^2:

$$\chi^2 = \sum_{i=1}^{m}\sum_{j=1}^{k}\frac{(h_{ij}-e_{ij})^2}{e_{ij}}$$

1. FC Moppel / Gegner	Sieg	Unent-schieden	Niederlage	Summe:
Sieg	0,138	0,259	0,021	
Unentschieden	0,056	0,710	0,405	
Niederlage	0,069	0,069	0,302	
Summe:				2,028

r:	3	s:	3	m=(k-1)(m-1):	4 Freiheitsgrade
$\chi^2_{m;1-\alpha}$	$\chi^2_{4;0,95}=$	9,488			
$\chi2 > \chi^2_{m;1-\alpha}$?	2,028	>	9,488	?	Hypothese nicht signifikant widerlegt

Abb. 200: Prüfung Homogenitätstest

9 Praxisbeispiel

Emma Stiehl leitet einen Lebensmittelmarkt. Bei ihrer Weiterbildung in Personalführung [Themenwahl] ist sie auf vier wissenschaftliche Artikel [Literaturreche] gestoßen:

Alles und Lüge (2016) beschreiben, dass langjährige Mitarbeiter weniger krank sind als nicht-langjährige. Sie stützen Ihre Untersuchung auf einen Vergleich mit Daten von Bankmitarbeitern aus Deutschland, wobei sie die Mitarbeiter in 2 Gruppen mit weniger als 10 Jahren und 10 Jahren oder mehr Betriebszugehörigkeit aufgeteilt haben.

Erstunken und Erlogen (2017) stellen fest, dass die Ausfallzeiten von Frauen signifikant höher sind, als die der Männer. Dafür haben Sie insgesamt 720 Handwerker und 80 Handwerkerinnen in den Niederlanden betrachtet.

Phanta und Sih (2018) haben die Abwesenheitszeiten von 1.400 Angestellten im öffentlichen Dienst untersucht. Sie fanden eine starke negative Korrelation zwischen der Höhe des Gehaltes und den Abwesenheitszeiten.

Purer und Wunsch (2019) haben beobachtet, dass die Ausfallzeiten weniger vom Gehalt, sondern mehr vom Alter abhängen. Hierfür betrachteten sie 450 Lehrer und Lehrerinnen.

Frau Stiehl stützt sich auf diese vier Artikel und stellt folgende Theorie auf [Theorieentwicklung]:

Die Zugehörigkeit der Mitarbeiterinnen und Mitarbeiter zu den Berufsgruppen Verwaltung, Vertrieb und gewerbliche Leiharbeiter bestimmt deren Ausfallzeiten im Lebensmittelmarkt.

Zur Prüfung Ihrer Theorie möchte sie folgende Hypothesen mit einem Konfidenzniveau von 95% prüfen [Hypothesenformulierung mit Triangulation]:

$H_{0.1}$: Die Ausfallzeiten der Mitarbeitergruppen sind nicht gleich.

$H_{0.2}$: Die Ausfallzeiten von Verwaltungsmitarbeitern sind geringer als die von Vertriebsmitarbeitern.

$H_{0.3}$: Die Ausfallzeiten von Verwaltungsmitarbeitern sind geringer als die von Leiharbeitern.

$H_{0.4}$: Die Ausfallzeiten von Vertriebsmitarbeitern sind geringer als die von Leiharbeitern.

$H_{0.5}$: Die Ausfallzeiten unterscheiden sich nicht nach Geschlecht.

$H_{0.6}$: Die Ausfallzeiten unterscheiden sich nicht nach Gehalt.

$H_{0.7}$: Die Ausfallzeiten unterscheiden sich nicht nach Alter.

Die Hypothesen $H_{0.2}$ bis $H_{0.4}$ will Sie nur verwenden, falls sie $H_{0.1}$ nicht falsifizieren kann, um die Rangfolge der Ausfallhäufigkeiten durch Direktvergleiche festzustellen. Wenn $H_{0.1}$ zutrifft, sollen $H_{0.5}$ bis $H_{0.7}$ als negative Triangulation ausschließen, dass die Ausfallzeiten doch anders begründet sein könnten.

Nach Festlegung der Hypothesen beginnt sie mit ihrem Testplan und notiert die benötigten Variablen [Aufstellung eines detaillierten Testplans]:

- Gruppenzugehörigkeit (kategorial; 3 Gruppen)
- Ausfallzeit in Tagen (metrisch verhältnisskaliert)
- Geschlecht (kategorial, dichotom)
- Gehalt (metrisch verhältnisskaliert)
- Alter (metrisch verhältnisskaliert)

Die Variablen möchte sie wie folgt beschreiben:

- Geschlecht: Anzahl der Werte, Angabe der Kategorien und der Anzahl der Ausprägungen
- Gruppenzugehörigkeit: Anzahl der Werte, Angabe der Kategorien, des Modalwertes und mit einem Histogramm
- Ausfallzeit in Tagen, Gehalt und Alter: Anzahl der Werte, Angabe des Minimums, des Maximums, des Mittelwertes und des Medians, der empirischen Standardabweichung, der Schiefe und der Wölbung

Die einzige endogene Variable Ausfallzeit ist metrisch verhältnisskaliert. Frau Stiehl möchte sie mittels des Grubbs-Tests beidseitig daraufhin überprüfen, ob Ausreißer vorliegen.

Exogen nutzt sie drei metrisch skalierte Variablen für ähnliche Tests. Daher beabsichtigt sie die Aufstellung einer Korrelations-Matrix nach Bravais-Pearson, um Zusammenhänge auszuschließen.

Die Hypothese $H_{0.1}$ möchte sie mit einer einfaktoriellen Varianzanalyse über die exogene Variable Gruppenzugehörigkeit und endogene Variable Ausfallzeit prüfen. Da diese ein parametrischer Test ist, wird sie zuvor mittels des Jarque-Bera-Tests sichern, dass die Variable Ausfallzeit einer normalverteilten Grundgesamtheit entstammt. Sollte dies nicht der Fall sein, weicht sie auf einen Kruskal-Wallis-Test aus.

Wenn sie die Hypothese $H_{0.1}$ nicht falsifizieren kann, möchte sie mit einer Reihe von t-Tests zu den $H_{0.2}$ bis $H_{0.4}$ eine Rangfolge bestimmen. Sollte die Variable Ausfallzeit keiner normalverteilten Grundgesamtheit entstammen, weicht sie auf den Mann Whitney-U-Test aus.

Auch die zusätzliche Prüfung der Hypothese $H_{0.5}$ will sie mittels eines t-Tests oder eines Mann Whitney-U-Test vornehmen und die Hypothesen $H_{0.6}$ bis $H_{0.7}$ will sie mit einer Varianzanalyse bzw. einem Kruskal-Wallis-Test prüfen, falls die Variablen Ausfallzeit, Gehalt und Alter nicht stark korrelieren. Die Variablen Gehalt und Alter unterteilt sie zwecks Gruppenbildung in drei Gruppen. Die daraus generierten Dummy-Variablen möchte sie jedoch nicht in die deskriptive Statistik aufnehmen.

Somit benötigt sie final folgende Variablen:

- Gruppenzugehörigkeit (kategorial; 3 Gruppen)
- Ausfallzeit in Tagen (metrisch verhältnisskaliert)
- Geschlecht (kategorial, dichotom)
- Gehalt (metrisch verhältnisskaliert)
- Alter (metrisch verhältnisskaliert)
- Dummy-Variable Ausfallzeit (kategorial, 3 Gruppen)
- Dummy-Variable Gehalt (kategorial, 3 Gruppen)
- Dummy-Variable Alter (kategorial, 3 Gruppen)

Die Variable Gruppenzugehörigkeit hat die drei Kategorien 1 = Verwaltung, 2 = Vertrieb und 3 = Leiharbeiter. Die Variable Geschlecht hat die Kategorien 0 = Frauen und 1 = Männer. Die drei Dummy-Variablen werden nach 1 = gering, 2 = mittel und 3 = groß sortiert.

Danach erhebt sie die aus den Personalakten die in Abbildung 201 gelisteten Daten [Datenerhebung]. Bei der Codierung [Datenverarbeitung] der Daten fällt Frau Stiehl auf [Datenhygiene], dass das Beobachtungsobjekt Nr. 8 eine Frau von 56 Jahren mit 800 Euro Gehalt ist. Ihr ist klar, dass dieser Wert nicht vergleichbar ist, weil die Dame mit 40% in Teilzeit beschäftigt ist. Da Frau Stiehl sie so nicht in den Vergleich einbeziehen möchte, entscheidet sie sich, das Gehalt auf Vollzeitbasis umzurechnen und es mit 2.000 Euro zu berücksichtigen. Daraufhin prüft sie kurz die Daten für das Beobachtungsobjekt 37 nach und stellt fest, dass diese richtig erfasst sind. Es handelt sich um die Auszubildende des Geschäfts, die tatsächlich nur ein geringes Gehalt in Höhe von 600 Euro hat.

Anschließend prüft sie die Variable Ausfallzeit formal mit dem Grubbs-Test beidseitig auf Ausreißer [deskriptive Analyse]. Abbildung 205 zeigt die Prüfung auf den größten und Abbildung 206 die Prüfung auf den kleinsten Wert. In beiden Fällen wird die Testhypothese nicht signifikant falsifiziert, so dass sie zu beiden Seiten der nach Größe sortierten Datenreihe keine Ausreißer nachweist. Da keine weiteren Datenanpassungen mehr erforderlich sind, verwendet sie die finalen Daten aus Abbildung 207 für ihre Analyse.

Die deskriptive Statistik stellt sie zur besseren Übersicht und weil es so allgemein üblich ist in Tabellenform dar (Abb. 202). [Datenbeschreibung]

Zudem ergibt der Jarque-Bera-Test für die Variable Ausfallzeit eine Teststatistik von 18,14, der größer als der kritische Wert für $\alpha = 0{,}05$ in Höhe von 5,99 ist (Abb. 206). Die Nullhypothese des Tests ist somit zu verwerfen. Die Variable Ausfallzeit darf nicht als normalverteilt behandelt werden.

Am Histogramm für die Variable Gruppe kann man erkennen, dass die Gruppen nicht gleich stark besetzt sind (Abb. 203). [Nutzung graphischer Werkzeuge zur Visualisierung schwer beschreibbarer Elemente]

Abbildung 204 zeigt die Korrelationsmatrix nach Bravais-Pearson für die drei metrisch skalierten Variablen, die alle nicht stark korreliert sind. Somit sind die beiden zusätzlichen Tests sinnvoll.

Abbildung 209 zeigt den durchgeführten Kruskal-Wallis Test für die Hypothese $H_{0.1}$ [Datenauswertung]. Die Teststatistik von 40,437 ist größer als der kritische Wert von 5,991, so dass die technische Nullhypothese der Gleichheit der Gruppen abzulehnen ist. Somit sind die Gruppen statistisch nicht gleich und die Hypothese $H_{0.1}$ wurde bestätigt.

Die Mann Whitney U-Tests in den Abbildungen 210 bis 212 ergeben für alle Gruppen, dass sie untereinander nicht gleich sind. Somit kann Frau Stiehl festhalten, dass die Ausfallzeiten der Verwaltungsmitarbeiter von durchschnittlich 4,1 Tagen geringer als die der Vertriebsmitarbeiter von durchschnittlich 7,7 Tagen und beide wiederum geringer als die der Leiharbeiter mit durchschnittlich 12,0 Tagen sind.

Mit dem Test in Abbildung 213 kann sie die Gleichheitshypothese für die Geschlechter nicht widerlegen, so dass auch die Hypothese $H_{0.5}$ bestätigt wurde.

Zum Schluss prüft Frau Stiehl noch mittels eines Kruskal-Wallis-Tests, ob die Ausfallzeiten nach Gehalt (Abb. 214) gleich verteilt sind. Die Nullhypothese dieses Tests wird falsifiziert, so dass sie davon ausgehen darf, dass die Ausfallzeiten auch vom Gehalt abhängig sind.

Die Nullhypothese des weiteren Tests nach Alter (Abb. 215) kann sie nicht falsifizieren, so dass statistisch kein Unterschied der Ausfallzeiten nach Alter bestehen.

Die Ausfallzeiten korrespondieren mit der Gruppenzugehörigkeit und mit dem Gehalt. Daher ermittelt sie noch den korrigierten Kontingenzkoeffizienten für die beiden Variablen (Abb. 216 bis 218). Dieser bestätigt mit 0,868, dass beide Variablen stark korrelieren. Aus der Gesamtbetrachtung heraus nimmt sie an, dass dies mit den grundsätzlichen Gehaltsunterschieden der Gruppen zusammenhängt und erklärt ihre Theorie für bewährt [Ergebnisbewertung].

Nr.	Gruppe	Ausfallzeit	Geschlecht	Gehalt	Alter	Dummy Ausfall	Dummy Gehalt	Dummy Alter
1	1	4	1	5.200	52	1	3	3
2	1	5	0	2.600	35	1	3	2
3	1	4	1	2.400	45	1	3	2
4	1	5	1	2.800	25	1	3	1
5	1	3	0	1.600	22	1	2	1
6	1	4	1	1.800	21	1	2	1
7	1	4	0	2.100	35	1	3	2
8	1	3	0	2.000	56	1	1	3
9	1	5	0	2.800	28	1	3	1
10	1	5	1	3.400	47	1	3	2
11	1	4	0	2.500	34	1	3	2
12	1	5	1	2.200	45	1	3	2
13	1	3	1	2.700	48	1	3	3
14	1	4	0	2.900	31	1	3	2
15	2	8	0	1.800	52	2	2	3
16	2	10	0	1.700	61	2	2	3
17	2	6	0	1.600	53	1	2	3
18	2	10	1	1.800	45	2	2	2
19	2	6	1	1.900	44	1	2	2
20	2	6	1	2.200	41	1	3	2
21	2	7	1	1.500	38	2	1	2
22	2	8	1	1.600	55	2	2	3
23	2	9	1	2.000	42	2	3	2
24	2	6	0	1.800	59	1	2	3
25	2	7	0	1.600	51	2	2	3
26	2	8	1	1.800	43	2	2	2
27	2	6	0	1.700	39	1	2	2
28	2	10	0	1.600	28	2	2	1
29	2	10	0	1.400	19	2	1	1
30	2	10	1	1.500	20	2	1	1
31	2	9	1	1.600	25	2	2	1
32	2	6	1	1.900	64	1	2	3
33	2	9	1	1.800	55	2	2	3
34	2	8	1	1.600	49	2	2	3
35	2	6	1	2.000	26	1	3	1
36	2	6	0	2.100	23	1	3	1
37	2	6	0	600	16	1	1	1
38	3	12	1	1.200	21	3	1	1
39	3	13	1	1.400	23	3	1	1
40	3	11	0	1.300	35	3	1	2
41	3	9	1	1.200	62	2	1	3
42	3	12	1	1.100	25	3	1	1
43	3	10	0	1.200	56	2	1	3
44	3	12	1	1.100	47	3	1	2
45	3	10	0	1.400	63	2	1	3
46	3	15	1	1.500	25	3	1	1
47	3	15	0	1.300	18	3	1	1
48	3	15	0	1.400	36	3	1	2
49	3	11	1	1.200	24	3	1	1
50	3	11	0	1.500	46	3	1	2

Abb. 201: Rohdaten Praxisbeispiel

Variable	Anzahl	Min.	Max.	Modus	Mittelw.	Median	St.Abw.	Schiefe	Wölbung
Gruppe [1)]	50	1	3	2	-	-	-	-	-
Ausfallzeit	50	3	15	-	7,82	7,5	8,56	0,03	0,05
Geschlecht [2)]	50	0	1	-	-	-	-	-	-
Gehalt	50	600	5.200	-	1.858	1.700	-	-	-
Alter	50	16	64	-	39,06	40	-	-	-

1) 1 = Verwaltung, 2 = Vertrieb und 3 = Leiharbeiter
2) 0 = Frauen und 1 = Männer

Abb. 202: Deskriptive Statistik

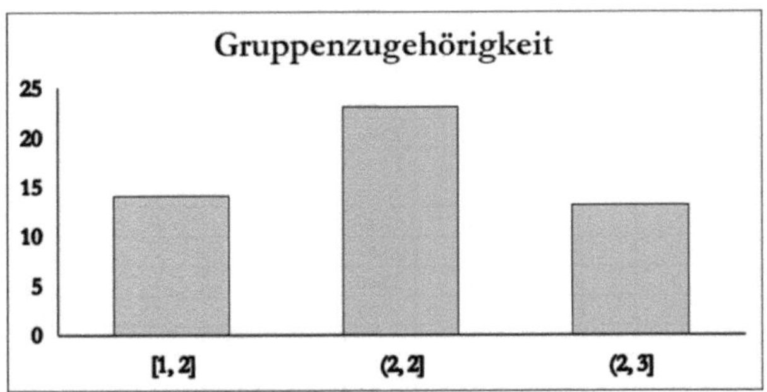

Abb. 203: Histogramm Praxisbeispiel

	Gehalt	Alter
Ausfallzeit	-0,587	-0,171
Gehalt		0,160

Korrelationskoeffizienten nach Bravais-Pearson

Abb. 204: Korrelationsmatrix Praxisbeispiel

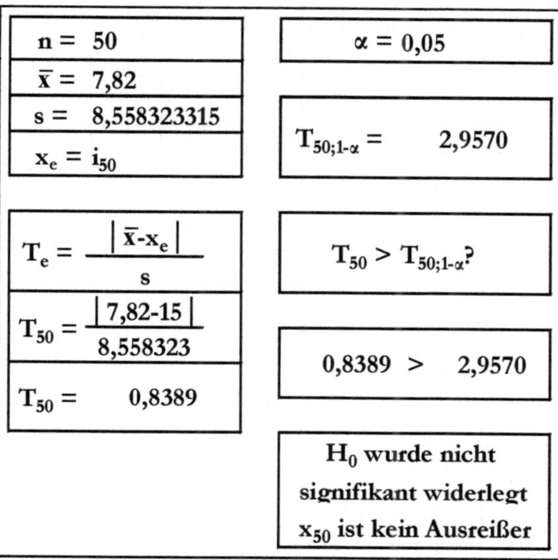

Abb. 205: Erste Prüfung auf Ausreißer

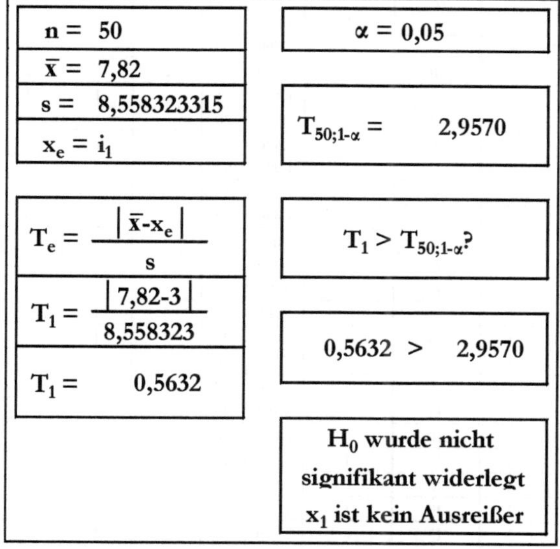

Abb. 206: Zweite Prüfung auf Ausreißer

Nr.	Gruppe	Ausfallzeit	Geschlecht	Gehalt	Alter	Dummy Ausfall	Dummy Gehalt	Dummy Alter
1	1	4	1	5.200	52	1	3	3
2	1	5	0	2.600	35	1	3	2
3	1	4	1	2.400	45	1	3	2
4	1	5	1	2.800	25	1	3	1
5	1	3	0	1.600	22	1	2	1
6	1	4	1	1.800	21	1	2	1
7	1	4	0	2.100	35	1	3	2
8	1	3	0	2.000	56	1	1	3
9	1	5	0	2.800	28	1	3	1
10	1	5	1	3.400	47	1	3	2
11	1	4	0	2.500	34	1	3	2
12	1	5	1	2.200	45	1	3	2
13	1	3	1	2.700	48	1	3	3
14	1	4	0	2.900	31	1	3	2
15	2	8	0	1.800	52	2	2	3
16	2	10	0	1.700	61	2	2	3
17	2	6	0	1.600	53	1	2	3
18	2	10	1	1.800	45	2	2	2
19	2	6	1	1.900	44	1	2	2
20	2	6	1	2.200	41	1	3	2
21	2	7	1	1.500	38	2	1	2
22	2	8	1	1.600	55	2	2	3
23	2	9	1	2.000	42	2	3	2
24	2	6	0	1.800	59	1	2	3
25	2	7	0	1.600	51	2	2	3
26	2	8	1	1.800	43	2	2	2
27	2	6	0	1.700	39	1	2	2
28	2	10	0	1.600	28	2	2	1
29	2	10	0	1.400	19	2	1	1
30	2	10	1	1.500	20	2	1	1
31	2	9	1	1.600	25	2	2	1
32	2	6	1	1.900	64	1	2	3
33	2	9	1	1.800	55	2	2	3
34	2	8	1	1.600	49	2	2	3
35	2	6	1	2.000	26	1	3	1
36	2	6	0	2.100	23	1	3	1
37	2	6	0	600	16	1	1	1
38	3	12	1	1.200	21	3	1	1
39	3	13	1	1.400	23	3	1	1
40	3	11	0	1.300	35	3	1	2
41	3	9	1	1.200	62	2	1	3
42	3	12	1	1.100	25	3	1	1
43	3	10	0	1.200	56	2	1	3
44	3	12	1	1.100	47	3	1	2
45	3	10	0	1.400	63	2	1	3
46	3	15	1	1.500	25	3	1	1
47	3	15	0	1.300	18	3	1	1
48	3	15	0	1.400	36	3	1	2
49	3	11	1	1.200	24	3	1	1
50	3	11	0	1.500	46	3	1	2

Abb. 207: Finale Daten Praxisbeispiel

Mittelwert:	$(x_i-\bar{x})^2$	$((x_i-\bar{x})/s)^3$	$((x_i-\bar{x})/s)^4$
4	16,00	-0,09	0,04
5	25,00	-0,04	0,01
4	16,00	-0,09	0,04
5	25,00	-0,04	0,01
3	9,00	-0,18	0,10
4	16,00	-0,09	0,04
4	16,00	-0,09	0,04
3	9,00	-0,18	0,10
5	25,00	-0,04	0,01
5	25,00	-0,04	0,01
4	16,00	-0,09	0,04
5	25,00	-0,04	0,01
3	9,00	-0,18	0,10
4	16,00	-0,09	0,04
8	64,00	0,00	0,00
10	100,00	0,02	0,00
6	36,00	-0,01	0,00
10	100,00	0,02	0,00
6	36,00	-0,01	0,00
6	36,00	-0,01	0,00
7	49,00	0,00	0,00
8	64,00	0,00	0,00
9	81,00	0,00	0,00
6	36,00	-0,01	0,00
7	49,00	0,00	0,00
8	64,00	0,00	0,00
6	36,00	-0,01	0,00
10	100,00	0,02	0,00
10	100,00	0,02	0,00
10	100,00	0,02	0,00
9	81,00	0,00	0,00
6	36,00	-0,01	0,00
9	81,00	0,00	0,00
8	64,00	0,00	0,00
6	36,00	-0,01	0,00
6	36,00	-0,01	0,00
6	36,00	-0,01	0,00
12	144,00	0,12	0,06
13	169,00	0,22	0,13
11	121,00	0,05	0,02
9	81,00	0,00	0,00
12	144,00	0,12	0,06
10	100,00	0,02	0,00
12	144,00	0,12	0,06
10	100,00	0,02	0,00
15	225,00	0,59	0,50
15	225,00	0,59	0,50
15	225,00	0,59	0,50
11	121,00	0,05	0,02
11	121,00	0,05	0,02
Summe:	Summe:	Summe:	Summe:
391	3.589,00	1,29	2,50
Anzahl:	Freiheitsgrade:	Schiefe	Wölbung
50	49	0,03	0,05
Summe/Anzahl:	emp. Varianz s^2		
7,82	73,24		
Median	Standardabw. s		
7,50	8,56		

JB
18,1373

Signifikanz α
0,05

kritischer Wert
5,9915

JB ist > als der kritische Wert; die Nullhypothese wird verworfen

Abb. 208: Jarque-Bera-Test Praxisbeispiel

Gruppe	Ausfalltage										Anzahl	
1	4	5	4	5	3	4	4	3	5	5	14	
	4	5	3	4								
2	8	10	6	10	6	6	7	8	9	6	23	
	7	8	6	10	10	10	9	6	9	8		
	6	6	6									
3	12	13	11	9	12	10	12	10	15	15	13	
	15	11	11									
Summen:											50	
	Ränge										Rang-summe	$\frac{R_i^2}{n_i}$
1	44,5	39,0	44,5	39,0	49,0	44,5	44,5	49,0	39,0	39,0	609,0	26.491,50
	44,5	39,0	49,0	44,5								
2	23,5	14,0	32,0	14,0	32,0	32,0	26,5	23,5	19,5	32,0	563,5	13.805,75
	26,5	23,5	32,0	14,0	14,0	14,0	19,5	32,0	19,5	23,5		
	32,0	32,0	32,0									
3	6,0	4,0	9,0	19,5	6,0	14,0	6,0	14,0	2,0	2,0	102,5	808,17
	2,0	9,0	9,0									
Summen:											1.275	41.105,42
$H = \frac{12}{n * (n+1)} * \sum_{i=1}^{k} \frac{R_i^2}{n_i} - 3 * (n+1)$											40,437	$H > \chi^2$; Hypothese nicht nicht signifikant widerlegt
k-1 Freiheitsgrade:											2	
$\chi^2_{1-\alpha,k-1}$	für α =	0,05									5,991	

Abb. 209: Kruskal-Wallis Test nach Gruppen

Gruppe 1 und 2 / Ausfalltage

		R_1:	R_2:
$\mu = \frac{n_1 * n_2}{2}$	161	105	598
		n_1:	n_2:
		14	23
$\sigma = \sqrt{\frac{n_1 * n_2 * (n_1 + n_2 + 1)}{12}}$	31,932	$z_\alpha = z_{0,05}$	-1,645
$U_1 = n_1 * n_2 + \frac{n_1 * (n_1 + 1)}{2} - R_1$		322,000	
$U_2 = n_1 * n_2 + \frac{n_2 * (n_2 + 1)}{2} - R_2$		0,000	
$U = Min(U_1; U_2)$		0,000	
$U_{krit} = \mu + \sigma * z_\alpha - 0,5$		107,971	

U_{krit} 108,0 > U 0,0 Nullhypothese nicht nicht signifikant widerlegt

Abb. 210: Erster Mann Whitney U-Test Praxisbeispiel

Gruppe 1 und 3 / Ausfalltage

		R_1:	R_2:
$\mu = \frac{n_1 * n_2}{2}$	91	105	273
		n_1:	n_2:
		14	13
$\sigma = \sqrt{\frac{n_1 * n_2 * (n_1 + n_2 + 1)}{12}}$	20,607	$z_\alpha = z_{0,05}$	-1,645
$U_1 = n_1 * n_2 + \frac{n_1 * (n_1 + 1)}{2} - R_1$		182,000	
$U_2 = n_1 * n_2 + \frac{n_2 * (n_2 + 1)}{2} - R_2$		0,000	
$U = Min(U_1; U_2)$		0,000	
$U_{krit} = \mu + \sigma * z_\alpha - 0,5$		56,601	

U_{krit} 56,6 > U 0,0 Nullhypothese nicht nicht signifikant widerlegt

Abb. 211: Zweiter Mann Whitney U-Test Praxisbeispiel

Gruppe 2 und 3 / Ausfalltage		R_1:	R_2:
$\mu = \frac{n_1 * n_2}{2}$	150	288	379
		n_1:	n_2:
		23	13
$\sigma = \sqrt{\frac{n_1 * n_2 * (n_1 + n_2 + 1)}{12}}$	30,363	$z_\alpha = z_{0,05}$	-1,645
$U_1 = n_1 * n_2 + \frac{n_1 * (n_1 + 1)}{2} - R_1$		287,500	
$U_2 = n_1 * n_2 + \frac{n_2 * (n_2 + 1)}{2} - R_2$		11,500	
$U = Min(U_1; U_2)$		11,500	
$U_{krit} = \mu + \sigma * z_\alpha$		99,053	
U_{krit} 99,1 > U 11,5		Nullhypothese nicht nicht signifikant widerlegt	

Abb. 212: Dritter Mann Whitney U-Test Praxisbeispiel

Geschlechter / Ausfalltage		R_1:	R_2:
$\mu = \frac{n_1 * n_2}{2}$	311	562	714
		n_1:	n_2:
		23	27
$\sigma = \sqrt{\frac{n_1 * n_2 * (n_1 + n_2 + 1)}{12}}$	51,374	$z_\alpha = z_{0,05}$	-1,645
$U_1 = n_1 * n_2 + \frac{n_1 * (n_1 + 1)}{2} - R_1$		335,500	
$U_2 = n_1 * n_2 + \frac{n_2 * (n_2 + 1)}{2} - R_2$		285,500	
$U = Min(U_1; U_2)$		285,500	
$U_{krit} = \mu + \sigma * z_\alpha$		225,490	
U_{krit} 225,5 ≤ U 285,5		Nullhypothese nicht signifikant widerlegt	

Abb. 213: Vierter Mann Whitney U-Test Praxisbeispiel

Gehalt	Ausfalltage										Anzahl	Durchschnitt
1	3	7	10	10	6	12	13	11	9	12	17	10,4
	10	12	10	15	15	11	11					
2	3	4	8	10	6	10	6	8	6	7	17	7,3
	8	6	10	9	6	9	8					
3	4	5	4	5	4	5	5	4	5	3	15	5,0
	4	6	9	6	6							
Summen:											49	
	Ränge										Rangsumme	$\frac{R_i^2}{n_i}$
1	49,0	26,5	14,0	14,0	32,0	6,0	4,0	9,0	19,5	6,0	236,0	3.276,24
	14,0	6,0	14,0	2,0	2,0	9,0	9,0					
2	49,0	44,5	23,5	14,0	32,0	14,0	32,0	23,5	32,0	26,5	455,0	12.177,94
	23,5	32,0	14,0	19,5	32,0	19,5	23,5					
3	44,5	39,0	44,5	39,0	44,5	39,0	39,0	44,5	39,0	49,0	582,0	22.581,60
	44,5	32,0	19,5	32,0	32,0							
Summen:											1.273	38.035,78
$H = \frac{12}{n * (n+1)} * \sum_{i=1}^{k} \frac{R_i^2}{n_i} - 3 * (n+1)$											36,298	$H > \chi^2$; Hypothese nicht nicht signifikant widerlegt
k-1 Freiheitsgrade:											2	
$\chi^2_{1-\alpha,k-1}$ für $\alpha =$ 0,05											5,991	

Abb. 214: Kruskal-Wallis-Test nach Gehalt

Alter	Ausfalltage										Anzahl	Durchschnitt
1	5	3	4	5	10	10	10	9	6	6	17	8,9
	6	12	13	12	15	15	11					
2	5	4	4	5	4	5	4	10	6	6	18	7,3
	7	9	8	6	11	12	15	11				
3	4	3	3	8	10	6	8	6	7	6	15	7,1
	9	8	9	10	10							
Summen:											50	
	Ränge										Rangsumme	$\frac{R_i^2}{n_i}$
1	39,0	49,0	44,5	39,0	14,0	14,0	14,0	19,5	32,0	32,0	358,0	7.539,06
	32,0	6,0	4,0	6,0	2,0	2,0	9,0					
2	39,0	44,5	44,5	39,0	44,5	39,0	44,5	14,0	32,0	32,0	500,5	13.916,68
	26,5	19,5	23,5	32,0	9,0	6,0	2,0	9,0				
3	44,5	49,0	49,0	23,5	14,0	32,0	23,5	32,0	26,5	32,0	416,5	11.564,82
	19,5	23,5	19,5	14,0	14,0							
Summen:											1.275	33.020,56
$H = \frac{12}{n * (n+1)} * \sum_{i=1}^{k} \frac{R_i^2}{n_i} - 3 * (n+1)$											2,391	¬ H > χ^2; Hypothese nicht signifikant widerlegt
k-1 Freiheitsgrade:											2	
$\chi^2_{1-\alpha,k-1}$ für α = 0,05											5,991	

Abb. 215: Kruskal-Wallis-Test nach Alter

Ist-Werte der Kontingenztafel					
Gruppe / Gehalt	1	2	3		Zeilen-summe
1	1	4	13		18
2	2	15	4		21
3	11	0	0		11
Spaltensumme	14	19	17	0	50

Abb. 216: Ist-Werte korr. Kontingenzkoeffizient

Erwartungswerte der Kontingenztafel					
Gruppe / Gehalt	1	2	3		Zeilen-summe
1	5,04	6,84	6,12		18
2	5,88	7,98	7,14		21
3	3,08	4,18	3,74		11
Spaltensumme	14	19	17	0	50

Abb. 217: Erwartungswerte korr. Kontingenzkoeffizient

Ermittlung von K*					
$\frac{(h_{ij} - e_{ij})^2}{e_{ij}}$	1	2	3		Zeilen-summe
1	3,24	1,18	7,73		
2	2,56	6,18	1,38		
3	20,37	4,18	3,74		
Summe $= \chi^2$					50,55
$K = \sqrt{\frac{\chi^2}{n + \chi^2}}$	K= 0,709	M= 3	$K^* = K\sqrt{\frac{M}{M-1}}$	K*= 0,868	

Abb. 218: korrigierter Kontingenzkoeffizient Praxisfall

10 Tabellen

10.1 CHI2-Verteilung (χ2)

Anzahl Freiheits-grade m	Signifikanzniveau α					
	0,01	0,02	0,03	0,04	0,05	0,1
1	6,635	5,412	4,709	4,218	3,841	2,706
2	9,210	7,824	7,013	6,438	5,991	4,605
3	11,345	9,837	8,947	8,311	7,815	6,251
4	13,277	11,668	10,712	10,026	9,488	7,779
5	15,086	13,388	12,375	11,644	11,070	9,236
6	16,812	15,033	13,968	13,198	12,592	10,645
7	18,475	16,622	15,509	14,703	14,067	12,017
8	20,090	18,168	17,010	16,171	15,507	13,362
9	21,666	19,679	18,480	17,608	16,919	14,684
10	23,209	21,161	19,922	19,021	18,307	15,987
11	24,725	22,618	21,342	20,412	19,675	17,275
12	26,217	24,054	22,742	21,785	21,026	18,549
13	27,688	25,472	24,125	23,142	22,362	19,812
14	29,141	26,873	25,493	24,485	23,685	21,064
15	30,578	28,259	26,848	25,816	24,996	22,307
16	32,000	29,633	28,191	27,136	26,296	23,542
17	33,409	30,995	29,523	28,445	27,587	24,769
18	34,805	32,346	30,845	29,745	28,869	25,989
19	36,191	33,687	32,158	31,037	30,144	27,204
20	37,566	35,020	33,462	32,321	31,410	28,412
21	38,932	36,343	34,759	33,597	32,671	29,615
22	40,289	37,659	36,049	34,867	33,924	30,813
23	41,638	38,968	37,332	36,131	35,172	32,007
24	42,980	40,270	38,609	37,389	36,415	33,196
25	44,314	41,566	39,880	38,642	37,652	34,382
26	45,642	42,856	41,146	39,889	38,885	35,563
27	46,963	44,140	42,407	41,132	40,113	36,741
28	48,278	45,419	43,662	42,370	41,337	37,916
29	49,588	46,693	44,913	43,604	42,557	39,087
30	50,892	47,962	46,160	44,834	43,773	40,256
31	52,191	49,226	47,402	46,059	44,985	41,422
32	53,486	50,487	48,641	47,282	46,194	42,585
33	54,776	51,743	49,876	48,500	47,400	43,745
34	56,061	52,995	51,107	49,716	48,602	44,903
35	57,342	54,244	52,335	50,928	49,802	46,059
36	58,619	55,489	53,560	52,137	50,998	47,212
37	59,893	56,730	54,781	53,344	52,192	48,363
38	61,162	57,969	56,000	54,547	53,384	49,513
39	62,428	59,204	57,215	55,748	54,572	50,660
40	63,691	60,436	58,428	56,946	55,758	51,805

10.2 Standardnormalverteilung

x	0,00	0,01	0,02	0,03	0,04	0,05	0,06	0,07	0,08	0,09
0,0	0,5000	0,5040	0,5080	0,5120	0,5160	0,5199	0,5239	0,5279	0,5319	0,5359
0,1	0,5398	0,5438	0,5478	0,5517	0,5557	0,5596	0,5636	0,5675	0,5714	0,5753
0,2	0,5793	0,5832	0,5871	0,5910	0,5948	0,5987	0,6026	0,6064	0,6103	0,6141
0,3	0,6179	0,6217	0,6255	0,6293	0,6331	0,6368	0,6406	0,6443	0,6480	0,6517
0,4	0,6554	0,6591	0,6628	0,6664	0,6700	0,6736	0,6772	0,6808	0,6844	0,6879
0,5	0,6915	0,6950	0,6985	0,7019	0,7054	0,7088	0,7123	0,7157	0,7190	0,7224
0,6	0,7257	0,7291	0,7324	0,7357	0,7389	0,7422	0,7454	0,7486	0,7517	0,7549
0,7	0,7580	0,7611	0,7642	0,7673	0,7704	0,7734	0,7764	0,7794	0,7823	0,7852
0,8	0,7881	0,7910	0,7939	0,7967	0,7995	0,8023	0,8051	0,8078	0,8106	0,8133
0,9	0,8159	0,8186	0,8212	0,8238	0,8264	0,8289	0,8315	0,8340	0,8365	0,8389
1,0	0,8413	0,8438	0,8461	0,8485	0,8508	0,8531	0,8554	0,8577	0,8599	0,8621
1,1	0,8643	0,8665	0,8686	0,8708	0,8729	0,8749	0,8770	0,8790	0,8810	0,8830
1,2	0,8849	0,8869	0,8888	0,8907	0,8925	0,8944	0,8962	0,8980	0,8997	0,9015
1,3	0,9032	0,9049	0,9066	0,9082	0,9099	0,9115	0,9131	0,9147	0,9162	0,9177
1,4	0,9192	0,9207	0,9222	0,9236	0,9251	0,9265	0,9279	0,9292	0,9306	0,9319
1,5	0,9332	0,9345	0,9357	0,9370	0,9382	0,9394	0,9406	0,9418	0,9429	0,9441
1,6	0,9452	0,9463	0,9474	0,9484	0,9495	0,9505	0,9515	0,9525	0,9535	0,9545
1,7	0,9554	0,9564	0,9573	0,9582	0,9591	0,9599	0,9608	0,9616	0,9625	0,9633
1,8	0,9641	0,9649	0,9656	0,9664	0,9671	0,9678	0,9686	0,9693	0,9699	0,9706
1,9	0,9713	0,9719	0,9726	0,9732	0,9738	0,9744	0,9750	0,9756	0,9761	0,9767
2,0	0,9772	0,9778	0,9783	0,9788	0,9793	0,9798	0,9803	0,9808	0,9812	0,9817
2,1	0,9821	0,9826	0,9830	0,9834	0,9838	0,9842	0,9846	0,9850	0,9854	0,9857
2,2	0,9861	0,9864	0,9868	0,9871	0,9875	0,9878	0,9881	0,9884	0,9887	0,9890
2,3	0,9893	0,9896	0,9898	0,9901	0,9904	0,9906	0,9909	0,9911	0,9913	0,9916
2,4	0,9918	0,9920	0,9922	0,9925	0,9927	0,9929	0,9931	0,9932	0,9934	0,9936
2,5	0,9938	0,9940	0,9941	0,9943	0,9945	0,9946	0,9948	0,9949	0,9951	0,9952
2,6	0,9953	0,9955	0,9956	0,9957	0,9959	0,9960	0,9961	0,9962	0,9963	0,9964
2,7	0,9965	0,9966	0,9967	0,9968	0,9969	0,9970	0,9971	0,9972	0,9973	0,9974
2,8	0,9974	0,9975	0,9976	0,9977	0,9977	0,9978	0,9979	0,9979	0,9980	0,9981
2,9	0,9981	0,9982	0,9982	0,9983	0,9984	0,9984	0,9985	0,9985	0,9986	0,9986
3,0	0,9987	0,9987	0,9987	0,9988	0,9988	0,9989	0,9989	0,9989	0,9990	0,9990

10.3 Standardnormalverteilung z-Werte

z-Werte	0,000	0,001	0,002	0,003	0,004	0,005	0,006	0,007	0,008	0,009
0,00	0,5000	0,4996	0,4992	0,4988	0,4984	0,4980	0,4976	0,4972	0,4968	0,4964
0,01	0,4960	0,4956	0,4952	0,4948	0,4944	0,4940	0,4936	0,4932	0,4928	0,4924
0,02	0,4920	0,4916	0,4912	0,4908	0,4904	0,4900	0,4896	0,4892	0,4888	0,4884
0,03	0,4880	0,4876	0,4872	0,4868	0,4864	0,4860	0,4856	0,4852	0,4848	0,4844
0,04	0,4840	0,4836	0,4832	0,4829	0,4825	0,4821	0,4817	0,4813	0,4809	0,4805
0,05	0,4801	0,4797	0,4793	0,4789	0,4785	0,4781	0,4777	0,4773	0,4769	0,4765
0,06	0,4761	0,4757	0,4753	0,4749	0,4745	0,4741	0,4737	0,4733	0,4729	0,4725
0,07	0,4721	0,4717	0,4713	0,4709	0,4705	0,4701	0,4697	0,4693	0,4689	0,4685
0,08	0,4681	0,4677	0,4673	0,4669	0,4665	0,4661	0,4657	0,4653	0,4649	0,4645
0,09	0,4641	0,4637	0,4633	0,4630	0,4626	0,4622	0,4618	0,4614	0,4610	0,4606
0,10	0,4602	0,4598	0,4594	0,4590	0,4586	0,4582	0,4578	0,4574	0,4570	0,4566
0,11	0,4562	0,4558	0,4554	0,4550	0,4546	0,4542	0,4538	0,4534	0,4530	0,4526
0,12	0,4522	0,4518	0,4514	0,4511	0,4507	0,4503	0,4499	0,4495	0,4491	0,4487
0,13	0,4483	0,4479	0,4475	0,4471	0,4467	0,4463	0,4459	0,4455	0,4451	0,4447
0,14	0,4443	0,4439	0,4435	0,4431	0,4428	0,4424	0,4420	0,4416	0,4412	0,4408
0,15	0,4404	0,4400	0,4396	0,4392	0,4388	0,4384	0,4380	0,4376	0,4372	0,4368
0,16	0,4364	0,4360	0,4357	0,4353	0,4349	0,4345	0,4341	0,4337	0,4333	0,4329
0,17	0,4325	0,4321	0,4317	0,4313	0,4309	0,4305	0,4301	0,4298	0,4294	0,4290
0,18	0,4286	0,4282	0,4278	0,4274	0,4270	0,4266	0,4262	0,4258	0,4254	0,4250
0,19	0,4247	0,4243	0,4239	0,4235	0,4231	0,4227	0,4223	0,4219	0,4215	0,4211
0,20	0,4207	0,4203	0,4200	0,4196	0,4192	0,4188	0,4184	0,4180	0,4176	0,4172
0,21	0,4168	0,4164	0,4161	0,4157	0,4153	0,4149	0,4145	0,4141	0,4137	0,4133
0,22	0,4129	0,4125	0,4122	0,4118	0,4114	0,4110	0,4106	0,4102	0,4098	0,4094
0,23	0,4090	0,4087	0,4083	0,4079	0,4075	0,4071	0,4067	0,4063	0,4059	0,4056
0,24	0,4052	0,4048	0,4044	0,4040	0,4036	0,4032	0,4028	0,4025	0,4021	0,4017
0,25	0,4013	0,4009	0,4005	0,4001	0,3997	0,3994	0,3990	0,3986	0,3982	0,3978
0,26	0,3974	0,3970	0,3967	0,3963	0,3959	0,3955	0,3951	0,3947	0,3943	0,3940
0,27	0,3936	0,3932	0,3928	0,3924	0,3920	0,3917	0,3913	0,3909	0,3905	0,3901
0,28	0,3897	0,3894	0,3890	0,3886	0,3882	0,3878	0,3874	0,3871	0,3867	0,3863
0,29	0,3859	0,3855	0,3851	0,3848	0,3844	0,3840	0,3836	0,3832	0,3829	0,3825
0,30	0,3821	0,3817	0,3813	0,3809	0,3806	0,3802	0,3798	0,3794	0,3790	0,3787
0,31	0,3783	0,3779	0,3775	0,3771	0,3768	0,3764	0,3760	0,3756	0,3752	0,3749
0,32	0,3745	0,3741	0,3737	0,3733	0,3730	0,3726	0,3722	0,3718	0,3715	0,3711
0,33	0,3707	0,3703	0,3699	0,3696	0,3692	0,3688	0,3684	0,3681	0,3677	0,3673
0,34	0,3669	0,3666	0,3662	0,3658	0,3654	0,3650	0,3647	0,3643	0,3639	0,3635
0,35	0,3632	0,3628	0,3624	0,3620	0,3617	0,3613	0,3609	0,3605	0,3602	0,3598
0,36	0,3594	0,3590	0,3587	0,3583	0,3579	0,3576	0,3572	0,3568	0,3564	0,3561
0,37	0,3557	0,3553	0,3549	0,3546	0,3542	0,3538	0,3535	0,3531	0,3527	0,3523
0,38	0,3520	0,3516	0,3512	0,3509	0,3505	0,3501	0,3497	0,3494	0,3490	0,3486
0,39	0,3483	0,3479	0,3475	0,3472	0,3468	0,3464	0,3461	0,3457	0,3453	0,3449
0,40	0,3446	0,3442	0,3438	0,3435	0,3431	0,3427	0,3424	0,3420	0,3416	0,3413
0,41	0,3409	0,3405	0,3402	0,3398	0,3394	0,3391	0,3387	0,3383	0,3380	0,3376
0,42	0,3372	0,3369	0,3365	0,3361	0,3358	0,3354	0,3351	0,3347	0,3343	0,3340
0,43	0,3336	0,3332	0,3329	0,3325	0,3321	0,3318	0,3314	0,3311	0,3307	0,3303
0,44	0,3300	0,3296	0,3292	0,3289	0,3285	0,3282	0,3278	0,3274	0,3271	0,3267
0,45	0,3264	0,3260	0,3256	0,3253	0,3249	0,3246	0,3242	0,3238	0,3235	0,3231
0,46	0,3228	0,3224	0,3220	0,3217	0,3213	0,3210	0,3206	0,3202	0,3199	0,3195
0,47	0,3192	0,3188	0,3185	0,3181	0,3177	0,3174	0,3170	0,3167	0,3163	0,3160
0,48	0,3156	0,3153	0,3149	0,3145	0,3142	0,3138	0,3135	0,3131	0,3128	0,3124
0,49	0,3121	0,3117	0,3114	0,3110	0,3107	0,3103	0,3099	0,3096	0,3092	0,3089
0,50	0,3085	0,3082	0,3078	0,3075	0,3071	0,3068	0,3064	0,3061	0,3057	0,3054

z-Werte	0,000	0,001	0,002	0,003	0,004	0,005	0,006	0,007	0,008	0,009
0,51	0,3050	0,3047	0,3043	0,3040	0,3036	0,3033	0,3029	0,3026	0,3022	0,3019
0,52	0,3015	0,3012	0,3008	0,3005	0,3001	0,2998	0,2994	0,2991	0,2987	0,2984
0,53	0,2981	0,2977	0,2974	0,2970	0,2967	0,2963	0,2960	0,2956	0,2953	0,2949
0,54	0,2946	0,2943	0,2939	0,2936	0,2932	0,2929	0,2925	0,2922	0,2918	0,2915
0,55	0,2912	0,2908	0,2905	0,2901	0,2898	0,2894	0,2891	0,2888	0,2884	0,2881
0,56	0,2877	0,2874	0,2871	0,2867	0,2864	0,2860	0,2857	0,2854	0,2850	0,2847
0,57	0,2843	0,2840	0,2837	0,2833	0,2830	0,2826	0,2823	0,2820	0,2816	0,2813
0,58	0,2810	0,2806	0,2803	0,2799	0,2796	0,2793	0,2789	0,2786	0,2783	0,2779
0,59	0,2776	0,2773	0,2769	0,2766	0,2763	0,2759	0,2756	0,2753	0,2749	0,2746
0,60	0,2743	0,2739	0,2736	0,2733	0,2729	0,2726	0,2723	0,2719	0,2716	0,2713
0,61	0,2709	0,2706	0,2703	0,2699	0,2696	0,2693	0,2689	0,2686	0,2683	0,2680
0,62	0,2676	0,2673	0,2670	0,2666	0,2663	0,2660	0,2657	0,2653	0,2650	0,2647
0,63	0,2643	0,2640	0,2637	0,2634	0,2630	0,2627	0,2624	0,2621	0,2617	0,2614
0,64	0,2611	0,2608	0,2604	0,2601	0,2598	0,2595	0,2591	0,2588	0,2585	0,2582
0,65	0,2578	0,2575	0,2572	0,2569	0,2566	0,2562	0,2559	0,2556	0,2553	0,2549
0,66	0,2546	0,2543	0,2540	0,2537	0,2533	0,2530	0,2527	0,2524	0,2521	0,2517
0,67	0,2514	0,2511	0,2508	0,2505	0,2502	0,2498	0,2495	0,2492	0,2489	0,2486
0,68	0,2483	0,2479	0,2476	0,2473	0,2470	0,2467	0,2464	0,2460	0,2457	0,2454
0,69	0,2451	0,2448	0,2445	0,2442	0,2438	0,2435	0,2432	0,2429	0,2426	0,2423
0,70	0,2420	0,2417	0,2413	0,2410	0,2407	0,2404	0,2401	0,2398	0,2395	0,2392
0,71	0,2389	0,2385	0,2382	0,2379	0,2376	0,2373	0,2370	0,2367	0,2364	0,2361
0,72	0,2358	0,2355	0,2351	0,2348	0,2345	0,2342	0,2339	0,2336	0,2333	0,2330
0,73	0,2327	0,2324	0,2321	0,2318	0,2315	0,2312	0,2309	0,2306	0,2303	0,2300
0,74	0,2296	0,2293	0,2290	0,2287	0,2284	0,2281	0,2278	0,2275	0,2272	0,2269
0,75	0,2266	0,2263	0,2260	0,2257	0,2254	0,2251	0,2248	0,2245	0,2242	0,2239
0,76	0,2236	0,2233	0,2230	0,2227	0,2224	0,2221	0,2218	0,2215	0,2212	0,2209
0,77	0,2206	0,2204	0,2201	0,2198	0,2195	0,2192	0,2189	0,2186	0,2183	0,2180
0,78	0,2177	0,2174	0,2171	0,2168	0,2165	0,2162	0,2159	0,2156	0,2153	0,2151
0,79	0,2148	0,2145	0,2142	0,2139	0,2136	0,2133	0,2130	0,2127	0,2124	0,2121
0,80	0,2119	0,2116	0,2113	0,2110	0,2107	0,2104	0,2101	0,2098	0,2095	0,2093
0,81	0,2090	0,2087	0,2084	0,2081	0,2078	0,2075	0,2073	0,2070	0,2067	0,2064
0,82	0,2061	0,2058	0,2055	0,2053	0,2050	0,2047	0,2044	0,2041	0,2038	0,2036
0,83	0,2033	0,2030	0,2027	0,2024	0,2021	0,2019	0,2016	0,2013	0,2010	0,2007
0,84	0,2005	0,2002	0,1999	0,1996	0,1993	0,1991	0,1988	0,1985	0,1982	0,1979
0,85	0,1977	0,1974	0,1971	0,1968	0,1966	0,1963	0,1960	0,1957	0,1954	0,1952
0,86	0,1949	0,1946	0,1943	0,1941	0,1938	0,1935	0,1932	0,1930	0,1927	0,1924
0,87	0,1922	0,1919	0,1916	0,1913	0,1911	0,1908	0,1905	0,1902	0,1900	0,1897
0,88	0,1894	0,1892	0,1889	0,1886	0,1883	0,1881	0,1878	0,1875	0,1873	0,1870
0,89	0,1867	0,1865	0,1862	0,1859	0,1857	0,1854	0,1851	0,1849	0,1846	0,1843
0,90	0,1841	0,1838	0,1835	0,1833	0,1830	0,1827	0,1825	0,1822	0,1819	0,1817
0,91	0,1814	0,1811	0,1809	0,1806	0,1804	0,1801	0,1798	0,1796	0,1793	0,1790
0,92	0,1788	0,1785	0,1783	0,1780	0,1777	0,1775	0,1772	0,1770	0,1767	0,1764
0,93	0,1762	0,1759	0,1757	0,1754	0,1752	0,1749	0,1746	0,1744	0,1741	0,1739
0,94	0,1736	0,1734	0,1731	0,1728	0,1726	0,1723	0,1721	0,1718	0,1716	0,1713
0,95	0,1711	0,1708	0,1705	0,1703	0,1700	0,1698	0,1695	0,1693	0,1690	0,1688
0,96	0,1685	0,1683	0,1680	0,1678	0,1675	0,1673	0,1670	0,1668	0,1665	0,1663
0,97	0,1660	0,1658	0,1655	0,1653	0,1650	0,1648	0,1645	0,1643	0,1640	0,1638
0,98	0,1635	0,1633	0,1630	0,1628	0,1626	0,1623	0,1621	0,1618	0,1616	0,1613
0,99	0,1611	0,1608	0,1606	0,1604	0,1601	0,1599	0,1596	0,1594	0,1591	0,1589
1,00	0,1587	0,1584	0,1582	0,1579	0,1577	0,1574	0,1572	0,1570	0,1567	0,1565

z-Werte	0,000	0,001	0,002	0,003	0,004	0,005	0,006	0,007	0,008	0,009
1,01	0,1562	0,1560	0,1558	0,1555	0,1553	0,1551	0,1548	0,1546	0,1543	0,1541
1,02	0,1539	0,1536	0,1534	0,1532	0,1529	0,1527	0,1524	0,1522	0,1520	0,1517
1,03	0,1515	0,1513	0,1510	0,1508	0,1506	0,1503	0,1501	0,1499	0,1496	0,1494
1,04	0,1492	0,1489	0,1487	0,1485	0,1482	0,1480	0,1478	0,1475	0,1473	0,1471
1,05	0,1469	0,1466	0,1464	0,1462	0,1459	0,1457	0,1455	0,1453	0,1450	0,1448
1,06	0,1446	0,1443	0,1441	0,1439	0,1437	0,1434	0,1432	0,1430	0,1428	0,1425
1,07	0,1423	0,1421	0,1419	0,1416	0,1414	0,1412	0,1410	0,1407	0,1405	0,1403
1,08	0,1401	0,1398	0,1396	0,1394	0,1392	0,1390	0,1387	0,1385	0,1383	0,1381
1,09	0,1379	0,1376	0,1374	0,1372	0,1370	0,1368	0,1365	0,1363	0,1361	0,1359
1,10	0,1357	0,1354	0,1352	0,1350	0,1348	0,1346	0,1344	0,1341	0,1339	0,1337
1,11	0,1335	0,1333	0,1331	0,1329	0,1326	0,1324	0,1322	0,1320	0,1318	0,1316
1,12	0,1314	0,1311	0,1309	0,1307	0,1305	0,1303	0,1301	0,1299	0,1297	0,1294
1,13	0,1292	0,1290	0,1288	0,1286	0,1284	0,1282	0,1280	0,1278	0,1276	0,1274
1,14	0,1271	0,1269	0,1267	0,1265	0,1263	0,1261	0,1259	0,1257	0,1255	0,1253
1,15	0,1251	0,1249	0,1247	0,1245	0,1243	0,1240	0,1238	0,1236	0,1234	0,1232
1,16	0,1230	0,1228	0,1226	0,1224	0,1222	0,1220	0,1218	0,1216	0,1214	0,1212
1,17	0,1210	0,1208	0,1206	0,1204	0,1202	0,1200	0,1198	0,1196	0,1194	0,1192
1,18	0,1190	0,1188	0,1186	0,1184	0,1182	0,1180	0,1178	0,1176	0,1174	0,1172
1,19	0,1170	0,1168	0,1166	0,1164	0,1162	0,1160	0,1158	0,1157	0,1155	0,1153
1,20	0,1151	0,1149	0,1147	0,1145	0,1143	0,1141	0,1139	0,1137	0,1135	0,1133
1,21	0,1131	0,1129	0,1128	0,1126	0,1124	0,1122	0,1120	0,1118	0,1116	0,1114
1,22	0,1112	0,1110	0,1109	0,1107	0,1105	0,1103	0,1101	0,1099	0,1097	0,1095
1,23	0,1093	0,1092	0,1090	0,1088	0,1086	0,1084	0,1082	0,1080	0,1079	0,1077
1,24	0,1075	0,1073	0,1071	0,1069	0,1067	0,1066	0,1064	0,1062	0,1060	0,1058
1,25	0,1056	0,1055	0,1053	0,1051	0,1049	0,1047	0,1046	0,1044	0,1042	0,1040
1,26	0,1038	0,1037	0,1035	0,1033	0,1031	0,1029	0,1028	0,1026	0,1024	0,1022
1,27	0,1020	0,1019	0,1017	0,1015	0,1013	0,1012	0,1010	0,1008	0,1006	0,1004
1,28	0,1003	0,1001	0,0999	0,0997	0,0996	0,0994	0,0992	0,0990	0,0989	0,0987
1,29	0,0985	0,0984	0,0982	0,0980	0,0978	0,0977	0,0975	0,0973	0,0971	0,0970
1,30	0,0968	0,0966	0,0965	0,0963	0,0961	0,0959	0,0958	0,0956	0,0954	0,0953
1,31	0,0951	0,0949	0,0948	0,0946	0,0944	0,0943	0,0941	0,0939	0,0938	0,0936
1,32	0,0934	0,0933	0,0931	0,0929	0,0928	0,0926	0,0924	0,0923	0,0921	0,0919
1,33	0,0918	0,0916	0,0914	0,0913	0,0911	0,0909	0,0908	0,0906	0,0904	0,0903
1,34	0,0901	0,0900	0,0898	0,0896	0,0895	0,0893	0,0892	0,0890	0,0888	0,0887
1,35	0,0885	0,0883	0,0882	0,0880	0,0879	0,0877	0,0875	0,0874	0,0872	0,0871
1,36	0,0869	0,0868	0,0866	0,0864	0,0863	0,0861	0,0860	0,0858	0,0857	0,0855
1,37	0,0853	0,0852	0,0850	0,0849	0,0847	0,0846	0,0844	0,0843	0,0841	0,0839
1,38	0,0838	0,0836	0,0835	0,0833	0,0832	0,0830	0,0829	0,0827	0,0826	0,0824
1,39	0,0823	0,0821	0,0820	0,0818	0,0817	0,0815	0,0814	0,0812	0,0811	0,0809
1,40	0,0808	0,0806	0,0805	0,0803	0,0802	0,0800	0,0799	0,0797	0,0796	0,0794
1,41	0,0793	0,0791	0,0790	0,0788	0,0787	0,0785	0,0784	0,0782	0,0781	0,0779
1,42	0,0778	0,0777	0,0775	0,0774	0,0772	0,0771	0,0769	0,0768	0,0766	0,0765
1,43	0,0764	0,0762	0,0761	0,0759	0,0758	0,0756	0,0755	0,0754	0,0752	0,0751
1,44	0,0749	0,0748	0,0747	0,0745	0,0744	0,0742	0,0741	0,0739	0,0738	0,0737
1,45	0,0735	0,0734	0,0733	0,0731	0,0730	0,0728	0,0727	0,0726	0,0724	0,0723
1,46	0,0721	0,0720	0,0719	0,0717	0,0716	0,0715	0,0713	0,0712	0,0711	0,0709
1,47	0,0708	0,0706	0,0705	0,0704	0,0702	0,0701	0,0700	0,0698	0,0697	0,0696
1,48	0,0694	0,0693	0,0692	0,0690	0,0689	0,0688	0,0686	0,0685	0,0684	0,0682
1,49	0,0681	0,0680	0,0678	0,0677	0,0676	0,0675	0,0673	0,0672	0,0671	0,0669
1,50	0,0668	0,0667	0,0665	0,0664	0,0663	0,0662	0,0660	0,0659	0,0658	0,0656

z-Werte	0,000	0,001	0,002	0,003	0,004	0,005	0,006	0,007	0,008	0,009
1,51	0,0655	0,0654	0,0653	0,0651	0,0650	0,0649	0,0648	0,0646	0,0645	0,0644
1,52	0,0643	0,0641	0,0640	0,0639	0,0638	0,0636	0,0635	0,0634	0,0633	0,0631
1,53	0,0630	0,0629	0,0628	0,0626	0,0625	0,0624	0,0623	0,0621	0,0620	0,0619
1,54	0,0618	0,0617	0,0615	0,0614	0,0613	0,0612	0,0611	0,0609	0,0608	0,0607
1,55	0,0606	0,0605	0,0603	0,0602	0,0601	0,0600	0,0599	0,0597	0,0596	0,0595
1,56	0,0594	0,0593	0,0591	0,0590	0,0589	0,0588	0,0587	0,0586	0,0584	0,0583
1,57	0,0582	0,0581	0,0580	0,0579	0,0577	0,0576	0,0575	0,0574	0,0573	0,0572
1,58	0,0571	0,0569	0,0568	0,0567	0,0566	0,0565	0,0564	0,0563	0,0561	0,0560
1,59	0,0559	0,0558	0,0557	0,0556	0,0555	0,0554	0,0552	0,0551	0,0550	0,0549
1,60	0,0548	0,0547	0,0546	0,0545	0,0544	0,0542	0,0541	0,0540	0,0539	0,0538
1,61	0,0537	0,0536	0,0535	0,0534	0,0533	0,0532	0,0530	0,0529	0,0528	0,0527
1,62	0,0526	0,0525	0,0524	0,0523	0,0522	0,0521	0,0520	0,0519	0,0518	0,0517
1,63	0,0516	0,0514	0,0513	0,0512	0,0511	0,0510	0,0509	0,0508	0,0507	0,0506
1,64	0,0505	0,0504	0,0503	0,0502	0,0501	0,0500	0,0499	0,0498	0,0497	0,0496
1,65	0,0495	0,0494	0,0493	0,0492	0,0491	0,0490	0,0489	0,0488	0,0487	0,0486
1,66	0,0485	0,0484	0,0483	0,0482	0,0481	0,0480	0,0479	0,0478	0,0477	0,0476
1,67	0,0475	0,0474	0,0473	0,0472	0,0471	0,0470	0,0469	0,0468	0,0467	0,0466
1,68	0,0465	0,0464	0,0463	0,0462	0,0461	0,0460	0,0459	0,0458	0,0457	0,0456
1,69	0,0455	0,0454	0,0453	0,0452	0,0451	0,0450	0,0449	0,0448	0,0448	0,0447
1,70	0,0446	0,0445	0,0444	0,0443	0,0442	0,0441	0,0440	0,0439	0,0438	0,0437
1,71	0,0436	0,0435	0,0434	0,0434	0,0433	0,0432	0,0431	0,0430	0,0429	0,0428
1,72	0,0427	0,0426	0,0425	0,0424	0,0424	0,0423	0,0422	0,0421	0,0420	0,0419
1,73	0,0418	0,0417	0,0416	0,0415	0,0415	0,0414	0,0413	0,0412	0,0411	0,0410
1,74	0,0409	0,0408	0,0408	0,0407	0,0406	0,0405	0,0404	0,0403	0,0402	0,0401
1,75	0,0401	0,0400	0,0399	0,0398	0,0397	0,0396	0,0395	0,0395	0,0394	0,0393
1,76	0,0392	0,0391	0,0390	0,0390	0,0389	0,0388	0,0387	0,0386	0,0385	0,0384
1,77	0,0384	0,0383	0,0382	0,0381	0,0380	0,0379	0,0379	0,0378	0,0377	0,0376
1,78	0,0375	0,0375	0,0374	0,0373	0,0372	0,0371	0,0370	0,0370	0,0369	0,0368
1,79	0,0367	0,0366	0,0366	0,0365	0,0364	0,0363	0,0362	0,0362	0,0361	0,0360
1,80	0,0359	0,0359	0,0358	0,0357	0,0356	0,0355	0,0355	0,0354	0,0353	0,0352
1,81	0,0351	0,0351	0,0350	0,0349	0,0348	0,0348	0,0347	0,0346	0,0345	0,0345
1,82	0,0344	0,0343	0,0342	0,0342	0,0341	0,0340	0,0339	0,0338	0,0338	0,0337
1,83	0,0336	0,0336	0,0335	0,0334	0,0333	0,0333	0,0332	0,0331	0,0330	0,0330
1,84	0,0329	0,0328	0,0327	0,0327	0,0326	0,0325	0,0324	0,0324	0,0323	0,0322
1,85	0,0322	0,0321	0,0320	0,0319	0,0319	0,0318	0,0317	0,0317	0,0316	0,0315
1,86	0,0314	0,0314	0,0313	0,0312	0,0312	0,0311	0,0310	0,0310	0,0309	0,0308
1,87	0,0307	0,0307	0,0306	0,0305	0,0305	0,0304	0,0303	0,0303	0,0302	0,0301
1,88	0,0301	0,0300	0,0299	0,0299	0,0298	0,0297	0,0296	0,0296	0,0295	0,0294
1,89	0,0294	0,0293	0,0292	0,0292	0,0291	0,0290	0,0290	0,0289	0,0288	0,0288
1,90	0,0287	0,0287	0,0286	0,0285	0,0285	0,0284	0,0283	0,0283	0,0282	0,0281
1,91	0,0281	0,0280	0,0279	0,0279	0,0278	0,0277	0,0277	0,0276	0,0276	0,0275
1,92	0,0274	0,0274	0,0273	0,0272	0,0272	0,0271	0,0271	0,0270	0,0269	0,0269
1,93	0,0268	0,0267	0,0267	0,0266	0,0266	0,0265	0,0264	0,0264	0,0263	0,0263
1,94	0,0262	0,0261	0,0261	0,0260	0,0259	0,0259	0,0258	0,0258	0,0257	0,0256
1,95	0,0256	0,0255	0,0255	0,0254	0,0254	0,0253	0,0252	0,0252	0,0251	0,0251
1,96	0,0250	0,0249	0,0249	0,0248	0,0248	0,0247	0,0246	0,0246	0,0245	0,0245
1,97	0,0244	0,0244	0,0243	0,0242	0,0242	0,0241	0,0241	0,0240	0,0240	0,0239
1,98	0,0239	0,0238	0,0237	0,0237	0,0236	0,0236	0,0235	0,0235	0,0234	0,0234
1,99	0,0233	0,0232	0,0232	0,0231	0,0231	0,0230	0,0230	0,0229	0,0229	0,0228
2,00	0,0228	0,0227	0,0226	0,0226	0,0225	0,0225	0,0224	0,0224	0,0223	0,0223

z-Werte	0,000	0,001	0,002	0,003	0,004	0,005	0,006	0,007	0,008	0,009
2,01	0,0222	0,0222	0,0221	0,0221	0,0220	0,0220	0,0219	0,0218	0,0218	0,0217
2,02	0,0217	0,0216	0,0216	0,0215	0,0215	0,0214	0,0214	0,0213	0,0213	0,0212
2,03	0,0212	0,0211	0,0211	0,0210	0,0210	0,0209	0,0209	0,0208	0,0208	0,0207
2,04	0,0207	0,0206	0,0206	0,0205	0,0205	0,0204	0,0204	0,0203	0,0203	0,0202
2,05	0,0202	0,0201	0,0201	0,0200	0,0200	0,0199	0,0199	0,0198	0,0198	0,0197
2,06	0,0197	0,0197	0,0196	0,0196	0,0195	0,0195	0,0194	0,0194	0,0193	0,0193
2,07	0,0192	0,0192	0,0191	0,0191	0,0190	0,0190	0,0189	0,0189	0,0189	0,0188
2,08	0,0188	0,0187	0,0187	0,0186	0,0186	0,0185	0,0185	0,0184	0,0184	0,0184
2,09	0,0183	0,0183	0,0182	0,0182	0,0181	0,0181	0,0180	0,0180	0,0180	0,0179
2,10	0,0179	0,0178	0,0178	0,0177	0,0177	0,0176	0,0176	0,0176	0,0175	0,0175
2,11	0,0174	0,0174	0,0173	0,0173	0,0173	0,0172	0,0172	0,0171	0,0171	0,0170
2,12	0,0170	0,0170	0,0169	0,0169	0,0168	0,0168	0,0168	0,0167	0,0167	0,0166
2,13	0,0166	0,0165	0,0165	0,0165	0,0164	0,0164	0,0163	0,0163	0,0163	0,0162
2,14	0,0162	0,0161	0,0161	0,0161	0,0160	0,0160	0,0159	0,0159	0,0159	0,0158
2,15	0,0158	0,0157	0,0157	0,0157	0,0156	0,0156	0,0155	0,0155	0,0155	0,0154
2,16	0,0154	0,0153	0,0153	0,0153	0,0152	0,0152	0,0152	0,0151	0,0151	0,0150
2,17	0,0150	0,0150	0,0149	0,0149	0,0149	0,0148	0,0148	0,0147	0,0147	0,0147
2,18	0,0146	0,0146	0,0146	0,0145	0,0145	0,0144	0,0144	0,0144	0,0143	0,0143
2,19	0,0143	0,0142	0,0142	0,0142	0,0141	0,0141	0,0140	0,0140	0,0140	0,0139
2,20	0,0139	0,0139	0,0138	0,0138	0,0138	0,0137	0,0137	0,0137	0,0136	0,0136
2,21	0,0136	0,0135	0,0135	0,0134	0,0134	0,0134	0,0133	0,0133	0,0133	0,0132
2,22	0,0132	0,0132	0,0131	0,0131	0,0131	0,0130	0,0130	0,0130	0,0129	0,0129
2,23	0,0129	0,0128	0,0128	0,0128	0,0127	0,0127	0,0127	0,0126	0,0126	0,0126
2,24	0,0125	0,0125	0,0125	0,0124	0,0124	0,0124	0,0124	0,0123	0,0123	0,0123
2,25	0,0122	0,0122	0,0122	0,0121	0,0121	0,0121	0,0120	0,0120	0,0120	0,0119
2,26	0,0119	0,0119	0,0118	0,0118	0,0118	0,0118	0,0117	0,0117	0,0117	0,0116
2,27	0,0116	0,0116	0,0115	0,0115	0,0115	0,0115	0,0114	0,0114	0,0114	0,0113
2,28	0,0113	0,0113	0,0112	0,0112	0,0112	0,0112	0,0111	0,0111	0,0111	0,0110
2,29	0,0110	0,0110	0,0110	0,0109	0,0109	0,0109	0,0108	0,0108	0,0108	0,0108
2,30	0,0107	0,0107	0,0107	0,0106	0,0106	0,0106	0,0106	0,0105	0,0105	0,0105
2,31	0,0104	0,0104	0,0104	0,0104	0,0103	0,0103	0,0103	0,0103	0,0102	0,0102
2,32	0,0102	0,0101	0,0101	0,0101	0,0101	0,0100	0,0100	0,0100	0,0100	0,0099
2,33	0,0099	0,0099	0,0099	0,0098	0,0098	0,0098	0,0097	0,0097	0,0097	0,0097
2,34	0,0096	0,0096	0,0096	0,0096	0,0095	0,0095	0,0095	0,0095	0,0094	0,0094
2,35	0,0094	0,0094	0,0093	0,0093	0,0093	0,0093	0,0092	0,0092	0,0092	0,0092
2,36	0,0091	0,0091	0,0091	0,0091	0,0090	0,0090	0,0090	0,0090	0,0089	0,0089
2,37	0,0089	0,0089	0,0088	0,0088	0,0088	0,0088	0,0088	0,0087	0,0087	0,0087
2,38	0,0087	0,0086	0,0086	0,0086	0,0086	0,0085	0,0085	0,0085	0,0085	0,0084
2,39	0,0084	0,0084	0,0084	0,0084	0,0083	0,0083	0,0083	0,0083	0,0082	0,0082
2,40	0,0082	0,0082	0,0082	0,0081	0,0081	0,0081	0,0081	0,0080	0,0080	0,0080
2,41	0,0080	0,0080	0,0079	0,0079	0,0079	0,0079	0,0078	0,0078	0,0078	0,0078
2,42	0,0078	0,0077	0,0077	0,0077	0,0077	0,0077	0,0076	0,0076	0,0076	0,0076
2,43	0,0075	0,0075	0,0075	0,0075	0,0075	0,0074	0,0074	0,0074	0,0074	0,0074
2,44	0,0073	0,0073	0,0073	0,0073	0,0073	0,0072	0,0072	0,0072	0,0072	0,0072
2,45	0,0071	0,0071	0,0071	0,0071	0,0071	0,0070	0,0070	0,0070	0,0070	0,0070
2,46	0,0069	0,0069	0,0069	0,0069	0,0069	0,0069	0,0068	0,0068	0,0068	0,0068
2,47	0,0068	0,0067	0,0067	0,0067	0,0067	0,0067	0,0066	0,0066	0,0066	0,0066
2,48	0,0066	0,0066	0,0065	0,0065	0,0065	0,0065	0,0065	0,0064	0,0064	0,0064
2,49	0,0064	0,0064	0,0064	0,0063	0,0063	0,0063	0,0063	0,0063	0,0062	0,0062
2,50	0,0062	0,0062	0,0062	0,0062	0,0061	0,0061	0,0061	0,0061	0,0061	0,0061

z-Werte	0,000	0,001	0,002	0,003	0,004	0,005	0,006	0,007	0,008	0,009
2,51	0,0060	0,0060	0,0060	0,0060	0,0060	0,0060	0,0059	0,0059	0,0059	0,0059
2,52	0,0059	0,0059	0,0058	0,0058	0,0058	0,0058	0,0058	0,0058	0,0057	0,0057
2,53	0,0057	0,0057	0,0057	0,0057	0,0056	0,0056	0,0056	0,0056	0,0056	0,0056
2,54	0,0055	0,0055	0,0055	0,0055	0,0055	0,0055	0,0054	0,0054	0,0054	0,0054
2,55	0,0054	0,0054	0,0054	0,0053	0,0053	0,0053	0,0053	0,0053	0,0053	0,0052
2,56	0,0052	0,0052	0,0052	0,0052	0,0052	0,0052	0,0051	0,0051	0,0051	0,0051
2,57	0,0051	0,0051	0,0051	0,0050	0,0050	0,0050	0,0050	0,0050	0,0050	0,0050
2,58	0,0049	0,0049	0,0049	0,0049	0,0049	0,0049	0,0049	0,0048	0,0048	0,0048
2,59	0,0048	0,0048	0,0048	0,0048	0,0047	0,0047	0,0047	0,0047	0,0047	0,0047
2,60	0,0047	0,0046	0,0046	0,0046	0,0046	0,0046	0,0046	0,0046	0,0046	0,0045
2,61	0,0045	0,0045	0,0045	0,0045	0,0045	0,0045	0,0044	0,0044	0,0044	0,0044
2,62	0,0044	0,0044	0,0044	0,0044	0,0043	0,0043	0,0043	0,0043	0,0043	0,0043
2,63	0,0043	0,0043	0,0042	0,0042	0,0042	0,0042	0,0042	0,0042	0,0042	0,0042
2,64	0,0041	0,0041	0,0041	0,0041	0,0041	0,0041	0,0041	0,0041	0,0040	0,0040
2,65	0,0040	0,0040	0,0040	0,0040	0,0040	0,0040	0,0040	0,0039	0,0039	0,0039
2,66	0,0039	0,0039	0,0039	0,0039	0,0039	0,0038	0,0038	0,0038	0,0038	0,0038
2,67	0,0038	0,0038	0,0038	0,0038	0,0037	0,0037	0,0037	0,0037	0,0037	0,0037
2,68	0,0037	0,0037	0,0037	0,0036	0,0036	0,0036	0,0036	0,0036	0,0036	0,0036
2,69	0,0036	0,0036	0,0036	0,0035	0,0035	0,0035	0,0035	0,0035	0,0035	0,0035
2,70	0,0035	0,0035	0,0034	0,0034	0,0034	0,0034	0,0034	0,0034	0,0034	0,0034
2,71	0,0034	0,0034	0,0033	0,0033	0,0033	0,0033	0,0033	0,0033	0,0033	0,0033
2,72	0,0033	0,0033	0,0032	0,0032	0,0032	0,0032	0,0032	0,0032	0,0032	0,0032
2,73	0,0032	0,0032	0,0031	0,0031	0,0031	0,0031	0,0031	0,0031	0,0031	0,0031
2,74	0,0031	0,0031	0,0031	0,0030	0,0030	0,0030	0,0030	0,0030	0,0030	0,0030
2,75	0,0030	0,0030	0,0030	0,0030	0,0029	0,0029	0,0029	0,0029	0,0029	0,0029
2,76	0,0029	0,0029	0,0029	0,0029	0,0029	0,0028	0,0028	0,0028	0,0028	0,0028
2,77	0,0028	0,0028	0,0028	0,0028	0,0028	0,0028	0,0028	0,0027	0,0027	0,0027
2,78	0,0027	0,0027	0,0027	0,0027	0,0027	0,0027	0,0027	0,0027	0,0027	0,0026
2,79	0,0026	0,0026	0,0026	0,0026	0,0026	0,0026	0,0026	0,0026	0,0026	0,0026
2,80	0,0026	0,0025	0,0025	0,0025	0,0025	0,0025	0,0025	0,0025	0,0025	0,0025
2,81	0,0025	0,0025	0,0025	0,0025	0,0024	0,0024	0,0024	0,0024	0,0024	0,0024
2,82	0,0024	0,0024	0,0024	0,0024	0,0024	0,0024	0,0024	0,0023	0,0023	0,0023
2,83	0,0023	0,0023	0,0023	0,0023	0,0023	0,0023	0,0023	0,0023	0,0023	0,0023
2,84	0,0023	0,0022	0,0022	0,0022	0,0022	0,0022	0,0022	0,0022	0,0022	0,0022
2,85	0,0022	0,0022	0,0022	0,0022	0,0022	0,0022	0,0021	0,0021	0,0021	0,0021
2,86	0,0021	0,0021	0,0021	0,0021	0,0021	0,0021	0,0021	0,0021	0,0021	0,0021
2,87	0,0021	0,0020	0,0020	0,0020	0,0020	0,0020	0,0020	0,0020	0,0020	0,0020
2,88	0,0020	0,0020	0,0020	0,0020	0,0020	0,0020	0,0020	0,0019	0,0019	0,0019
2,89	0,0019	0,0019	0,0019	0,0019	0,0019	0,0019	0,0019	0,0019	0,0019	0,0019
2,90	0,0019	0,0019	0,0019	0,0018	0,0018	0,0018	0,0018	0,0018	0,0018	0,0018
2,91	0,0018	0,0018	0,0018	0,0018	0,0018	0,0018	0,0018	0,0018	0,0018	0,0018
2,92	0,0018	0,0017	0,0017	0,0017	0,0017	0,0017	0,0017	0,0017	0,0017	0,0017
2,93	0,0017	0,0017	0,0017	0,0017	0,0017	0,0017	0,0017	0,0017	0,0017	0,0016
2,94	0,0016	0,0016	0,0016	0,0016	0,0016	0,0016	0,0016	0,0016	0,0016	0,0016
2,95	0,0016	0,0016	0,0016	0,0016	0,0016	0,0016	0,0016	0,0016	0,0015	0,0015
2,96	0,0015	0,0015	0,0015	0,0015	0,0015	0,0015	0,0015	0,0015	0,0015	0,0015
2,97	0,0015	0,0015	0,0015	0,0015	0,0015	0,0015	0,0015	0,0015	0,0015	0,0014
2,98	0,0014	0,0014	0,0014	0,0014	0,0014	0,0014	0,0014	0,0014	0,0014	0,0014
2,99	0,0014	0,0014	0,0014	0,0014	0,0014	0,0014	0,0014	0,0014	0,0014	0,0014
3,00	0,0013	0,0013	0,0013	0,0013	0,0013	0,0013	0,0013	0,0013	0,0013	0,0013

z-Werte	0,000	0,001	0,002	0,003	0,004	0,005	0,006	0,007	0,008	0,009
3,01	0,0013	0,0013	0,0013	0,0013	0,0013	0,0013	0,0013	0,0013	0,0013	0,0013
3,02	0,0013	0,0013	0,0013	0,0013	0,0012	0,0012	0,0012	0,0012	0,0012	0,0012
3,03	0,0012	0,0012	0,0012	0,0012	0,0012	0,0012	0,0012	0,0012	0,0012	0,0012
3,04	0,0012	0,0012	0,0012	0,0012	0,0012	0,0012	0,0012	0,0012	0,0012	0,0011
3,05	0,0011	0,0011	0,0011	0,0011	0,0011	0,0011	0,0011	0,0011	0,0011	0,0011
3,06	0,0011	0,0011	0,0011	0,0011	0,0011	0,0011	0,0011	0,0011	0,0011	0,0011
3,07	0,0011	0,0011	0,0011	0,0011	0,0011	0,0011	0,0010	0,0010	0,0010	0,0010
3,08	0,0010	0,0010	0,0010	0,0010	0,0010	0,0010	0,0010	0,0010	0,0010	0,0010
3,09	0,0010	0,0010	0,0010	0,0010	0,0010	0,0010	0,0010	0,0010	0,0010	0,0010
3,10	0,0010	0,0010	0,0010	0,0010	0,0010	0,0010	0,0009	0,0009	0,0009	0,0009
3,11	0,0009	0,0009	0,0009	0,0009	0,0009	0,0009	0,0009	0,0009	0,0009	0,0009
3,12	0,0009	0,0009	0,0009	0,0009	0,0009	0,0009	0,0009	0,0009	0,0009	0,0009
3,13	0,0009	0,0009	0,0009	0,0009	0,0009	0,0009	0,0009	0,0009	0,0009	0,0008
3,14	0,0008	0,0008	0,0008	0,0008	0,0008	0,0008	0,0008	0,0008	0,0008	0,0008
3,15	0,0008	0,0008	0,0008	0,0008	0,0008	0,0008	0,0008	0,0008	0,0008	0,0008
3,16	0,0008	0,0008	0,0008	0,0008	0,0008	0,0008	0,0008	0,0008	0,0008	0,0008
3,17	0,0008	0,0008	0,0008	0,0008	0,0008	0,0007	0,0007	0,0007	0,0007	0,0007
3,18	0,0007	0,0007	0,0007	0,0007	0,0007	0,0007	0,0007	0,0007	0,0007	0,0007
3,19	0,0007	0,0007	0,0007	0,0007	0,0007	0,0007	0,0007	0,0007	0,0007	0,0007
3,20	0,0007	0,0007	0,0007	0,0007	0,0007	0,0007	0,0007	0,0007	0,0007	0,0007
3,21	0,0007	0,0007	0,0007	0,0007	0,0007	0,0007	0,0006	0,0006	0,0006	0,0006
3,22	0,0006	0,0006	0,0006	0,0006	0,0006	0,0006	0,0006	0,0006	0,0006	0,0006
3,23	0,0006	0,0006	0,0006	0,0006	0,0006	0,0006	0,0006	0,0006	0,0006	0,0006
3,24	0,0006	0,0006	0,0006	0,0006	0,0006	0,0006	0,0006	0,0006	0,0006	0,0006
3,25	0,0006	0,0006	0,0006	0,0006	0,0006	0,0006	0,0006	0,0006	0,0006	0,0006
3,26	0,0006	0,0006	0,0006	0,0006	0,0005	0,0005	0,0005	0,0005	0,0005	0,0005
3,27	0,0005	0,0005	0,0005	0,0005	0,0005	0,0005	0,0005	0,0005	0,0005	0,0005
3,28	0,0005	0,0005	0,0005	0,0005	0,0005	0,0005	0,0005	0,0005	0,0005	0,0005
3,29	0,0005	0,0005	0,0005	0,0005	0,0005	0,0005	0,0005	0,0005	0,0005	0,0005
3,30	0,0005	0,0005	0,0005	0,0005	0,0005	0,0005	0,0005	0,0005	0,0005	0,0005
3,31	0,0005	0,0005	0,0005	0,0005	0,0005	0,0005	0,0005	0,0005	0,0005	0,0005
3,32	0,0005	0,0004	0,0004	0,0004	0,0004	0,0004	0,0004	0,0004	0,0004	0,0004
3,33	0,0004	0,0004	0,0004	0,0004	0,0004	0,0004	0,0004	0,0004	0,0004	0,0004
3,34	0,0004	0,0004	0,0004	0,0004	0,0004	0,0004	0,0004	0,0004	0,0004	0,0004
3,35	0,0004	0,0004	0,0004	0,0004	0,0004	0,0004	0,0004	0,0004	0,0004	0,0004
3,36	0,0004	0,0004	0,0004	0,0004	0,0004	0,0004	0,0004	0,0004	0,0004	0,0004
3,37	0,0004	0,0004	0,0004	0,0004	0,0004	0,0004	0,0004	0,0004	0,0004	0,0004
3,38	0,0004	0,0004	0,0004	0,0004	0,0004	0,0004	0,0004	0,0004	0,0004	0,0004
3,39	0,0003	0,0003	0,0003	0,0003	0,0003	0,0003	0,0003	0,0003	0,0003	0,0003
3,40	0,0003	0,0003	0,0003	0,0003	0,0003	0,0003	0,0003	0,0003	0,0003	0,0003
3,41	0,0003	0,0003	0,0003	0,0003	0,0003	0,0003	0,0003	0,0003	0,0003	0,0003
3,42	0,0003	0,0003	0,0003	0,0003	0,0003	0,0003	0,0003	0,0003	0,0003	0,0003
3,43	0,0003	0,0003	0,0003	0,0003	0,0003	0,0003	0,0003	0,0003	0,0003	0,0003
3,44	0,0003	0,0003	0,0003	0,0003	0,0003	0,0003	0,0003	0,0003	0,0003	0,0003
3,45	0,0003	0,0003	0,0003	0,0003	0,0003	0,0003	0,0003	0,0003	0,0003	0,0003
3,46	0,0003	0,0003	0,0003	0,0003	0,0003	0,0003	0,0003	0,0003	0,0003	0,0003
3,47	0,0003	0,0003	0,0003	0,0003	0,0003	0,0003	0,0003	0,0003	0,0003	0,0003
3,48	0,0003	0,0002	0,0002	0,0002	0,0002	0,0002	0,0002	0,0002	0,0002	0,0002
3,49	0,0002	0,0002	0,0002	0,0002	0,0002	0,0002	0,0002	0,0002	0,0002	0,0002
3,50	0,0002	0,0002	0,0002	0,0002	0,0002	0,0002	0,0002	0,0002	0,0002	0,0002

z-Werte	0,000	0,001	0,002	0,003	0,004	0,005	0,006	0,007	0,008	0,009
3,51	0,0002	0,0002	0,0002	0,0002	0,0002	0,0002	0,0002	0,0002	0,0002	0,0002
3,52	0,0002	0,0002	0,0002	0,0002	0,0002	0,0002	0,0002	0,0002	0,0002	0,0002
3,53	0,0002	0,0002	0,0002	0,0002	0,0002	0,0002	0,0002	0,0002	0,0002	0,0002
3,54	0,0002	0,0002	0,0002	0,0002	0,0002	0,0002	0,0002	0,0002	0,0002	0,0002
3,55	0,0002	0,0002	0,0002	0,0002	0,0002	0,0002	0,0002	0,0002	0,0002	0,0002
3,56	0,0002	0,0002	0,0002	0,0002	0,0002	0,0002	0,0002	0,0002	0,0002	0,0002
3,57	0,0002	0,0002	0,0002	0,0002	0,0002	0,0002	0,0002	0,0002	0,0002	0,0002
3,58	0,0002	0,0002	0,0002	0,0002	0,0002	0,0002	0,0002	0,0002	0,0002	0,0002
3,59	0,0002	0,0002	0,0002	0,0002	0,0002	0,0002	0,0002	0,0002	0,0002	0,0002
3,60	0,0002	0,0002	0,0002	0,0002	0,0002	0,0002	0,0002	0,0002	0,0002	0,0002
3,61	0,0002	0,0002	0,0002	0,0002	0,0002	0,0002	0,0001	0,0001	0,0001	0,0001
3,62	0,0001	0,0001	0,0001	0,0001	0,0001	0,0001	0,0001	0,0001	0,0001	0,0001
3,63	0,0001	0,0001	0,0001	0,0001	0,0001	0,0001	0,0001	0,0001	0,0001	0,0001
3,64	0,0001	0,0001	0,0001	0,0001	0,0001	0,0001	0,0001	0,0001	0,0001	0,0001
3,65	0,0001	0,0001	0,0001	0,0001	0,0001	0,0001	0,0001	0,0001	0,0001	0,0001
3,66	0,0001	0,0001	0,0001	0,0001	0,0001	0,0001	0,0001	0,0001	0,0001	0,0001
3,67	0,0001	0,0001	0,0001	0,0001	0,0001	0,0001	0,0001	0,0001	0,0001	0,0001
3,68	0,0001	0,0001	0,0001	0,0001	0,0001	0,0001	0,0001	0,0001	0,0001	0,0001
3,69	0,0001	0,0001	0,0001	0,0001	0,0001	0,0001	0,0001	0,0001	0,0001	0,0001
3,70	0,0001	0,0001	0,0001	0,0001	0,0001	0,0001	0,0001	0,0001	0,0001	0,0001
3,71	0,0001	0,0001	0,0001	0,0001	0,0001	0,0001	0,0001	0,0001	0,0001	0,0001
3,72	0,0001	0,0001	0,0001	0,0001	0,0001	0,0001	0,0001	0,0001	0,0001	0,0001
3,73	0,0001	0,0001	0,0001	0,0001	0,0001	0,0001	0,0001	0,0001	0,0001	0,0001
3,74	0,0001	0,0001	0,0001	0,0001	0,0001	0,0001	0,0001	0,0001	0,0001	0,0001
3,75	0,0001	0,0001	0,0001	0,0001	0,0001	0,0001	0,0001	0,0001	0,0001	0,0001
3,76	0,0001	0,0001	0,0001	0,0001	0,0001	0,0001	0,0001	0,0001	0,0001	0,0001
3,77	0,0001	0,0001	0,0001	0,0001	0,0001	0,0001	0,0001	0,0001	0,0001	0,0001
3,78	0,0001	0,0001	0,0001	0,0001	0,0001	0,0001	0,0001	0,0001	0,0001	0,0001
3,79	0,0001	0,0001	0,0001	0,0001	0,0001	0,0001	0,0001	0,0001	0,0001	0,0001
3,80	0,0001	0,0001	0,0001	0,0001	0,0001	0,0001	0,0001	0,0001	0,0001	0,0001
3,81	0,0001	0,0001	0,0001	0,0001	0,0001	0,0001	0,0001	0,0001	0,0001	0,0001
3,82	0,0001	0,0001	0,0001	0,0001	0,0001	0,0001	0,0001	0,0001	0,0001	0,0001
3,83	0,0001	0,0001	0,0001	0,0001	0,0001	0,0001	0,0001	0,0001	0,0001	0,0001
3,84	0,0001	0,0001	0,0001	0,0001	0,0001	0,0001	0,0001	0,0001	0,0001	0,0001
3,85	0,0001	0,0001	0,0001	0,0001	0,0001	0,0001	0,0001	0,0001	0,0001	0,0001
3,86	0,0001	0,0001	0,0001	0,0001	0,0001	0,0001	0,0001	0,0001	0,0001	0,0001
3,87	0,0001	0,0001	0,0001	0,0001	0,0001	0,0001	0,0001	0,0001	0,0001	0,0001
3,88	0,0001	0,0001	0,0001	0,0001	0,0001	0,0001	0,0001	0,0001	0,0001	0,0001
3,89	0,0001	0,0000	0,0000	0,0000	0,0000	0,0000	0,0000	0,0000	0,0000	0,0000
3,90	0,0000	0,0000	0,0000	0,0000	0,0000	0,0000	0,0000	0,0000	0,0000	0,0000

10.4 Kritische Werte $T_{n;1-\alpha}$ Grubbs-Test

$T_{n;1-\alpha}$	Signifikanzniveau α								
n	0,001	0,010	0,020	0,025	0,030	0,040	0,050	0,075	0,100
3,0	1,1547	1,1546	1,1544	1,1543	1,1541	1,1537	1,1531	1,1511	1,1484
4,0	1,4993	1,4925	1,4850	1,4813	1,4775	1,4700	1,4625	1,4438	1,4250
5,0	1,7803	1,7489	1,7253	1,7150	1,7055	1,6877	1,6714	1,6346	1,6016
6,0	2,0107	1,9442	1,9036	1,8871	1,8722	1,8456	1,8221	1,7717	1,7289
7,0	2,2006	2,0973	2,0416	2,0200	2,0007	1,9672	1,9381	1,8777	1,8280
8,0	2,3586	2,2208	2,1525	2,1266	2,1039	2,0649	2,0317	1,9638	1,9089
9,0	2,4920	2,3231	2,2443	2,2150	2,1895	2,1461	2,1096	2,0359	1,9773
10,0	2,6059	2,4097	2,3220	2,2900	2,2622	2,2153	2,1761	2,0978	2,0362
11,0	2,7046	2,4843	2,3892	2,3547	2,3251	2,2753	2,2339	2,1520	2,0880
12,0	2,7910	2,5494	2,4480	2,4116	2,3803	2,3281	2,2850	2,2000	2,1341
13,0	2,8673	2,6070	2,5001	2,4620	2,4295	2,3752	2,3305	2,2431	2,1756
14,0	2,9354	2,6585	2,5468	2,5073	2,4736	2,4176	2,3717	2,2820	2,2132
15,0	2,9966	2,7049	2,5891	2,5483	2,5136	2,4561	2,4090	2,3176	2,2476
16,0	3,0519	2,7470	2,6276	2,5857	2,5501	2,4913	2,4433	2,3503	2,2793
17,0	3,1023	2,7854	2,6628	2,6200	2,5836	2,5236	2,4748	2,3804	2,3086
18,0	3,1485	2,8208	2,6953	2,6516	2,6146	2,5536	2,5040	2,4084	2,3359
19,0	3,1909	2,8535	2,7254	2,6809	2,6433	2,5814	2,5312	2,4345	2,3614
20,0	3,2301	2,8838	2,7534	2,7082	2,6701	2,6074	2,5566	2,4590	2,3853
21,0	3,2665	2,9121	2,7796	2,7338	2,6951	2,6317	2,5804	2,4820	2,4077
22,0	3,3004	2,9385	2,8041	2,7577	2,7186	2,6546	2,6028	2,5036	2,4290
23,0	3,3320	2,9633	2,8272	2,7803	2,7408	2,6761	2,6239	2,5241	2,4490
24,0	3,3616	2,9866	2,8489	2,8016	2,7617	2,6965	2,6439	2,5435	2,4680
25,0	3,3895	3,0086	2,8695	2,8217	2,7815	2,7158	2,6629	2,5619	2,4861
26,0	3,4157	3,0295	2,8889	2,8408	2,8003	2,7342	2,6809	2,5794	2,5034
27,0	3,4405	3,0492	2,9075	2,8589	2,8181	2,7516	2,6981	2,5961	2,5198
28,0	3,4640	3,0680	2,9251	2,8762	2,8352	2,7683	2,7145	2,6121	2,5356
29,0	3,4862	3,0859	2,9419	2,8927	2,8514	2,7842	2,7301	2,6274	2,5507
30,0	3,5073	3,1029	2,9579	2,9085	2,8670	2,7994	2,7451	2,6420	2,5651
31,0	3,5274	3,1192	2,9733	2,9236	2,8819	2,8140	2,7595	2,6561	2,5790
32,0	3,5466	3,1348	2,9880	2,9380	2,8962	2,8280	2,7733	2,6696	2,5924
33,0	3,5649	3,1497	3,0021	2,9519	2,9099	2,8415	2,7866	2,6827	2,6053
34,0	3,5824	3,1640	3,0157	2,9653	2,9231	2,8545	2,7994	2,6952	2,6177
35,0	3,5992	3,1778	3,0288	2,9782	2,9358	2,8669	2,8118	2,7073	2,6297
36,0	3,6153	3,1910	3,0414	2,9906	2,9481	2,8790	2,8237	2,7190	2,6413
37,0	3,6307	3,2038	3,0535	3,0026	2,9599	2,8906	2,8352	2,7303	2,6525
38,0	3,6456	3,2161	3,0653	3,0141	2,9713	2,9019	2,8463	2,7413	2,6633
39,0	3,6599	3,2280	3,0766	3,0253	2,9824	2,9128	2,8571	2,7519	2,6738
40,0	3,6736	3,2395	3,0875	3,0361	2,9931	2,9233	2,8675	2,7622	2,6840
41,0	3,6869	3,2506	3,0982	3,0466	3,0035	2,9335	2,8777	2,7722	2,6939
42,0	3,6997	3,2613	3,1084	3,0567	3,0135	2,9435	2,8875	2,7818	2,7036
43,0	3,7121	3,2717	3,1184	3,0666	3,0233	2,9531	2,8970	2,7912	2,7129
44,0	3,7240	3,2818	3,1281	3,0761	3,0327	2,9624	2,9063	2,8004	2,7220
45,0	3,7356	3,2916	3,1375	3,0854	3,0419	2,9715	2,9153	2,8093	2,7309
46,0	3,7468	3,3011	3,1466	3,0945	3,0509	2,9804	2,9241	2,8180	2,7395
47,0	3,7577	3,3104	3,1555	3,1032	3,0596	2,9890	2,9326	2,8264	2,7479
48,0	3,7682	3,3194	3,1641	3,1118	3,0681	2,9974	2,9409	2,8347	2,7561
49,0	3,7784	3,3281	3,1726	3,1201	3,0764	3,0055	2,9491	2,8427	2,7641
50,0	3,7883	3,3366	3,1808	3,1282	3,0844	3,0135	2,9570	2,8505	2,7719

10.5 Kritische Werte Jarque-Bera-Test

α	kritischer Wert
0,001	13,8155
0,010	9,2103
0,020	7,8240
0,025	7,3778
0,030	7,0131
0,040	6,4378
0,050	5,9915
0,060	5,6268
0,070	5,3185
0,080	5,0515
0,090	4,8159
0,100	4,6052

10.6 Kritische Werte Kolmogoroff-Smirnov-Test

n \ α	0,001	0,01	0,02	0,05	0,10	0,15	0,20
1		0,99500	0,99000	0,97500	0,95000	0,92500	0,90000
2	0,97764	0,92930	0,90000	0,84189	0,77639	0,72614	0,68377
3	0,92063	0,82900	0,78456	0,70760	0,63604	0,59582	0,56481
4	0,85046	0,73421	0,68887	0,62394	0,56522	0,52476	0,49265
5	0,78137	0,66855	0,62718	0,56327	0,50945	0,47439	0,44697
6	0,72479	0,61660	0,57741	0,51926	0,46799	0,43526	0,41035
7	0,67930	0,57580	0,53844	0,48343	0,43607	0,40497	0,38145
8	0,64098	0,54180	0,50654	0,45427	0,40962	0,38062	0,35828
9	0,60846	0,51330	0,47960	0,43001	0,38746	0,36006	0,33907
10	0,58042	0,48895	0,45662	0,40925	0,36866	0,34250	0,32257
11	0,55588	0,46770	0,43670	0,39122	0,35242	0,32724	0,30826
12	0,53422	0,44905	0,41918	0,37543	0,33815	0,31408	0,29573
13	0,51490	0,43246	0,40362	0,36143	0,32548	0,30233	0,28466
14	0,49753	0,41760	0,38970	0,34890	0,31417	0,29181	0,27477
15	0,48182	0,40420	0,37713	0,33760	0,30397	0,28233	0,26585
16	0,46750	0,39200	0,36571	0,32733	0,29471	0,27372	0,25774
17	0,45440	0,38085	0,35528	0,31796	0,28627	0,26587	0,25035
18	0,44234	0,37063	0,34569	0,30936	0,27851	0,25867	0,24356
19	0,43119	0,36116	0,33685	0,30142	0,27135	0,25202	0,23731
20	0,42085	0,35240	0,32866	0,29407	0,26473	0,24587	0,23152
25	0,37843	0,31656	0,30349	0,26404	0,23767	0,22074	0,20786
30	0,34672	0,28988	0,27704	0,24170	0,21756	0,20207	0,19029
35	0,32187	0,26898	0,25649	0,22424	0,20184	0,18748	0,17655
40	0,30169	0,25188	0,23993	0,21017	0,18939	0,17610	0,16601
45	0,28482	0,23780	0,22621	0,19842	0,17881	0,16626	0,15673
50	0,27051	0,22585	0,21460	0,18845	0,16982	0,15790	0,14886
> 50	$\frac{1,94947}{\sqrt{n}}$	$\frac{1,62762}{\sqrt{n}}$	$\frac{1,51743}{\sqrt{n}}$	$\frac{1,35810}{\sqrt{n}}$	$\frac{1,22385}{\sqrt{n}}$	$\frac{1,13795}{\sqrt{n}}$	$\frac{1,07275}{\sqrt{n}}$

10.7 Student t-Verteilung

Anzahl Freiheits-grade m	Signifikanzniveau α							
	0,01	0,02	0,025	0,03	0,04	0,05	0,075	0,1
1	63,657	31,821	25,452	21,205	15,895	12,706	8,449	6,314
2	9,925	6,965	6,205	5,643	4,849	4,303	3,443	2,920
3	5,841	4,541	4,177	3,896	3,482	3,182	2,681	2,353
4	4,604	3,747	3,495	3,298	2,999	2,776	2,392	2,132
5	4,032	3,365	3,163	3,003	2,757	2,571	2,242	2,015
6	3,707	3,143	2,969	2,829	2,612	2,447	2,151	1,943
7	3,499	2,998	2,841	2,715	2,517	2,365	2,090	1,895
8	3,355	2,896	2,752	2,634	2,449	2,306	2,046	1,860
9	3,250	2,821	2,685	2,574	2,398	2,262	2,013	1,833
10	3,169	2,764	2,634	2,527	2,359	2,228	1,987	1,812
11	3,106	2,718	2,593	2,491	2,328	2,201	1,966	1,796
12	3,055	2,681	2,560	2,461	2,303	2,179	1,949	1,782
13	3,012	2,650	2,533	2,436	2,282	2,160	1,935	1,771
14	2,977	2,624	2,510	2,415	2,264	2,145	1,923	1,761
15	2,947	2,602	2,490	2,397	2,249	2,131	1,913	1,753
16	2,921	2,583	2,473	2,382	2,235	2,120	1,904	1,746
17	2,898	2,567	2,458	2,368	2,224	2,110	1,897	1,740
18	2,878	2,552	2,445	2,356	2,214	2,101	1,890	1,734
19	2,861	2,539	2,433	2,346	2,205	2,093	1,884	1,729
20	2,845	2,528	2,423	2,336	2,197	2,086	1,878	1,725
21	2,831	2,518	2,414	2,328	2,189	2,080	1,873	1,721
22	2,819	2,508	2,405	2,320	2,183	2,074	1,869	1,717
23	2,807	2,500	2,398	2,313	2,177	2,069	1,865	1,714
24	2,797	2,492	2,391	2,307	2,172	2,064	1,861	1,711
25	2,787	2,485	2,385	2,301	2,167	2,060	1,858	1,708
26	2,779	2,479	2,379	2,296	2,162	2,056	1,855	1,706
27	2,771	2,473	2,373	2,291	2,158	2,052	1,852	1,703
28	2,763	2,467	2,368	2,286	2,154	2,048	1,849	1,701
29	2,756	2,462	2,364	2,282	2,150	2,045	1,847	1,699
30	2,750	2,457	2,360	2,278	2,147	2,042	1,845	1,697
31	2,744	2,453	2,356	2,275	2,144	2,040	1,842	1,696
32	2,738	2,449	2,352	2,271	2,141	2,037	1,840	1,694
33	2,733	2,445	2,348	2,268	2,138	2,035	1,839	1,692
34	2,728	2,441	2,345	2,265	2,136	2,032	1,837	1,691
35	2,724	2,438	2,342	2,262	2,133	2,030	1,835	1,690
36	2,719	2,434	2,339	2,260	2,131	2,028	1,834	1,688
37	2,715	2,431	2,336	2,257	2,129	2,026	1,832	1,687
38	2,712	2,429	2,334	2,255	2,127	2,024	1,831	1,686
39	2,708	2,426	2,331	2,252	2,125	2,023	1,829	1,685
40	2,704	2,423	2,329	2,250	2,123	2,021	1,828	1,684
41	2,701	2,421	2,327	2,248	2,121	2,020	1,827	1,683
42	2,698	2,418	2,325	2,246	2,120	2,018	1,826	1,682
43	2,695	2,416	2,323	2,244	2,118	2,017	1,825	1,681
44	2,692	2,414	2,321	2,243	2,116	2,015	1,824	1,680
45	2,690	2,412	2,319	2,241	2,115	2,014	1,823	1,679
46	2,687	2,410	2,317	2,239	2,114	2,013	1,822	1,679
47	2,685	2,408	2,315	2,238	2,112	2,012	1,821	1,678
48	2,682	2,407	2,314	2,237	2,111	2,011	1,820	1,677
49	2,680	2,405	2,312	2,235	2,110	2,010	1,819	1,677
50	2,678	2,403	2,311	2,234	2,109	2,009	1,818	1,676

Anzahl Freiheits-grade m	Signifikanzniveau α							
	0,01	0,02	0,025	0,03	0,04	0,05	0,075	0,1
51	2,676	2,402	2,310	2,233	2,108	2,008	1,818	1,675
52	2,674	2,400	2,308	2,231	2,107	2,007	1,817	1,675
53	2,672	2,399	2,307	2,230	2,106	2,006	1,816	1,674
54	2,670	2,397	2,306	2,229	2,105	2,005	1,816	1,674
55	2,668	2,396	2,304	2,228	2,104	2,004	1,815	1,673
56	2,667	2,395	2,303	2,227	2,103	2,003	1,814	1,673
57	2,665	2,394	2,302	2,226	2,102	2,002	1,814	1,672
58	2,663	2,392	2,301	2,225	2,101	2,002	1,813	1,672
59	2,662	2,391	2,300	2,224	2,100	2,001	1,812	1,671
60	2,660	2,390	2,299	2,223	2,099	2,000	1,812	1,671
61	2,659	2,389	2,298	2,222	2,099	2,000	1,811	1,670
62	2,657	2,388	2,297	2,221	2,098	1,999	1,811	1,670
63	2,656	2,387	2,296	2,220	2,097	1,998	1,810	1,669
64	2,655	2,386	2,295	2,220	2,096	1,998	1,810	1,669
65	2,654	2,385	2,295	2,219	2,096	1,997	1,809	1,669
66	2,652	2,384	2,294	2,218	2,095	1,997	1,809	1,668
67	2,651	2,383	2,293	2,217	2,095	1,996	1,809	1,668
68	2,650	2,382	2,292	2,217	2,094	1,995	1,808	1,668
69	2,649	2,382	2,291	2,216	2,093	1,995	1,808	1,667
70	2,648	2,381	2,291	2,215	2,093	1,994	1,807	1,667
71	2,647	2,380	2,290	2,215	2,092	1,994	1,807	1,667
72	2,646	2,379	2,289	2,214	2,092	1,993	1,807	1,666
73	2,645	2,379	2,289	2,213	2,091	1,993	1,806	1,666
74	2,644	2,378	2,288	2,213	2,091	1,993	1,806	1,666
75	2,643	2,377	2,287	2,212	2,090	1,992	1,806	1,665
76	2,642	2,376	2,287	2,212	2,090	1,992	1,805	1,665
77	2,641	2,376	2,286	2,211	2,089	1,991	1,805	1,665
78	2,640	2,375	2,285	2,211	2,089	1,991	1,805	1,665
79	2,640	2,374	2,285	2,210	2,088	1,990	1,804	1,664
80	2,639	2,374	2,284	2,209	2,088	1,990	1,804	1,664
81	2,638	2,373	2,284	2,209	2,087	1,990	1,804	1,664
82	2,637	2,373	2,283	2,209	2,087	1,989	1,803	1,664
83	2,636	2,372	2,283	2,208	2,087	1,989	1,803	1,663
84	2,636	2,372	2,282	2,208	2,086	1,989	1,803	1,663
85	2,635	2,371	2,282	2,207	2,086	1,988	1,803	1,663
86	2,634	2,370	2,281	2,207	2,085	1,988	1,802	1,663
87	2,634	2,370	2,281	2,206	2,085	1,988	1,802	1,663
88	2,633	2,369	2,280	2,206	2,085	1,987	1,802	1,662
89	2,632	2,369	2,280	2,205	2,084	1,987	1,802	1,662
90	2,632	2,368	2,280	2,205	2,084	1,987	1,801	1,662
91	2,631	2,368	2,279	2,205	2,084	1,986	1,801	1,662
92	2,630	2,368	2,279	2,204	2,083	1,986	1,801	1,662
93	2,630	2,367	2,278	2,204	2,083	1,986	1,801	1,661
94	2,629	2,367	2,278	2,204	2,083	1,986	1,800	1,661
95	2,629	2,366	2,277	2,203	2,082	1,985	1,800	1,661
96	2,628	2,366	2,277	2,203	2,082	1,985	1,800	1,661
97	2,627	2,365	2,277	2,202	2,082	1,985	1,800	1,661
98	2,627	2,365	2,276	2,202	2,081	1,984	1,800	1,661
99	2,626	2,365	2,276	2,202	2,081	1,984	1,799	1,660
100	2,626	2,364	2,276	2,201	2,081	1,984	1,799	1,660

Anzahl Freiheits-grade m	Signifikanzniveau α							
	0,01	0,02	0,025	0,03	0,04	0,05	0,075	0,1
110	2,621	2,361	2,272	2,199	2,078	1,982	1,797	1,659
120	2,617	2,358	2,270	2,196	2,076	1,980	1,796	1,658
130	2,614	2,355	2,268	2,194	2,075	1,978	1,795	1,657
140	2,611	2,353	2,266	2,192	2,073	1,977	1,794	1,656
150	2,609	2,351	2,264	2,191	2,072	1,976	1,793	1,655
160	2,607	2,350	2,263	2,190	2,071	1,975	1,792	1,654
170	2,605	2,348	2,261	2,188	2,070	1,974	1,791	1,654
180	2,603	2,347	2,260	2,187	2,069	1,973	1,791	1,653
190	2,602	2,346	2,259	2,187	2,068	1,973	1,790	1,653
200	2,601	2,345	2,258	2,186	2,067	1,972	1,790	1,653
210	2,599	2,344	2,258	2,185	2,067	1,971	1,789	1,652
220	2,598	2,343	2,257	2,184	2,066	1,971	1,789	1,652
230	2,597	2,343	2,256	2,184	2,065	1,970	1,789	1,652
240	2,596	2,342	2,256	2,183	2,065	1,970	1,788	1,651
250	2,596	2,341	2,255	2,183	2,065	1,969	1,788	1,651
260	2,595	2,341	2,254	2,182	2,064	1,969	1,788	1,651
270	2,594	2,340	2,254	2,182	2,064	1,969	1,787	1,651
280	2,594	2,340	2,254	2,181	2,063	1,968	1,787	1,650
290	2,593	2,339	2,253	2,181	2,063	1,968	1,787	1,650
300	2,592	2,339	2,253	2,180	2,063	1,968	1,787	1,650
310	2,592	2,338	2,252	2,180	2,062	1,968	1,786	1,650
320	2,591	2,338	2,252	2,180	2,062	1,967	1,786	1,650
330	2,591	2,338	2,252	2,180	2,062	1,967	1,786	1,649
340	2,590	2,337	2,251	2,179	2,062	1,967	1,786	1,649
350	2,590	2,337	2,251	2,179	2,061	1,967	1,786	1,649
360	2,590	2,337	2,251	2,179	2,061	1,967	1,786	1,649
370	2,589	2,336	2,251	2,178	2,061	1,966	1,785	1,649
380	2,589	2,336	2,250	2,178	2,061	1,966	1,785	1,649
390	2,588	2,336	2,250	2,178	2,061	1,966	1,785	1,649
400	2,588	2,336	2,250	2,178	2,060	1,966	1,785	1,649
410	2,588	2,335	2,250	2,178	2,060	1,966	1,785	1,649
420	2,588	2,335	2,249	2,177	2,060	1,966	1,785	1,648
430	2,587	2,335	2,249	2,177	2,060	1,965	1,785	1,648
440	2,587	2,335	2,249	2,177	2,060	1,965	1,785	1,648
450	2,587	2,335	2,249	2,177	2,060	1,965	1,785	1,648
460	2,587	2,334	2,249	2,177	2,060	1,965	1,785	1,648
470	2,586	2,334	2,249	2,177	2,059	1,965	1,784	1,648
480	2,586	2,334	2,248	2,177	2,059	1,965	1,784	1,648
490	2,586	2,334	2,248	2,176	2,059	1,965	1,784	1,648
500	2,586	2,334	2,248	2,176	2,059	1,965	1,784	1,648
510	2,586	2,334	2,248	2,176	2,059	1,965	1,784	1,648
520	2,585	2,334	2,248	2,176	2,059	1,965	1,784	1,648
530	2,585	2,333	2,248	2,176	2,059	1,964	1,784	1,648
540	2,585	2,333	2,248	2,176	2,059	1,964	1,784	1,648
550	2,585	2,333	2,248	2,176	2,059	1,964	1,784	1,648
560	2,585	2,333	2,247	2,176	2,059	1,964	1,784	1,648
570	2,584	2,333	2,247	2,176	2,058	1,964	1,784	1,648
580	2,584	2,333	2,247	2,175	2,058	1,964	1,784	1,647
590	2,584	2,333	2,247	2,175	2,058	1,964	1,784	1,647
600	2,584	2,333	2,247	2,175	2,058	1,964	1,784	1,647

Anzahl Freiheits-grade m	Signifikanzniveau α							
	0,01	0,02	0,025	0,03	0,04	0,05	0,075	0,1
700	2,583	2,332	2,246	2,175	2,058	1,963	1,783	1,647
800	2,582	2,331	2,246	2,174	2,057	1,963	1,783	1,647
900	2,581	2,330	2,245	2,174	2,057	1,963	1,783	1,647
1.000	2,581	2,330	2,245	2,173	2,056	1,962	1,782	1,646
1.100	2,580	2,330	2,244	2,173	2,056	1,962	1,782	1,646
1.200	2,580	2,329	2,244	2,173	2,056	1,962	1,782	1,646
1.300	2,580	2,329	2,244	2,172	2,056	1,962	1,782	1,646
1.400	2,579	2,329	2,244	2,172	2,056	1,962	1,782	1,646
1.500	2,579	2,329	2,244	2,172	2,056	1,962	1,782	1,646
1.600	2,579	2,329	2,244	2,172	2,055	1,961	1,782	1,646
1.700	2,579	2,329	2,243	2,172	2,055	1,961	1,782	1,646
1.800	2,579	2,328	2,243	2,172	2,055	1,961	1,781	1,646
1.900	2,578	2,328	2,243	2,172	2,055	1,961	1,781	1,646
2.000	2,578	2,328	2,243	2,172	2,055	1,961	1,781	1,646
2.100	2,578	2,328	2,243	2,172	2,055	1,961	1,781	1,646
2.200	2,578	2,328	2,243	2,171	2,055	1,961	1,781	1,646
2.300	2,578	2,328	2,243	2,171	2,055	1,961	1,781	1,646
2.400	2,578	2,328	2,243	2,171	2,055	1,961	1,781	1,645
2.500	2,578	2,328	2,243	2,171	2,055	1,961	1,781	1,645
2.600	2,578	2,328	2,243	2,171	2,055	1,961	1,781	1,645
2.700	2,578	2,328	2,243	2,171	2,055	1,961	1,781	1,645
2.800	2,578	2,328	2,243	2,171	2,055	1,961	1,781	1,645
2.900	2,578	2,328	2,243	2,171	2,055	1,961	1,781	1,645
3.000	2,577	2,328	2,243	2,171	2,055	1,961	1,781	1,645
3.100	2,577	2,328	2,242	2,171	2,055	1,961	1,781	1,645
3.200	2,577	2,328	2,242	2,171	2,055	1,961	1,781	1,645
3.300	2,577	2,327	2,242	2,171	2,055	1,961	1,781	1,645
3.400	2,577	2,327	2,242	2,171	2,055	1,961	1,781	1,645
3.500	2,577	2,327	2,242	2,171	2,055	1,961	1,781	1,645
3.600	2,577	2,327	2,242	2,171	2,054	1,961	1,781	1,645
3.700	2,577	2,327	2,242	2,171	2,054	1,961	1,781	1,645
3.800	2,577	2,327	2,242	2,171	2,054	1,961	1,781	1,645
3.900	2,577	2,327	2,242	2,171	2,054	1,961	1,781	1,645
4.000	2,577	2,327	2,242	2,171	2,054	1,961	1,781	1,645
4.100	2,577	2,327	2,242	2,171	2,054	1,961	1,781	1,645
4.200	2,577	2,327	2,242	2,171	2,054	1,961	1,781	1,645
4.300	2,577	2,327	2,242	2,171	2,054	1,961	1,781	1,645
4.400	2,577	2,327	2,242	2,171	2,054	1,961	1,781	1,645
4.500	2,577	2,327	2,242	2,171	2,054	1,960	1,781	1,645
4.600	2,577	2,327	2,242	2,171	2,054	1,960	1,781	1,645
4.700	2,577	2,327	2,242	2,171	2,054	1,960	1,781	1,645
4.800	2,577	2,327	2,242	2,171	2,054	1,960	1,781	1,645
4.900	2,577	2,327	2,242	2,171	2,054	1,960	1,781	1,645
5.000	2,577	2,327	2,242	2,171	2,054	1,960	1,781	1,645
6.000	2,577	2,327	2,242	2,171	2,054	1,960	1,781	1,645
7.000	2,577	2,327	2,242	2,171	2,054	1,960	1,781	1,645
8.000	2,576	2,327	2,242	2,170	2,054	1,960	1,781	1,645
9.000	2,576	2,327	2,242	2,170	2,054	1,960	1,781	1,645
10.000	2,576	2,327	2,242	2,170	2,054	1,960	1,781	1,645
20.000	2,576	2,327	2,242	2,170	2,054	1,960	1,781	1,645

10.8 F-Verteilung

							Signifikanzniveau α:	0,01
n-k \ k-1	1	2	3	4	5	6	7	8
1	4.052,181	4.999,500	5.403,352	5.624,583	5.763,650	5.858,986	5.928,356	5.981,070
2	98,503	99,000	99,166	99,249	99,299	99,333	99,356	99,374
3	34,116	30,817	29,457	28,710	28,237	27,911	27,672	27,489
4	21,198	18,000	16,694	15,977	15,522	15,207	14,976	14,799
5	16,258	13,274	12,060	11,392	10,967	10,672	10,456	10,289
6	13,745	10,925	9,780	9,148	8,746	8,466	8,260	8,102
7	12,246	9,547	8,451	7,847	7,460	7,191	6,993	6,840
8	11,259	8,649	7,591	7,006	6,632	6,371	6,178	6,029
9	10,561	8,022	6,992	6,422	6,057	5,802	5,613	5,467
10	10,044	7,559	6,552	5,994	5,636	5,386	5,200	5,057
11	9,646	7,206	6,217	5,668	5,316	5,069	4,886	4,744
12	9,330	6,927	5,953	5,412	5,064	4,821	4,640	4,499
13	9,074	6,701	5,739	5,205	4,862	4,620	4,441	4,302
14	8,862	6,515	5,564	5,035	4,695	4,456	4,278	4,140
15	8,683	6,359	5,417	4,893	4,556	4,318	4,142	4,004
16	8,531	6,226	5,292	4,773	4,437	4,202	4,026	3,890
17	8,400	6,112	5,185	4,669	4,336	4,102	3,927	3,791
18	8,285	6,013	5,092	4,579	4,248	4,015	3,841	3,705
19	8,185	5,926	5,010	4,500	4,171	3,939	3,765	3,631
20	8,096	5,849	4,938	4,431	4,103	3,871	3,699	3,564
21	8,017	5,780	4,874	4,369	4,042	3,812	3,640	3,506
22	7,945	5,719	4,817	4,313	3,988	3,758	3,587	3,453
23	7,881	5,664	4,765	4,264	3,939	3,710	3,539	3,406
24	7,823	5,614	4,718	4,218	3,895	3,667	3,496	3,363
25	7,770	5,568	4,675	4,177	3,855	3,627	3,457	3,324
26	7,721	5,526	4,637	4,140	3,818	3,591	3,421	3,288
27	7,677	5,488	4,601	4,106	3,785	3,558	3,388	3,256
28	7,636	5,453	4,568	4,074	3,754	3,528	3,358	3,226
29	7,598	5,420	4,538	4,045	3,725	3,499	3,330	3,198
30	7,562	5,390	4,510	4,018	3,699	3,473	3,304	3,173
31	7,530	5,362	4,484	3,993	3,675	3,449	3,281	3,149
32	7,499	5,336	4,459	3,969	3,652	3,427	3,258	3,127
33	7,471	5,312	4,437	3,948	3,630	3,406	3,238	3,106
34	7,444	5,289	4,416	3,927	3,611	3,386	3,218	3,087
35	7,419	5,268	4,396	3,908	3,592	3,368	3,200	3,069
36	7,396	5,248	4,377	3,890	3,574	3,351	3,183	3,052
37	7,373	5,229	4,360	3,873	3,558	3,334	3,167	3,036
38	7,353	5,211	4,343	3,858	3,542	3,319	3,152	3,021
39	7,333	5,194	4,327	3,843	3,528	3,305	3,137	3,006
40	7,314	5,179	4,313	3,828	3,514	3,291	3,124	2,993
41	7,296	5,163	4,299	3,815	3,501	3,278	3,111	2,980
42	7,280	5,149	4,285	3,802	3,488	3,266	3,099	2,968
43	7,264	5,136	4,273	3,790	3,476	3,254	3,087	2,957
44	7,248	5,123	4,261	3,778	3,465	3,243	3,076	2,946
45	7,234	5,110	4,249	3,767	3,454	3,232	3,066	2,935
46	7,220	5,099	4,238	3,757	3,444	3,222	3,056	2,925
47	7,207	5,087	4,228	3,747	3,434	3,213	3,046	2,916
48	7,194	5,077	4,218	3,737	3,425	3,204	3,037	2,907
49	7,182	5,066	4,208	3,728	3,416	3,195	3,028	2,898
50	7,171	5,057	4,199	3,720	3,408	3,186	3,020	2,890

						Signifikanzniveau α:		0,01
k-1 / n-k	1	2	3	4	5	6	7	8
60	7,077	4,977	4,126	3,649	3,339	3,119	2,953	2,823
70	7,011	4,922	4,074	3,600	3,291	3,071	2,906	2,777
80	6,963	4,881	4,036	3,563	3,255	3,036	2,871	2,742
90	6,925	4,849	4,007	3,535	3,228	3,009	2,845	2,715
100	6,895	4,824	3,984	3,513	3,206	2,988	2,823	2,694
110	6,871	4,803	3,965	3,495	3,188	2,970	2,806	2,677
120	6,851	4,787	3,949	3,480	3,174	2,956	2,792	2,663
130	6,834	4,772	3,936	3,467	3,161	2,944	2,780	2,651
140	6,819	4,760	3,925	3,456	3,151	2,933	2,769	2,641
150	6,807	4,749	3,915	3,447	3,142	2,924	2,761	2,632
160	6,796	4,740	3,906	3,439	3,134	2,917	2,753	2,624
170	6,786	4,732	3,899	3,431	3,127	2,910	2,746	2,617
180	6,778	4,725	3,892	3,425	3,120	2,904	2,740	2,611
190	6,770	4,719	3,886	3,419	3,115	2,898	2,735	2,606
200	6,763	4,713	3,881	3,414	3,110	2,893	2,730	2,601
210	6,757	4,708	3,876	3,410	3,105	2,889	2,725	2,597
220	6,751	4,703	3,872	3,406	3,101	2,885	2,721	2,593
230	6,746	4,699	3,868	3,402	3,098	2,881	2,718	2,589
240	6,742	4,695	3,864	3,398	3,094	2,878	2,714	2,586
250	6,737	4,691	3,861	3,395	3,091	2,875	2,711	2,583
260	6,733	4,688	3,858	3,392	3,088	2,872	2,709	2,580
270	6,730	4,685	3,855	3,389	3,086	2,869	2,706	2,578
280	6,726	4,682	3,852	3,387	3,083	2,867	2,704	2,575
290	6,723	4,679	3,850	3,384	3,081	2,865	2,701	2,573
300	6,720	4,677	3,848	3,382	3,079	2,862	2,699	2,571
310	6,717	4,674	3,845	3,380	3,077	2,861	2,697	2,569
320	6,715	4,672	3,843	3,378	3,075	2,859	2,695	2,567
330	6,712	4,670	3,841	3,376	3,073	2,857	2,694	2,565
340	6,710	4,668	3,840	3,375	3,071	2,855	2,692	2,564
350	6,708	4,666	3,838	3,373	3,070	2,854	2,691	2,562
360	6,706	4,665	3,836	3,372	3,068	2,852	2,689	2,561
370	6,704	4,663	3,835	3,370	3,067	2,851	2,688	2,560
380	6,702	4,661	3,834	3,369	3,066	2,850	2,687	2,558
390	6,700	4,660	3,832	3,368	3,064	2,848	2,685	2,557
400	6,699	4,659	3,831	3,366	3,063	2,847	2,684	2,556
500	6,686	4,648	3,821	3,357	3,054	2,838	2,675	2,547
600	6,677	4,641	3,814	3,351	3,048	2,832	2,669	2,541
700	6,671	4,636	3,810	3,346	3,043	2,828	2,665	2,537
800	6,667	4,632	3,806	3,343	3,040	2,825	2,662	2,533
900	6,663	4,629	3,803	3,340	3,038	2,822	2,659	2,531
1.000	6,660	4,626	3,801	3,338	3,036	2,820	2,657	2,529
2.000	6,648	4,616	3,791	3,329	3,026	2,811	2,648	2,520
3.000	6,643	4,612	3,788	3,325	3,023	2,808	2,645	2,517
4.000	6,641	4,610	3,787	3,324	3,022	2,806	2,644	2,516
5.000	6,640	4,609	3,786	3,323	3,021	2,806	2,643	2,515
6.000	6,639	4,609	3,785	3,322	3,020	2,805	2,642	2,514
7.000	6,639	4,608	3,784	3,322	3,020	2,805	2,642	2,514
8.000	6,638	4,608	3,784	3,322	3,020	2,804	2,642	2,513
9.000	6,638	4,608	3,784	3,321	3,019	2,804	2,641	2,513
10.000	6,637	4,607	3,784	3,321	3,019	2,804	2,641	2,513

						Signifikanzniveau α:		0,02
n-k \ k-1	1	2	3	4	5	6	7	8
1	1.012,545	1.249,500	1.350,505	1.405,833	1.440,612	1.464,455	1.481,803	1.494,986
2	48,505	49,000	49,166	49,249	49,299	49,332	49,356	49,373
3	20,618	18,858	18,110	17,694	17,429	17,245	17,110	17,007
4	14,040	12,142	11,344	10,899	10,616	10,419	10,274	10,162
5	11,323	9,454	8,670	8,233	7,953	7,758	7,614	7,503
6	9,876	8,052	7,287	6,859	6,585	6,393	6,251	6,141
7	8,988	7,203	6,454	6,035	5,765	5,576	5,435	5,327
8	8,389	6,637	5,901	5,489	5,223	5,036	4,897	4,790
9	7,961	6,234	5,510	5,103	4,840	4,654	4,517	4,410
10	7,638	5,934	5,218	4,816	4,555	4,371	4,235	4,129
11	7,388	5,701	4,993	4,594	4,336	4,153	4,017	3,912
12	7,188	5,516	4,814	4,419	4,162	3,980	3,845	3,740
13	7,024	5,366	4,669	4,276	4,020	3,840	3,705	3,600
14	6,888	5,241	4,549	4,158	3,904	3,724	3,589	3,485
15	6,773	5,135	4,447	4,058	3,805	3,626	3,492	3,387
16	6,674	5,046	4,361	3,974	3,721	3,543	3,409	3,304
17	6,589	4,968	4,286	3,901	3,649	3,471	3,337	3,233
18	6,515	4,900	4,221	3,837	3,586	3,408	3,275	3,171
19	6,449	4,840	4,164	3,781	3,531	3,353	3,220	3,116
20	6,391	4,788	4,113	3,731	3,482	3,304	3,171	3,067
21	6,339	4,740	4,068	3,687	3,438	3,261	3,128	3,024
22	6,292	4,698	4,028	3,647	3,399	3,222	3,089	2,985
23	6,249	4,660	3,991	3,611	3,363	3,187	3,054	2,950
24	6,211	4,625	3,958	3,579	3,331	3,155	3,022	2,919
25	6,176	4,593	3,928	3,549	3,302	3,126	2,993	2,890
26	6,144	4,564	3,900	3,522	3,275	3,099	2,967	2,863
27	6,114	4,538	3,874	3,498	3,251	3,075	2,943	2,839
28	6,087	4,513	3,851	3,475	3,228	3,052	2,920	2,817
29	6,062	4,491	3,829	3,453	3,207	3,032	2,899	2,796
30	6,038	4,470	3,809	3,434	3,188	3,012	2,880	2,777
31	6,016	4,450	3,791	3,416	3,170	2,995	2,862	2,759
32	5,996	4,432	3,773	3,399	3,153	2,978	2,846	2,742
33	5,977	4,415	3,757	3,383	3,137	2,962	2,830	2,727
34	5,959	4,399	3,742	3,368	3,123	2,948	2,816	2,712
35	5,942	4,384	3,727	3,354	3,109	2,934	2,802	2,699
36	5,927	4,370	3,714	3,341	3,096	2,921	2,789	2,686
37	5,912	4,356	3,701	3,328	3,084	2,909	2,777	2,674
38	5,898	4,344	3,689	3,317	3,072	2,898	2,766	2,662
39	5,885	4,332	3,678	3,306	3,061	2,887	2,755	2,652
40	5,872	4,321	3,667	3,295	3,051	2,877	2,745	2,641
41	5,860	4,310	3,657	3,285	3,041	2,867	2,735	2,632
42	5,849	4,300	3,648	3,276	3,032	2,858	2,726	2,623
43	5,838	4,291	3,639	3,267	3,023	2,849	2,717	2,614
44	5,828	4,281	3,630	3,259	3,015	2,841	2,709	2,606
45	5,818	4,273	3,622	3,251	3,007	2,833	2,701	2,598
46	5,809	4,264	3,614	3,243	2,999	2,825	2,694	2,590
47	5,800	4,256	3,606	3,236	2,992	2,818	2,686	2,583
48	5,792	4,249	3,599	3,229	2,985	2,811	2,679	2,576
49	5,784	4,242	3,592	3,222	2,978	2,804	2,673	2,569
50	5,776	4,235	3,585	3,215	2,972	2,798	2,667	2,563

						Signifikanzniveau α:		0,02
n-k \ k-1	1	2	3	4	5	6	7	8
60	5,713	4,179	3,532	3,163	2,921	2,747	2,616	2,512
70	5,668	4,139	3,494	3,127	2,885	2,711	2,580	2,476
80	5,635	4,110	3,467	3,100	2,858	2,685	2,553	2,450
90	5,610	4,087	3,445	3,079	2,837	2,664	2,533	2,429
100	5,590	4,069	3,428	3,062	2,821	2,648	2,517	2,413
110	5,573	4,055	3,414	3,048	2,807	2,634	2,503	2,400
120	5,559	4,042	3,403	3,037	2,796	2,623	2,492	2,389
130	5,548	4,032	3,393	3,028	2,787	2,614	2,483	2,380
140	5,538	4,023	3,385	3,020	2,779	2,606	2,475	2,372
150	5,529	4,016	3,378	3,013	2,772	2,599	2,468	2,365
160	5,522	4,009	3,371	3,007	2,766	2,593	2,462	2,359
170	5,515	4,003	3,366	3,001	2,761	2,588	2,457	2,354
180	5,510	3,998	3,361	2,997	2,756	2,584	2,452	2,349
190	5,504	3,994	3,357	2,992	2,752	2,579	2,448	2,345
200	5,500	3,990	3,353	2,988	2,748	2,576	2,445	2,341
210	5,495	3,986	3,349	2,985	2,745	2,572	2,441	2,338
220	5,492	3,982	3,346	2,982	2,742	2,569	2,438	2,335
230	5,488	3,979	3,343	2,979	2,739	2,566	2,435	2,332
240	5,485	3,976	3,340	2,976	2,736	2,564	2,433	2,329
250	5,482	3,974	3,338	2,974	2,734	2,561	2,430	2,327
260	5,479	3,971	3,335	2,972	2,732	2,559	2,428	2,325
270	5,477	3,969	3,333	2,970	2,730	2,557	2,426	2,323
280	5,474	3,967	3,331	2,968	2,728	2,555	2,424	2,321
290	5,472	3,965	3,330	2,966	2,726	2,554	2,423	2,319
300	5,470	3,963	3,328	2,964	2,724	2,552	2,421	2,318
310	5,468	3,962	3,326	2,963	2,723	2,551	2,420	2,316
320	5,467	3,960	3,325	2,961	2,721	2,549	2,418	2,315
330	5,465	3,959	3,323	2,960	2,720	2,548	2,417	2,313
340	5,463	3,957	3,322	2,959	2,719	2,547	2,416	2,312
350	5,462	3,956	3,321	2,958	2,718	2,545	2,414	2,311
360	5,460	3,955	3,320	2,956	2,717	2,544	2,413	2,310
370	5,459	3,954	3,319	2,955	2,716	2,543	2,412	2,309
380	5,458	3,953	3,318	2,954	2,715	2,542	2,411	2,308
390	5,457	3,952	3,317	2,953	2,714	2,541	2,410	2,307
400	5,456	3,951	3,316	2,952	2,713	2,540	2,409	2,306
500	5,447	3,943	3,308	2,945	2,706	2,533	2,402	2,299
600	5,441	3,938	3,303	2,941	2,701	2,529	2,398	2,294
700	5,437	3,934	3,300	2,937	2,698	2,525	2,394	2,291
800	5,434	3,931	3,297	2,935	2,695	2,523	2,392	2,288
900	5,431	3,929	3,295	2,933	2,693	2,521	2,390	2,286
1.000	5,429	3,927	3,294	2,931	2,692	2,519	2,388	2,285
2.000	5,421	3,920	3,286	2,924	2,685	2,512	2,382	2,278
3.000	5,418	3,917	3,284	2,922	2,682	2,510	2,379	2,276
4.000	5,416	3,916	3,283	2,920	2,681	2,509	2,378	2,274
5.000	5,415	3,915	3,282	2,920	2,680	2,508	2,377	2,274
6.000	5,415	3,915	3,282	2,919	2,680	2,508	2,377	2,273
7.000	5,414	3,914	3,281	2,919	2,680	2,508	2,377	2,273
8.000	5,414	3,914	3,281	2,919	2,679	2,507	2,376	2,273
9.000	5,414	3,914	3,281	2,919	2,679	2,507	2,376	2,273
10.000	5,414	3,914	3,281	2,918	2,679	2,507	2,376	2,272

						Signifikanzniveau α:		0,05
n-k \ k-1	1	2	3	4	5	6	7	8
1	161,448	199,500	215,707	224,583	230,162	233,986	236,768	238,883
2	18,513	19,000	19,164	19,247	19,296	19,330	19,353	19,371
3	10,128	9,552	9,277	9,117	9,013	8,941	8,887	8,845
4	7,709	6,944	6,591	6,388	6,256	6,163	6,094	6,041
5	6,608	5,786	5,409	5,192	5,050	4,950	4,876	4,818
6	5,987	5,143	4,757	4,534	4,387	4,284	4,207	4,147
7	5,591	4,737	4,347	4,120	3,972	3,866	3,787	3,726
8	5,318	4,459	4,066	3,838	3,687	3,581	3,500	3,438
9	5,117	4,256	3,863	3,633	3,482	3,374	3,293	3,230
10	4,965	4,103	3,708	3,478	3,326	3,217	3,135	3,072
11	4,844	3,982	3,587	3,357	3,204	3,095	3,012	2,948
12	4,747	3,885	3,490	3,259	3,106	2,996	2,913	2,849
13	4,667	3,806	3,411	3,179	3,025	2,915	2,832	2,767
14	4,600	3,739	3,344	3,112	2,958	2,848	2,764	2,699
15	4,543	3,682	3,287	3,056	2,901	2,790	2,707	2,641
16	4,494	3,634	3,239	3,007	2,852	2,741	2,657	2,591
17	4,451	3,592	3,197	2,965	2,810	2,699	2,614	2,548
18	4,414	3,555	3,160	2,928	2,773	2,661	2,577	2,510
19	4,381	3,522	3,127	2,895	2,740	2,628	2,544	2,477
20	4,351	3,493	3,098	2,866	2,711	2,599	2,514	2,447
21	4,325	3,467	3,072	2,840	2,685	2,573	2,488	2,420
22	4,301	3,443	3,049	2,817	2,661	2,549	2,464	2,397
23	4,279	3,422	3,028	2,796	2,640	2,528	2,442	2,375
24	4,260	3,403	3,009	2,776	2,621	2,508	2,423	2,355
25	4,242	3,385	2,991	2,759	2,603	2,490	2,405	2,337
26	4,225	3,369	2,975	2,743	2,587	2,474	2,388	2,321
27	4,210	3,354	2,960	2,728	2,572	2,459	2,373	2,305
28	4,196	3,340	2,947	2,714	2,558	2,445	2,359	2,291
29	4,183	3,328	2,934	2,701	2,545	2,432	2,346	2,278
30	4,171	3,316	2,922	2,690	2,534	2,421	2,334	2,266
31	4,160	3,305	2,911	2,679	2,523	2,409	2,323	2,255
32	4,149	3,295	2,901	2,668	2,512	2,399	2,313	2,244
33	4,139	3,285	2,892	2,659	2,503	2,389	2,303	2,235
34	4,130	3,276	2,883	2,650	2,494	2,380	2,294	2,225
35	4,121	3,267	2,874	2,641	2,485	2,372	2,285	2,217
36	4,113	3,259	2,866	2,634	2,477	2,364	2,277	2,209
37	4,105	3,252	2,859	2,626	2,470	2,356	2,270	2,201
38	4,098	3,245	2,852	2,619	2,463	2,349	2,262	2,194
39	4,091	3,238	2,845	2,612	2,456	2,342	2,255	2,187
40	4,085	3,232	2,839	2,606	2,449	2,336	2,249	2,180
41	4,079	3,226	2,833	2,600	2,443	2,330	2,243	2,174
42	4,073	3,220	2,827	2,594	2,438	2,324	2,237	2,168
43	4,067	3,214	2,822	2,589	2,432	2,318	2,232	2,163
44	4,062	3,209	2,816	2,584	2,427	2,313	2,226	2,157
45	4,057	3,204	2,812	2,579	2,422	2,308	2,221	2,152
46	4,052	3,200	2,807	2,574	2,417	2,304	2,216	2,147
47	4,047	3,195	2,802	2,570	2,413	2,299	2,212	2,143
48	4,043	3,191	2,798	2,565	2,409	2,295	2,207	2,138
49	4,038	3,187	2,794	2,561	2,404	2,290	2,203	2,134
50	4,034	3,183	2,790	2,557	2,400	2,286	2,199	2,130

						Signifikanzniveau α:		0,05
k-1 / n-k	1	2	3	4	5	6	7	8
60	4,001	3,150	2,758	2,525	2,368	2,254	2,167	2,097
70	3,978	3,128	2,736	2,503	2,346	2,231	2,143	2,074
80	3,960	3,111	2,719	2,486	2,329	2,214	2,126	2,056
90	3,947	3,098	2,706	2,473	2,316	2,201	2,113	2,043
100	3,936	3,087	2,696	2,463	2,305	2,191	2,103	2,032
110	3,927	3,079	2,687	2,454	2,297	2,182	2,094	2,024
120	3,920	3,072	2,680	2,447	2,290	2,175	2,087	2,016
130	3,914	3,066	2,674	2,441	2,284	2,169	2,081	2,010
140	3,909	3,061	2,669	2,436	2,279	2,164	2,076	2,005
150	3,904	3,056	2,665	2,432	2,274	2,160	2,071	2,001
160	3,900	3,053	2,661	2,428	2,271	2,156	2,067	1,997
170	3,897	3,049	2,658	2,425	2,267	2,152	2,064	1,993
180	3,894	3,046	2,655	2,422	2,264	2,149	2,061	1,990
190	3,891	3,043	2,652	2,419	2,262	2,147	2,058	1,987
200	3,888	3,041	2,650	2,417	2,259	2,144	2,056	1,985
210	3,886	3,039	2,648	2,415	2,257	2,142	2,053	1,983
220	3,884	3,037	2,646	2,413	2,255	2,140	2,051	1,981
230	3,882	3,035	2,644	2,411	2,253	2,138	2,050	1,979
240	3,880	3,033	2,642	2,409	2,252	2,136	2,048	1,977
250	3,879	3,032	2,641	2,408	2,250	2,135	2,046	1,976
260	3,877	3,031	2,639	2,406	2,249	2,134	2,045	1,974
270	3,876	3,029	2,638	2,405	2,247	2,132	2,044	1,973
280	3,875	3,028	2,637	2,404	2,246	2,131	2,042	1,972
290	3,874	3,027	2,636	2,403	2,245	2,130	2,041	1,970
300	3,873	3,026	2,635	2,402	2,244	2,129	2,040	1,969
310	3,872	3,025	2,634	2,401	2,243	2,128	2,039	1,968
320	3,871	3,024	2,633	2,400	2,242	2,127	2,038	1,967
330	3,870	3,023	2,632	2,399	2,241	2,126	2,037	1,966
340	3,869	3,022	2,631	2,398	2,241	2,125	2,037	1,966
350	3,868	3,022	2,630	2,397	2,240	2,125	2,036	1,965
360	3,867	3,021	2,630	2,397	2,239	2,124	2,035	1,964
370	3,867	3,020	2,629	2,396	2,238	2,123	2,034	1,963
380	3,866	3,019	2,628	2,395	2,238	2,122	2,034	1,963
390	3,865	3,019	2,628	2,395	2,237	2,122	2,033	1,962
400	3,865	3,018	2,627	2,394	2,237	2,121	2,032	1,962
500	3,860	3,014	2,623	2,390	2,232	2,117	2,028	1,957
600	3,857	3,011	2,620	2,387	2,229	2,114	2,025	1,954
700	3,855	3,009	2,618	2,385	2,227	2,112	2,023	1,952
800	3,853	3,007	2,616	2,383	2,225	2,110	2,021	1,950
900	3,852	3,006	2,615	2,382	2,224	2,109	2,020	1,949
1.000	3,851	3,005	2,614	2,381	2,223	2,108	2,019	1,948
2.000	3,846	3,000	2,609	2,376	2,219	2,103	2,014	1,943
3.000	3,845	2,999	2,608	2,375	2,217	2,102	2,013	1,941
4.000	3,844	2,998	2,607	2,374	2,216	2,101	2,012	1,941
5.000	3,843	2,998	2,607	2,374	2,216	2,100	2,011	1,940
6.000	3,843	2,997	2,606	2,373	2,216	2,100	2,011	1,940
7.000	3,843	2,997	2,606	2,373	2,215	2,100	2,011	1,940
8.000	3,843	2,997	2,606	2,373	2,215	2,100	2,011	1,940
9.000	3,842	2,997	2,606	2,373	2,215	2,100	2,011	1,939
10.000	3,842	2,997	2,606	2,373	2,215	2,099	2,011	1,939

						Signifikanzniveau α:		0,1
k-1 / n-k	1	2	3	4	5	6	7	8
1	39,863	49,500	53,593	55,833	57,240	58,204	58,906	59,439
2	8,526	9,000	9,162	9,243	9,293	9,326	9,349	9,367
3	5,538	5,462	5,391	5,343	5,309	5,285	5,266	5,252
4	4,545	4,325	4,191	4,107	4,051	4,010	3,979	3,955
5	4,060	3,780	3,619	3,520	3,453	3,405	3,368	3,339
6	3,776	3,463	3,289	3,181	3,108	3,055	3,014	2,983
7	3,589	3,257	3,074	2,961	2,883	2,827	2,785	2,752
8	3,458	3,113	2,924	2,806	2,726	2,668	2,624	2,589
9	3,360	3,006	2,813	2,693	2,611	2,551	2,505	2,469
10	3,285	2,924	2,728	2,605	2,522	2,461	2,414	2,377
11	3,225	2,860	2,660	2,536	2,451	2,389	2,342	2,304
12	3,177	2,807	2,606	2,480	2,394	2,331	2,283	2,245
13	3,136	2,763	2,560	2,434	2,347	2,283	2,234	2,195
14	3,102	2,726	2,522	2,395	2,307	2,243	2,193	2,154
15	3,073	2,695	2,490	2,361	2,273	2,208	2,158	2,119
16	3,048	2,668	2,462	2,333	2,244	2,178	2,128	2,088
17	3,026	2,645	2,437	2,308	2,218	2,152	2,102	2,061
18	3,007	2,624	2,416	2,286	2,196	2,130	2,079	2,038
19	2,990	2,606	2,397	2,266	2,176	2,109	2,058	2,017
20	2,975	2,589	2,380	2,249	2,158	2,091	2,040	1,999
21	2,961	2,575	2,365	2,233	2,142	2,075	2,023	1,982
22	2,949	2,561	2,351	2,219	2,128	2,060	2,008	1,967
23	2,937	2,549	2,339	2,207	2,115	2,047	1,995	1,953
24	2,927	2,538	2,327	2,195	2,103	2,035	1,983	1,941
25	2,918	2,528	2,317	2,184	2,092	2,024	1,971	1,929
26	2,909	2,519	2,307	2,174	2,082	2,014	1,961	1,919
27	2,901	2,511	2,299	2,165	2,073	2,005	1,952	1,909
28	2,894	2,503	2,291	2,157	2,064	1,996	1,943	1,900
29	2,887	2,495	2,283	2,149	2,057	1,988	1,935	1,892
30	2,881	2,489	2,276	2,142	2,049	1,980	1,927	1,884
31	2,875	2,482	2,270	2,136	2,042	1,973	1,920	1,877
32	2,869	2,477	2,263	2,129	2,036	1,967	1,913	1,870
33	2,864	2,471	2,258	2,123	2,030	1,961	1,907	1,864
34	2,859	2,466	2,252	2,118	2,024	1,955	1,901	1,858
35	2,855	2,461	2,247	2,113	2,019	1,950	1,896	1,852
36	2,850	2,456	2,243	2,108	2,014	1,945	1,891	1,847
37	2,846	2,452	2,238	2,103	2,009	1,940	1,886	1,842
38	2,842	2,448	2,234	2,099	2,005	1,935	1,881	1,838
39	2,839	2,444	2,230	2,095	2,001	1,931	1,877	1,833
40	2,835	2,440	2,226	2,091	1,997	1,927	1,873	1,829
41	2,832	2,437	2,222	2,087	1,993	1,923	1,869	1,825
42	2,829	2,434	2,219	2,084	1,989	1,919	1,865	1,821
43	2,826	2,430	2,216	2,080	1,986	1,916	1,861	1,817
44	2,823	2,427	2,213	2,077	1,983	1,913	1,858	1,814
45	2,820	2,425	2,210	2,074	1,980	1,909	1,855	1,811
46	2,818	2,422	2,207	2,071	1,977	1,906	1,852	1,808
47	2,815	2,419	2,204	2,068	1,974	1,903	1,849	1,805
48	2,813	2,417	2,202	2,066	1,971	1,901	1,846	1,802
49	2,811	2,414	2,199	2,063	1,968	1,898	1,843	1,799
50	2,809	2,412	2,197	2,061	1,966	1,895	1,840	1,796

						Signifikanzniveau α:		0,1
n-k \ k-1	1	2	3	4	5	6	7	8
60	2,791	2,393	2,177	2,041	1,946	1,875	1,819	1,775
70	2,779	2,380	2,164	2,027	1,931	1,860	1,804	1,760
80	2,769	2,370	2,154	2,016	1,921	1,849	1,793	1,748
90	2,762	2,363	2,146	2,008	1,912	1,841	1,785	1,739
100	2,756	2,356	2,139	2,002	1,906	1,834	1,778	1,732
110	2,752	2,351	2,134	1,997	1,900	1,828	1,772	1,727
120	2,748	2,347	2,130	1,992	1,896	1,824	1,767	1,722
130	2,745	2,344	2,126	1,989	1,892	1,820	1,764	1,718
140	2,742	2,341	2,123	1,985	1,889	1,817	1,760	1,714
150	2,739	2,338	2,121	1,983	1,886	1,814	1,757	1,712
160	2,737	2,336	2,118	1,980	1,884	1,811	1,755	1,709
170	2,735	2,334	2,116	1,978	1,881	1,809	1,752	1,707
180	2,734	2,332	2,114	1,976	1,880	1,807	1,750	1,705
190	2,732	2,331	2,113	1,975	1,878	1,805	1,749	1,703
200	2,731	2,329	2,111	1,973	1,876	1,804	1,747	1,701
210	2,730	2,328	2,110	1,972	1,875	1,802	1,746	1,700
220	2,728	2,327	2,109	1,971	1,874	1,801	1,744	1,698
230	2,727	2,326	2,108	1,969	1,872	1,800	1,743	1,697
240	2,727	2,325	2,107	1,968	1,871	1,799	1,742	1,696
250	2,726	2,324	2,106	1,967	1,870	1,798	1,741	1,695
260	2,725	2,323	2,105	1,967	1,870	1,797	1,740	1,694
270	2,724	2,322	2,104	1,966	1,869	1,796	1,739	1,693
280	2,724	2,322	2,103	1,965	1,868	1,795	1,738	1,692
290	2,723	2,321	2,103	1,964	1,867	1,795	1,738	1,691
300	2,722	2,320	2,102	1,964	1,867	1,794	1,737	1,691
310	2,722	2,320	2,102	1,963	1,866	1,793	1,736	1,690
320	2,721	2,319	2,101	1,963	1,865	1,793	1,736	1,689
330	2,721	2,319	2,100	1,962	1,865	1,792	1,735	1,689
340	2,720	2,318	2,100	1,961	1,864	1,792	1,735	1,688
350	2,720	2,318	2,099	1,961	1,864	1,791	1,734	1,688
360	2,720	2,317	2,099	1,961	1,863	1,791	1,734	1,687
370	2,719	2,317	2,099	1,960	1,863	1,790	1,733	1,687
380	2,719	2,317	2,098	1,960	1,862	1,790	1,733	1,686
390	2,718	2,316	2,098	1,959	1,862	1,789	1,732	1,686
400	2,718	2,316	2,098	1,959	1,862	1,789	1,732	1,686
500	2,716	2,313	2,095	1,956	1,859	1,786	1,729	1,683
600	2,714	2,311	2,093	1,954	1,857	1,784	1,727	1,680
700	2,713	2,310	2,092	1,953	1,856	1,783	1,725	1,679
800	2,712	2,309	2,091	1,952	1,854	1,781	1,724	1,678
900	2,711	2,308	2,090	1,951	1,854	1,781	1,723	1,677
1.000	2,711	2,308	2,089	1,950	1,853	1,780	1,723	1,676
2.000	2,708	2,305	2,087	1,948	1,850	1,777	1,720	1,673
3.000	2,707	2,304	2,086	1,947	1,849	1,776	1,719	1,672
4.000	2,707	2,304	2,085	1,946	1,849	1,776	1,718	1,672
5.000	2,707	2,304	2,085	1,946	1,848	1,775	1,718	1,671
6.000	2,706	2,303	2,085	1,946	1,848	1,775	1,718	1,671
7.000	2,706	2,303	2,085	1,946	1,848	1,775	1,718	1,671
8.000	2,706	2,303	2,084	1,946	1,848	1,775	1,717	1,671
9.000	2,706	2,303	2,084	1,945	1,848	1,775	1,717	1,671
10.000	2,706	2,303	2,084	1,945	1,848	1,775	1,717	1,671

11 Abbildungsverzeichnis

12 Literaturverzeichnis

Bera, A. und Jarque, C. (1980): Efficient tests for normality, homoscedasticity and serial independence of regression residuals. In: Economics Letters, Band 6, Nr. 3, S. 255–259.

Bowker, A. H. (1948): A test for sysmmetry in contingency tables. In: Journal of the American Statistical Association, Band 43, S. 572–574.

Cohen, J. (1988): Statistical Power Analysis for the Behavioral Sciences. 2nd Ed. Hillsdale: Lawrence Erlbaum Associates.

Comte, A. (1844). Rede über den Geist des Positivismus. Übersetzt aus dem Französischen von Fetcher, I., Hamburg: Felix Meiner Verlag.

Girod-Séville, M. und Perret, V. (2001) 'Epistemological Foundations', in Thiétart, R.-A. et al. (ed) doing manage-ment research, London, Sage Publications Limited.

Grubbs, F. E. (1973): Errors of measurement, precision, accuracy and the statistical comparison of measuring instruments. In: Technometrics, Band 15, S. 53–66.

Grubbs, F. E. und Beck, H. (1972): Extension of sample sizes and percentage points for significance tests of outlying observations. In: Technometrics, Band 14, S. 847–854.

Hart, C. (1998) Doing a Literature Review. 8. Edn. London, SAGE Publications Ltd.

Hartung, J., Elpelt E. und Klösener, K.-H. (2009) Statistik. 15. Aufl. München, Oldenbourg Wissenschaftsverlag GmbH.

Hartung, J., Knapp, G. und Sinha, B.K. (2008) Statistical Meta-Analysis with Application. New Jersey, Wiley.

Kohler, U. und Kreuter, F. (2012) Datenanalyse mit Stata. 4. Edn. München, Oldenbourg Wissenschaftsverlag GmbH.

Lehmann, G. (2008) Wissenschaftliche Arbeiten, 2. Überarbeitete Auflage. Renningen, expert verlag.

Matthäus, H. und Matthäus, W.-G. (2016) Statistik und Excel. Wiesbaden, Springer Fachmedien Wiesbaden GmbH.

Pallant, J. (2007) SPSS Survival Manual. 3. Edn. Maiden-head/ NewYork: Open University Press/ Two Penn Plaza.

Pearson, K. (1900): On the criterion that a given system of derivations from the probable in the case of a correlated system of variables is such that it can be reasonably supposed to have arisen from random sampling. In: The London, Edinburgh, and Dublin Philosophical Magazine and Journal of Science, Band 50, Nr. 5, S. 157–175.

Peters, H. (2012) Wirtschaftsmathematik. 4. Edn. Stuttgart, W. Kohlhammer GmbH.

Pevalin, D. und Robson, K. (2009) the stata survival manual, New York, Two Penn Plaza.

Popper, K. (2005) Logik der Forschung, 11. Edn. Tübingen, Mohr Siebeck.

Reiter (2019). Fuchs Kenett Test auf Ausreißer in Kontingenztafeln [Abruf: 28 Dezember 2019] http://www.reiter1.com/Glossar/Fuchs_Kenett_Test.htm.

Saunders, M., Lewis, Ph. und Thornhill, A. (2009) Research methods for business students, 5. Edn. Harlow, Pearson Education Limited.

Schlick, M. (1932) 'Positivismus und Realismus', Erkenntnis, Dezember (3), S. 1-31.

Schlick, M. (1959) 'The Foundation of Knowledge', in Ayer, A.J. (Hsg.) Logical Positivism, New York, Collier Macmillan Canada Limited.

Taleb, N.N. (2014) Anti-Fragilität, München, Random House GmbH.

UZH (2021). https://www.methodenberatung.uzh.ch.

Walsh, J.E. (1950): Some Nonparametric Tests of whether the Largest Observations of a Set are too Large or too Small. In: Annals of Mathematical Statistics (Band 21, Nr. 4), S. 583–592.

Zaiontz, Ch. (2019). http://www.real-statistics.com.

Die Darstellungen in diesem Buch geben die Auffassung des Autors vor dem Hintergrund der didaktischen Beschränkung auf die genannten Quellen wieder. Es kann daher vorkommen, dass hier nur eine Mindermeinung oder eine konträr zur allgemeinen Meinung stehende Auffassung vertreten wird. Hierfür wird auf die diesbezüglichen Fachveröffentlichungen verwiesen. Verlag und Autor schließen jegliche Haftung für die Anwendung der hier veröffentlichten Inhalte aus.

Die angegebenen Zitate gelten in diesem Buch nicht nur für die Stelle an der sie angegeben sind, sondern auch für die nachfolgenden Absätze, sofern es sich nicht um allgemeingültige Aussagen handelt. Alle Abbildungen wurden vom Autor selbst erstellt und beruhen vollständig auf dem vorliegenden Text.